I0152305

Auf dem Weg zur Freiheit – Band 2

Auf dem Weg zur Freiheit

Eine Pilgerfahrt in Indien

Band 2

Swami Paramatmananda

Mata Amritanandamayi Center, San Ramon
Kalifornien, Vereinigte Staaten

Auf dem Weg zur Freiheit – Eine Pilgerfahrt in Indien, Band 2
von Swami Paramatmananda

Herausgegeben von:
Mata Amritanandamayi Center
P.O. Box 613
San Ramon, CA 94583
Vereinigte Staaten

——————— *On the Road to Freedom 2 (German)* ———————

Copyright © 2002 Mata Amritanandamayi Mission Trust, Amritapuri, Kerala 690546, Indien

Alle Rechte vorbehalten. Kein Teil dieses Buches darf ohne Erlaubnis des Herausgebers, außer für Kurzbesprechungen, reproduziert oder gespeichert werden oder in sonstiger Form – elektronisch oder mechanisch - fotokopiert oder aufgenommen werden. Die Übertragung ist in keiner Form und mit keinem Mittel erlaubt.

Erstausgabe vom MA Center: September 2016

In Deutschland: www.amma.de

In der Schweiz: www.amma-schweiz.ch

In Indien:
inform@amritapuri.org
www.amritapuri.org

Widmung

*Dieses Buch ist in aller Bescheidenheit,
in tiefer Hingabe, mit Hochachtung
und ehrerbietigen Grüßen
MATA AMRITANANDAMAYI gewidmet,
der Verkörperung der Göttlichen Mutter.*

---

gurucaraṇāmbuja nirbhara bhaktaḥ
saṁsārād acirād bhava muktaḥ |
sendriya mānasa niyamād evaṁ
drakṣyasi nijahṛdayasthaṁ devam ||

*Mögest du bald durch vollkommene Hingabe an die Lotusfüße des
Guru aus dem Kreislauf des Werdens und Vergehens erlöst werden.
Erkenne so, durch Disziplinierung der Sinne und des Geistes, das
Göttliche in deinem Herzen.*

Bhaja Govindam V.31

Inhaltsverzeichnis

Einleitung

Es sind vierzehn Jahre vergangen, seit der erste Band von „Auf dem Weg zur Freiheit" durch die Anregung meines spirituellen Meisters Amma, Mata Amritanandamayi, geschrieben wurde. Es war ein persönlicher Bericht über die innere Entwicklung und die äußere Reise, die mich ihr begegnen ließen. Band I erzählt ausführlich, wie ich als Jugendlicher, der in Amerika ein durch und durch materialistisches Leben führte, am spirituellen Leben interessiert wurde und dadurch nach Japan, Nepal und schließlich Indien gelangte. Die ersten elf Jahre in Indien verbrachte ich bei verschiedenen heiligen Menschen, echten Heiligen und Weisen, welche die Höhen der Spiritualität erklettert hatten. Aber im Jahr 1979 kam ich auf den mysteriösen Wegen der göttlichen Gnade zu Amma, zu einer völlig anderen Kategorie gehört. Da war ein Wesen, das andauernde Vereinigung mit Gott in einem sehr frühen Alter erreicht hatte. Noch ungewöhnlicher war, dass sie sich völlig selbst opferte und ihre spirituelle Kraft benutzte, um so viele Menschen wie möglich von Leid zu befreien. Anfänglich waren es hauptsächlich weltliche Probleme, aber schließlich führt sie die Menschen zu spiritueller Verwirklichung und Glückseligkeit. Amma hatte und hat die Kraft, das zu tun. Zahlen begrenzen sie nicht. Ich habe sie während zwölf Stunden ununterbrochen sitzen und fünfundzwanzigtausend Menschen individuell segnen sehen. Das Erstaunlichste daran ist, dass jeder Einzelne dieser Menschen von seinem Leiden erleichtert schien oder eine tiefe Wandlung zum Guten im seinem inneren Leben durchmachte. Amma weiß, was jeder Mensch, der zu ihr kommt, braucht. Ihr Wissen ist intuitiv und unfehlbar. Der Friede und die Liebe, die von ihr ausstrahlen sind nicht von dieser Welt. Wenn man ihr begegnet und sie beobachtet, kommt man zur Überzeugung, dass die Göttliche Mutter tatsächlich existiert und sich wirklich um ihre Kinder, diese Schöpfung, kümmert.

Der vorliegende Band beginnt, wo der andere aufhörte. Er handelt völlig von meinem Leben mit Amma und enthält viele bisher unveröffentlichte Aussagen von ihr. Für Personen, die ihr nie begegnet waren, wurde der erste Band von vielen Lesern als gute Einführung zu Amma betrachet. In diesem Band nun habe ich versucht, für den Leser Ammas mysteriöse, gnadenspendende Wege und erhellende Lehren aufzuzeichnen. Wenn mir dies ein wenig gelungen ist, so nur dank ihrer Gnade. Fehler rühren von mir, während alles Wertvolle von ihr stammt.

Swami Amritaswarupanandas lebhaften Erinnerungen verdanke ich die Möglichkeit, alle Ereignisse im Zusammenhang mit der Befreiung des Dichters und großen Devotees, Ottur Unni Nambudiripad, ausführlich darzustellen.

Mögen alle von Ammas Devotees mich segnen, damit ich in diesem kurzen Leben ein wenig Hingabe an ihre Lotosfüße erreichen kann.

In Ammas Dienst
Swami Paramatmananda
M.A. Center
San Ramon, Kalifornien, 3. Januar 2000

Kapitel 1

Wer ist Amma?

Als ich Amma zum ersten Mal begegnete, hätte ich nie gedacht, dass sie überall in Indien und der ganzen Welt bekannt werden würde. Ich dachte, die wenigen von uns, die damals bei ihr in dem kleinen Dorf Vallickavu lebten, könnten sich für immer ihrer Gesellschaft erfreuen. Im Laufe der Jahre gab Amma uns jedoch viele Hinweise auf die Zukunft. Eines Nachts wurde ich beim Spaziergang durch den Ashram von Staunen ergriffen über die außergewöhnliche Umwandlung, die sich von den einfachen Anfängen der „guten alten Zeit" hin zur gegenwärtigen Umgebung vollzogen hatte. Was als kleine Hütte mit einem Dach aus Kokosblättern begonnen hatte, in der vier Personen lebten, war nun zu einem gewaltigen Gebäudekomplex geworden, in dem Hunderte von Besuchern untergebracht wurden. Eines Tages in den Anfangsjahren, als Amma und ich vor der Meditationshalle saßen und auf den Vorplatz blickten, wendete sie sich mir zu und sagte: „Dieser Tage habe ich in der Meditation gesehen, dass hier viele Räume entstehen würden, in denen sich spirituelle Sucher befanden, die meditierten."

„Wie soll das möglich sein, Amma?", wandte ich ein. „Wir haben keine Mittel, von denen wir Land kaufen könnten. Selbst wenn wir durch ein Wunder Land erwerben könnten, wovon sollten wir denn Räume bauen?"

„Sohn, Gottes Wege sind mysteriös. Wenn es Sein Wille ist, wird Er selbst dafür sorgen. Es liegt an uns, Seinem Willen zu gehorchen und unsere Pflicht zu tun."

Kurz darauf kaufte einer von Ammas *Devotees* (Anhängern) tatsächlich das Land vor dem Ashram und schenkte es Amma. Bald darauf begann ein anderer Devotee den Bau eines Gebäudes, das sich nach und nach zum gegenwärtigen Tempel und Gästehaus des Ashrams entwickelte. Ammas Worte erwiesen sich als prophetisch.

Da es in jenen Tagen nur wenige Besucher gab, konnte Amma meistens im Freien unter den Bäumen sitzen, meditieren oder ausgiebig mit den Devotees sprechen. Heutzutage gibt Amma in Anbetracht Hunderter, ja Tausender von Devotees, die regelmäßig aus allen Teilen der Welt den Ashram besuchen, ihren *Darshan* nur zu festgesetzten Zeiten. Das Wort *Darshan* meint die Zeit, die Amma den Menschen widmet, die sie sehen und ihr ihre Probleme mitteilen wollen. Zu den Zeiten außerhalb des *Darshans* kann sie sich kaum aus ihrem Zimmer rühren, da sich sonst sofort Menschentrauben um sie bilden, die sie um ihren Segen in ihren Bemühungen und um die Linderung von Krankheiten und Nöten bitten.

Amma wird in der ganzen Welt als eine der wenigen lebenden und leicht zugänglichen Heiligen verehrt, die im *Sahaja Samadhi* verankert sind, dem natürlichen Zustand des Ruhens in der transzendenten Wirklichkeit, dem Selbst. „Geheimnisvoll" ist das einzige Wort, mit dem sich Amma adäquat beschreiben ließe. Wir können jahrelang in ihrer Nähe leben und das Gefühl haben, sie völlig verstanden zu haben und dennoch in ihrer Gegenwart plötzlich von ihren nicht vorhersehbaren und mysteriösen Vorgehensweisen verwirrt und verblüfft werden, die aus einer transzendenten Quelle herrühren. In der indischen Tradition wird gesagt, dass nur eine verwirklichte Seele eine verwirklichte Seele erkennen kann. Nach der Selbstverwirklichung wachsen einem Menschen keine Hörner auf dem Kopf. Es treten keine eindeutigen, körperlichen Merkmale auf. Die Weisen wandern auch nicht mit Umhängeschildern herum, auf denen steht, dass sie eine befreite Seele sind, was jedoch viele gewöhnliche Seelen tun! Was gewöhnliche Menschen meinen, wenn sie behaupten, sie wären „befreit", ist unklar. Es handelt sich jedoch gewiss nicht um den Zustand der Freiheit von der Identifizierung mit Körper und Verstand, sonst müssten sie nicht solche Erklärungen von sich geben. In der *Bhagavad Gita* wird in einer Unterhaltung zwischen Sri Krishna (dem Herrn) und seinem Devotee Arjuna genau dieser Punkt, wie ein Weiser zu erkennen ist, erörtert. Arjuna fragt:

> „Was, oh Kesava (ein Name Krishnas), kennzeichnet einen Menschen unerschütterlicher Weisheit, der verankert ist im *Samadhi* (dem höchsten Bewusst-seinszu-stand)? Wie spricht, sitzt und geht solch ein Mensch?"

Der Herr antwortet:

> „Wenn, oh Partha (ein Name Arjunas) ein Mensch alle Herzenswünsche aufgibt und in sich selbst mit sich selbst zufrieden ist, so wird gesagt, dieser Mensch ruhe fest in der Weisheit. Ein Mensch, dessen Geist nicht durch widrige Umstände beunruhigt wird, der nicht nach Glück strebt, der frei ist von Vorlieben, Furcht und Wut, ein solcher Mensch ist von unerschütterlicher Weisheit. Ein Mensch, der innerlich an nichts und niemanden gebunden ist, der nicht durch Gutes beglückt und nicht durch Böses deprimiert

13

wird, das ihm widerfährt, ruht in gleichmütiger
Weisheit."

Bhagavad Gita, II, 54-57

Der Versuch, Amma mit Worten zu beschreiben, wäre vermes-
sen, da wir ihren Bewusstseinszustand universeller Liebe und
universellen Glücks nicht teilen. Wir sind nicht so wie sie in der
Lage, großen Menschenmengen unermüdlich die gleiche Liebe
zu zeigen, noch sind wir in der Lage, um des Wohles der Welt
willen ständig unsere Zeit, Gesundheit, Schlaf und Bequemlichkeit zu opfern. Wenn wir viel Zeit und Energie aufbringen, sind
wir vielleicht in der Lage, einem oder zwei engen Freunden oder
Verwandten in einem kleinen Rahmen zu helfen. Amma jedoch,
verwandelt das Leben aller, denen sie begegnet. Sie kennt und
versteht die Vergangenheit, Gegenwart und Zukunft aller, die vor
sie treten und gibt ihnen im Lichte dieses Wissens Trost und Rat.
Jene Menschen, die einmal sechs oder acht Stunden am Stück
in ihrer Nähe gesessen haben, während sie geduldig zehn- oder
zwanzigtausend Menschen ihren Darshan gegeben hat, wissen,
was ich meine. Es kann einem Menschen, der es nicht selbst
miterlebt hat, nicht beschrieben werden. Obwohl es so schwierig ist, Ammas Bewusstseinszustand zu verstehen, gibt es gute
Anhaltspunkte, anhand derer sich Vermutungen anstellen lassen,
wer sie ist. In meinem Leben mit Amma habe ich verschiedene
Begebenheiten miterlebt und gehört, die mich davon überzeugen,
dass es sich bei der Frau, die wir Amma nennen, um die göttliche
Mutter des Universums handelt, jene, die in Indien die Große
Mutter Kali genannt wird.

In den späten siebziger und frühen achtziger Jahren dieses Jahrhunderts gab es einen großen Weisen, der in der Nähe von Ammas
Dorf durch Kerala zog. Er war die erste Person, die wirklich verstand, wer Amma war und der offen erklärte, sie sei die göttliche

Mutter. Sein Name war Prabhakara Siddha Yogi. Er war ein Avadhuta (ein Weiser, der das Körperbewusstsein transzendiert hat). Daher bedurfte er nicht mehr der Einhaltung von Gesetzen und Bräuchen, die von Mensch oder Religion festgelegt werden. Avadhutas haben Gottverwirklichung erlangt, welche Sinn und Zweck aller Gesetze und Gebote der heiligen Schriften ist. Sie kümmern sich jedoch um niemanden und verbringen ihr Leben im Genuss der höchsten Glückseligkeit der Einheit mit dem absoluten Bewusstsein, bei dem es sich um ihr eigenes, wahres Selbst handelt. Solche Menschen können als Verrückte oder Monster angesehen werden, oder ihr Verhalten ähnelt dem eines Idioten oder eines Kindes. Aber ihre Handlungen sind von tiefer innerer Bedeutsamkeit, von der Amma sagt, dass sie nur von jenen verstanden werden kann, die die gleiche Ebene der Verwirklichung erlangt haben wie sie selbst. In den alten Schriften gibt es viele Geschichten solcher Avadhutas. Die Geschichten von Jadabharata und Dattatreya[1] sind die bekanntesten. Um die Öffentlichkeit von sich fern zu halten, gaben sie sich den Anschein, unzivilisierte

---

[1] Jadabharata erbarmte sich, rettete das Hirschkitz und zog es später mit großer Liebe und Fürsorge auf. Leider entwickelte er eine Bindung an das Tier und dachte in den letzten Augenblicken seines Lebens nur an den Hisch, anstatt an Gott. Infolgedessen wurde er sofort als Hirsch wiedergeboren. In seiner Hischgeburt erinnert er sich auf Grund der guten Wirkungen seiner früheren Spiritualität der Vorfälle in seinem letzten Leben. Daher verließ er seine Mutter und kehrte zu seinem früheren Ashram zurück, wo er im Gedenken an Gott blieb und auf seinen Tod wartete. In seiner nächsten Geburt als Sohn eines Brahmanen erinnerte er sich ebenfalls an alles. Er verhielt sich wie ein Idiot, damit alle ihn mieden und er dadurch keine Bindung an irgendjemand entwickelte und von seiner Gottverwirklichung abgelenkt würde.

Dattatreya war der Sohn seines Weisen und wurde im Alten Indien als eine Inkarnation von Vishnu angesehen. Er lebte als Advadhuta und unterrichtete berühmte Könige seiner Zeit in Spiritualität. Er ist berühmt für seine Unterhaltung mit König Prahlada, in der er vierundzwanzig Geschöpfe Gottes

Dummköpfe zu sein, obwohl ihr Bewusstsein in Wirklichkeit ganz in Gott verankert war. Auf diesen Yogi passte die Beschreibung derartiger Avadhutas perfekt.

Prabhakara Siddha Yogi war seit mehr als hundert Jahren in der Gegend wohl bekannt. Die Dorfältesten erzählten ihren Kindern und Enkeln Geschichten über seine bizarren Handlungen. Seine Anhänger behaupteten, er sei mehr als dreihundert Jahre alt und sagten, sie könnten es mit alten Unterlagen der Gemeindeverwaltung beweisen. Ob dies nun stimmte oder nicht, es gab jedenfalls keinen Zweifel über sein seltsames und unvorhersehbares Verhalten und über das spirituelle Leuchten, das ihn umgab. Amma sagte uns, er verfüge über viele *Siddhis* (übernatürliche Kräfte). Sie sprach insbesondere über seine Angewohnheit, seinen Körper zu verlassen und einen anderen Körper einzunehmen. In den *Patanjali Yoga Sutras* wird dies *Parasarira Pravesa Siddhi* genannt, die Fähigkeit, in den Körper eines anderen einzutreten.

Es gibt eine klassische Geschichte von einem großen Hindumönch aus dem Indien des neunten Jahrhunderts namens *Shankaracharya*, der über dieses Siddhi, diese Fähigkeit, verfügte. Er war eine verwirklichte Seele, die in Indien den vorherrschenden Rang des *Advaita Vedanta*, der Philosophie der Nichtdualität, etablierte. Diese Philosophie lehrt, dass nur die eine Wirklichkeit - *Brahman*, das Absolute, genannt - existiert und dass sie als Gott, die Welt und die individuelle Seele in Erscheinung tritt. Sie ist unser wahres Selbst oder unsere wahre Natur. Er schrieb ausführliche Kommentare zur *Bhagavad Gita*, den *Upanischaden* und den *Brahma Sutras* und darüber hinaus zahlreiche Liebeshymnen an Gott. All dies vollbrachte er, bevor er zweiunddreißig war. In diesem Alter setzte er sich in Meditation, begab sich in *Samadhi* und verließ die Mühsal des Irdischen. Während seiner

---

mit vierundzwanzig spirituellen Prinzipien verglich. Es wird gesagt, dass er immer noch lebt und seinen aufrichtigen Devotees erscheint.

Reisen durch das Alte Indien debattierte er an jedem Ort mit den größten Schriftgelehrten, um die Wahrheit des Advaita zu beweisen. Eines Tages wurde er von einer Schriftgelehrten zu einer Debatte über die Wissenschaft der Erotik herausgefordert. Da er von jeher zölibatär gelebt hatte, verfügte er über keine Erfahrungskenntnisse zu diesem Thema und erbat sich daher eine Frist von einem Monat, um sich auf seine Debatte vorzubereiten. Die Frau war damit einverstanden.

Als Lehrer der im Weltlichen lebenden Menschen und als *Sannyasi* (Mönch), hatte *Shankaracharya* nicht die geringste Absicht, dem Ansehen seines Standes zu schaden und fand daher einen Ausweg. Als er erfuhr, dass der König jener Gegend gerade gestorben war, vertraute er seinen Körper der Obhut seiner Schüler an und begab sich in eine yogische Trance. In diesem Zustand verließ er dann seinen eigenen Körper und trat in den Körper des Königs ein. Natürlich waren alle überrascht, als der König wieder zum Leben erwachte. Dennoch waren sie sehr erfreut, ihn wiederzuhaben, besonders die Königinnen. In diesem „neuen" Körper gab *Shankaracharya* sich den sexuellen Freuden hin und erlangte das erforderliche Wissen. Interessanterweise bemerkten die Königinnen und Hofleute, dass der König ungewöhnlich intelligent geworden war, viel intelligenter als vor seinem Tod und kamen daher zu dem Schluss, dass ein großer *Yogi* in den toten Körper ihres Königs eingetreten war. Da sie ihn nicht wieder verlieren wollten, sandten sie Boten durch das ganze Land, die Befehl hatten, die Körper aller leblosen Mönche zu verbrennen, damit die Seele, die den Körper des Königs bewohnte, sich keinen anderen Wohnsitz mehr suchen könnte. Glücklicherweise erkannte *Shankaracharya* ihre Absichten und kehrte gerade noch rechtzeitig in seinen eigenen Körper zurück. Anschließend besiegte er mit seinem neu erworbenen Wissen die Frau in der Debatte.

Auf ähnliche Weise genoss Prabhakara Siddha Yogi das Leben als *Avadhuta* auf dieser Erde und wollte keine Zeit zwischen den Geburten oder als heranwachsendes Kind verschwenden. Also verließ er einen Körper einfach, wenn er alt und schwach wurde und trat in einen anderen, „gebrauchsfertigen" ein! Er hatte auf diese Weise viele Körper bewohnt und wieder verlassen. Als Amma von ihm hörte, wünschte sie, ein solches Wesen einmal zu sehen und dachte daher einfach an ihn. Am nächsten Tag traf er bei ihr zu Hause ein.

„Hast du mich zu dir gerufen?" fragte er.

„Ja. Woher weißt du das?" fragte Amma ihn.

„Gestern habe ich vor meinem geistigen Auge ein strahlendes Licht gesehen und verstand, dass du mich sehen willst, also bin ich gekommen", sagte er.

Dieser *Avadhuta* hatte einen sehr schlechten Ruf wegen Frauenbelästigung. Er riss sich die Kleider vom Leib, lief ihnen nach und versuchte, sie zu fangen, ungeachtet der Konsequenzen seines Tuns. Wenn man ihn deswegen kritisierte, sagte er: „Was kümmern mich die irdischen Frauen? Ich bin stets von einer Schar himmlischer Jungfrauen umgeben, die mich anbeten! Was kann ich dafür, wenn ihr sie nicht sehen könnt?" Eines Tages sagte er zu seinen Anhängern: „Ich fühle ein kleines bisschen Ego in meinem Körper. Ich denke, ich muss etwas tun, um es wieder loszuwerden." Er ging dann in ein nahe gelegenes Dorf, erkundigte sich, wo der örtliche Polizeichef lebte und ging zu seinem Haus. Er klopfte an die Vordertüre und wartete dort. Schließlich kam die Frau des Polizisten an die Tür. Der *Avadhuta* umschlang sie sofort mit einer heftigen Umarmung! Natürlich war ihr Mann nicht sehr angetan davon, ergriff ihn und verabreichte ihm eine gehörige Tracht Prügel. Dann sperrte er ihn ein und veranlasste, dass ihm ein Arm gebrochen wurde. Mysteriöserweise war der *Yogi* am nächsten Tag aus dem Gefängnis verschwunden. Man fand ihn an einem anderen Ort, mit völlig gesunden Gliedmaßen. Aufgrund dieses Verhaltens verriegelten die Frauen sich hinter verschlossenen Türen und die Männer schlugen ihn oder jagten ihn fort, wann immer er ein Dorf betrat. Auf die Frage, warum in aller Welt ein *Yogi* so handelt, antwortet Amma, dass nur ein Mensch seiner Bewusstseinstufe dies verstehen könnte! Der wahre Grund kann aus der Sichtweise eines gewöhnlichen Menschen nicht verstanden werden. Er (der *Avadhuta*) ist nicht mit einem Körper identifiziert und ist vollständig von dieser Welt losgelöst. Seine Sicht der Dinge ist für uns ziemlich unbegreiflich, da wir noch in diesem illusionären Traum schlafen.

Getreu seiner Wesensart versuchte der *Yogi* sich Amma, die damals Anfang zwanzig war, zu packen. Sie umklammerte sofort mit eisernem Griff seine Hand und sagte: „Weißt du nicht, wer ich bin? Ich kannte deinen Vater, deinen Großvater und deinen Urgroßvater!"

„Doch, natürlich, du bist die göttliche Mutter *Kali* selbst. In Zukunft werden Menschen aus aller Herren Länder zu diesem heiligen Ort kommen, um deinen *Darshan* zu erhalten!", erwiderte der *Yogi* mit einem glückseligen Lächeln im Gesicht. Amma gab ihm dann eine zärtliche Umarmung, worauf er für lange Zeit in *Samadhi* eintrat. Obwohl Amma ihn als jemanden betrachtete, der im Bewusstseinszustand transzendenter Glückseligkeit verankert war und somit eine hohe Meinung von ihm hatte, war sie dennoch der Ansicht, dass seine Gegenwart und sein Beispiel einen schlechten Einfluss auf die spirituellen Kinder ausüben würde, die künftig zu ihr kommen sollten. Sie beschloss daher innerlich, dass er für lange Zeit nicht mehr zurückkommen sollte. Tatsächlich wurde er viele Jahre lang nicht mehr in Ammas Ashram gesehen. Während der Feierlichkeiten für seinen dreihundertsten Geburtstag beschloss er, seinen gegenwärtigen Körper zu verlassen. Er rief seine Anhänger zusammen und trug ihnen nur eine einzige Sache auf: sie sollten nach Vallickavu gehen und der Mutter *Kali* mitteilen, er sei gegangen. So groß war seine Achtung und Liebe für Amma.

Zu der Zeit, als ich Amma zum ersten Mal begegnete, erhielt sie regelmäßigen Besuch von einem Mathematikprofessor. Er diente zuweilen als Dolmetscher für uns. Ich blieb vier oder fünf Tage im Haus von Ammas Familie und reiste danach für etwa eineinhalb Monate nach Tiruvannamalai zurück, bevor ich auf Dauer nach Vallickavu zurückkehrte. Während meines Aufenthalts in Tiruvannamalai hatte ich eines Nachts einen Traum, in dem ich während des *Devi Bhava Darshans* in Ammas Tempel saß. Sie lächelte mich an, zeigte auf die Person, die neben mir saß, und fragte mich, ob ich sie kenne. Ich erwiderte ihr, dass ich sie nicht kenne. Amma sagte, dass die Person, die neben mir saß, über eine gute Losgelöstheit und Hingabe verfüge. Danach wachte ich auf. Ich rief den Freund, der sich damals bei mir aufhielt und bat ihn, den Traum mit Datum und Uhrzeit in seinem Tagebuch zu vermerken. Ich dachte, in Vallickavu sei vielleicht etwas vorgefallen, über dessen Zeitpunkt ich später gerne Gewissheit erlangen würde.

Nach drei Tagen erhielt ich einen Brief von dem Mathematiker. Er schrieb: „Sonntag ging ich nach Vallickavu und erhielt Ammas *Darshan*. Während des *Devi Bhava* saß ich neben Amma und bat sie, dir in Tiruvannamalai *Darshan* zu geben. Sie bat mich, den Dreizack zu nehmen, den sie manchmal während des *Bhava Darshans* hielt und sagte, sie würde dir *Darshan* geben. Es war Mitternacht. Hattest du zu dieser Zeit irgendeine Erfahrung?" Tatsächlich war es Sonntag um Mitternacht, als ich Amma in meinem Traum im *Devi Bhava Darshan* gesehen hatte! Derselbe Mann hatte wenige Tage später einen lebhaften Traum. Er träumte, dass Amma ihm erschien und ihm sagte, er solle mir verstehen helfen, dass sie die Inkarnation der göttlichen Mutter sei.

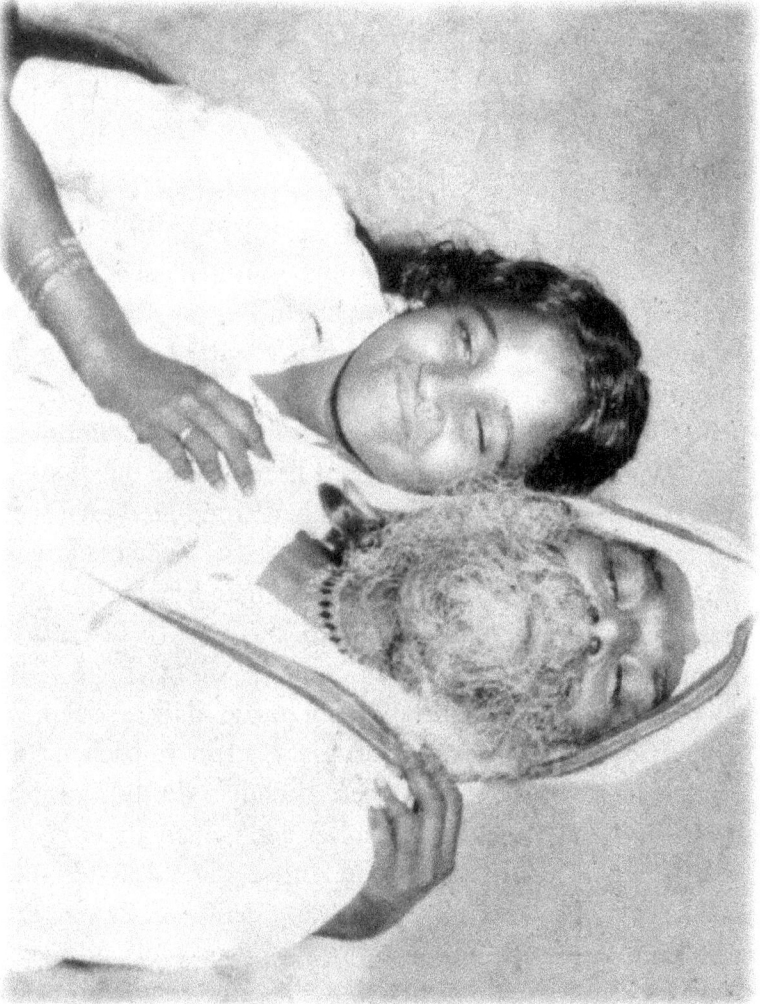

Amma mit Prabhakara Siddha Yogi

Amma führte einmal folgendes Gespräch mit einigen Devotees. Obwohl ihre Worte humorvoll und bezeichnenderweise ohne Ego gesprochen sind, geben sie dennoch Hinweise darauf, wer sie in Wirklichkeit ist.

Amma: Noch vor dem Schöpfungsakt äußerte *Shiva* sich zu dem, was unvermeidlich geschehen sollte. Selbst danach noch gab er die notwendigen Anweisungen, wie man in dieser Welt leben sollte.

Frage: Was meinst du damit, Amma?

Amma: Vor der Schöpfung hörte *Shakti*, die Urnatur, die kosmische Energie, eine Stimme sagen: „Es gibt nur Leid in der Schöpfung, du solltest dein Vorhaben unterlassen." Es war die Stimme Shivas, des reinen Bewusstseins. *Shakti* erwiderte: „Nein, es muss sein." Also hat *Shiva* noch vor der Schöpfung *Shakti* darauf hingewiesen, welcher Natur die Schöpfung ist. Erst nach seiner Warnung erteilte er seine Erlaubnis zum Schöpfungsakt.

Nach dem Schöpfungsakt trat Er, das reine Bewusstsein, in den Hintergrund. In Wirklichkeit hat Er mit all diesen Dingen, die um uns herum geschehen, nichts zu tun. Später lief *Shakti* zu Ihm und beschwerte sich: „Ich finde keinen Frieden mehr. Schau her, die Kinder beschimpfen Mich. Sie machen Mich für alles verantwortlich. Niemand kümmert sich um Mich."

Shiva sagte: „Habe ich dir nicht gesagt, dass es so sein würde und dass du ihn (den Schöpfungsakt) nicht vollziehen solltest? Jetzt machst du so ein Aufsehen, nachdem du die Warnung in den Wind geschlagen hast. Gibt es denn einen anderen Verantwortlichen als dich für diese Ereignisse, die geschehen sind? Es gab kein Problem als ich alleine war, oder?"

Amma: Manchmal, wenn die Sehnsucht der Kinder nach Gott hier im Ashram nachlässt, wird es unerträglich für Amma. Sie fühlt unbeschreiblichen Schmerz. Zu diesen Zeiten sagt Amma ihren Kindern: „Leider hat *Shiva* mir gesagt, ich sollte mich nicht von Ihm trennen und mich mit all dem herumschlagen. Seht her, jetzt leide ich." (Alle brachen in Gelächter aus.) Wie soll ich mich jetzt noch bei Ihm beschweren? Er wird mir wieder sagen: „Habe ich dich nicht früh genug gewarnt?"

Ich erinnere mich, wie einige Devotees Amma über ihre Verwirklichung der Wahrheit befragten. Ich jenen Tagen bezeichnete Amma sich selbst als „verrücktes Mädchen", das nichts wisse. Bei dieser Gelegenheit äußerte sie sich jedoch etwas deutlicher über sich selbst. Sie sagte: „Amma hatte niemals ein Gefühl des Unterschieds von Ihrer wirklichen, unendlichen Natur. Es gab keine Zeit, zu der Sie nicht EINS war. Beim so genannten Augenblick des Erkennens oder der Verwirklichung handelte es sich lediglich um eine erneute Offenlegung, um den Menschen ein Beispiel zu geben, wie es ist, wenn der Schleier der Unwissenheit fällt. Es gibt keinen Zeitpunkt, zu dem ein *Avatar* sich nicht Seiner oder Ihrer wahren Natur bewusst wäre. Ein *Avatar* ist verkörpertes Bewusstsein in vollem Glanz, Ruhm und Fülle.

„Raum ist vorhanden, bevor ihr ein Haus baut. Raum besteht auch noch nach der Fertigstellung des Hauses. Der einzige Unterschied ist, dass sich jetzt das Haus im Raum befindet – es besteht im Raum. Das Haus nimmt einen kleinen Raum im großen Ganzen ein. Raum wird auch nach dem Abriss des Hauses noch vorhanden sein. Das Haus kommt und geht, aber Raum bleibt in allen drei Zeitphasen bestehen, in der Vergangenheit, Gegenwart und Zukunft. Das Wiederentdecken der eigenen wahren Natur durch das Entfernen des Schleiers gilt nur für eine Seele, die sich Stufe um Stufe hin zum Zustand des höchsten Bewusstseins entwickelt. Aber das gilt nicht für einen *Avatar*. Ein *Avatar* ist wie der Raum. Er oder Sie lebt stets in diesem Bewusstsein. In ihrem Fall gibt es so etwas wie Erkenntnis oder Verwirklichung nicht. Sie sind seit Anbeginn der Zeit und in Ewigkeit EINS."

Kapitel 2

Die Zeit vor dem Ashram

DER ASHRAM WAR NICHT IMMER so friedlich wie heute. Kurz nachdem Gayatri (Swamini Amritaprana) und ich aus Tiruvannamalai ankamen, um uns im Januar 1980 in Ammas Nähe niederzulassen, versuchte jemand, Amma aufgrund alter Eifersüchteleien der Dorfbewohner gegen sie, während des *Krishna Bhava Darshans* zu vergiften. Ich hatte von Versuchen, Amma zu töten, gehört, aber bei diesem Vorfall war ich Augenzeuge.

Am Ende des *Krishna Bhava Darshans* trank Amma stets ein wenig Milch, die die Devotees mitbrachten. Krishna war ja berühmt gewesen für seine Liebe zu Milchprodukten, besonders zu Milch und Butter. Eines nachts wurde Amma furchtbar krank, nachdem sie etwas von dieser Milch getrunken hatte. Obwohl sie den *Darshan* beendete, musste sie sich danach wiederholt übergeben. Trotzdem begann sie kurz nach dem *Krishna Bhava Darshan* wie üblich mit dem *Devi Bhava Darshan*. Bevor sie in den Tempel ging, baten die Devotees sie inständig, sich auszuruhen und den *Darshan* abzusagen. Sie erwiderte auf ihr Drängen: „Kinder, die meisten der Menschen, die zum *Darshan* gekommen sind, sind sehr arm. Bei vielen von ihnen handelt es sich um Arbeiter, die für einen Tagelohn arbeiten. Sie sparen vier bis acht Rupien am Tag, damit sie Amma einmal im Monat besuchen können. Sie wissen nicht wirklich, was Spiritualität ist. Sie kommen zu Amma, um ein wenig Trost zu erhalten, um ein gütiges, tröstendes Wort von Amma zu hören. Wenn ihr sie bittet, wiederzukommen, müssen sie einen weiteren Monat warten, bevor sie sich einen erneuten Besuch leisten können. Es sind sogar einige Devotees von weiter entfernt hier, die vielleicht nur einmal oder zweimal im Jahr zum *Darshan* kommen. Sie wären sehr aufgebracht, wenn der *Darshan* abgesagt würde. Es ist undenkbar für mich, ihnen um meines körperlichen Wohls willen Kummer zu bereiten. Lasst Amma so weit wie möglich mit dem *Darshan* fortfahren. Dann, falls Amma zusammenbricht, muss es als Wille Gottes akzeptiert werden."

Amma setzte sich zum *Devi Bhava*, aber die Türen des Tempel mussten wiederholt geschlossen werden, während sich Amma im Innern übergab. Die Erfahrung, mit ihr im Raum zu sein und mit anzusehen wie sie um der Devotees willen litt, war sehr schmerzhaft. Schließlich war der *Darshan* vorüber. Als Gayatri sich vor Amma auf den Boden verneigte, fiel sie von ihrem Sitz auf den Boden und die Türen wurden geschlossen.

Amma enthüllte uns anschließend die Wahrheit des gesamten Geschehens. Sie sagte, dass am Ende des *Krishna Bhava Darshans* eine Devotee ihr dem Brauch gemäß Milch anbot. In diesem Fall war die Milch jedoch von der Person, die sie der Devotee verkauft hatte vergiftet worden. Amma sagte, dass es sich bei diesem Milchverkäufer um einen Atheisten handelte, der gegen Amma war. Als er hörte, dass die Milch ihr während des *Krishna Bhava Darshans* dargebracht werden sollte, vergiftete er sie. Ohne jedes Wissen darüber hatte die Frau ihr die Milch angeboten. Amma sagte, sie wusste um das Gift in der Milch, sobald sie sie sah. Betroffen fragten wir sie, warum sie sie getrunken hatte. Amma antwortete:

„Als die Devotee Amma die Milch darbrachte, hat sie sie zunächst nicht angenommen, da sie ja wusste, dass sie vergiftet war. Die Frau geriet deswegen sehr aus der Fassung und begann zu jammern. Sie war unschuldig. Aus Mitgefühl zu ihr trank Amma dann die Milch. Die Devotees knüpfen große Erwartungen an ihre Darbringungen, und wenn Amma sie nicht annähme, wären sie sehr bekümmert. Also musste Amma die Milch ungeachtet des Giftes darin trinken. Macht euch keine Sorgen, Kinder. Amma wird bald wieder ganz gesund." Sie ging dann zum Haus und legte sich völlig erschöpft und mit großen Schmerzen nieder. Bhaskaran, ein großer Devotee der göttlichen Mutter, der in der Nähe lebte, saß die ganze Nacht bei Amma und sang bis zum Sonnenaufgang die Geschichten *Devis* (der göttlichen Mutter). Was für eine Stimme! Selbst ohne die Worte zu verstehen, konnte ich seine Hingabe fühlen. Aus der Qualität seiner Stimme konnte man schließen, dass es sich fürwahr um einen Meistersänger handelte.

Bhaskaran betrachtete Amma während ihres gewöhnlichen Zustands als seine eigene Tochter und während der *Bhava Darshans* als Gefäß für Krishna bzw. die göttliche Mutter. Im Laufe der Jahre machte er durch Ammas Gnade viele wunderbare Erfahrungen. Um seinen Lebensunterhalt zu verdienen, reiste er von Dorf zu Dorf, sang die *Srimad Bhagavatam* und andere heilige Schriften und lebte von den Spenden, die er für seine Darbringungen erhielt. Er hatte von Ammas *Krishna Bhava Darshan* gehört und war einige Male gekommen, war jedoch nicht richtig überzeugt, dass er Krishna selbst vor sich hatte. Eines Nachts hatte er einen lebhaften Traum. Krishna erschien ihm und sagte: „Sohn, du bist von Dorf zu Dorf gezogen, hast Mich (die *Srimad Bhagavatam*) viele Jahre lang unter deinem Arm gehalten und was hast du dabei gewonnen? Hier bin ich direkt vor deiner Nase in Krishna Nada (Ammas Haus) und du erkennst Mich nicht. Wie

27

dumm du doch bist!" Bhaskaran erwachte völlig bestürzt. Von da an kam er regelmäßig zum *Krishna Bhava Darshan*. Eines Tages ging er auf dem Rückweg von einem nahe gelegenen Dorf an einem Teich vorbei, der zu einem Tempel gehörte und dessen Lotusblumen ihn anzogen. Er dachte sich: „Wie schön wäre es, Krishna eine dieser Blumen darbringen zu können." Er ging zum Tempelpriester, äußerte seinen Wunsch, pflückte eine der Blumen, nachdem er die Erlaubnis dazu erhalten hatte, und machte sich auf den Weg zu Amma. Auf seinem Weg hielt ein charmanter kleiner Junge ihn an und bat ihn um die Blume. Bhaskaran war in einem Dilemma. Er fühlte eine unerklärliche Anziehung zu dem Jungen und war sehr geneigt, ihm die Blume zu geben, um ihn glücklich zu machen, aber gleichzeitig war er der Ansicht, dass es falsch war, etwas, das zur Anbetung Gottes bestimmt war, einem menschlichen Wesen zu überlassen. Schließlich trug sein Herz den Sieg über sein Pflichtbewusstsein davon und er gab die Blume dem Jungen. Als er den Ashram erreichte, stand Amma bereits im *Krishna Bhava*. Sobald er den Tempel betrat, rief sie ihn an ihre Seite und fragte lächelnd: „Wo ist die Blume?" Bhaskarans Herz machte einen Sprung. Er konnte kein Wort hervorbringen. Dann tätschelte Amma ihn zärtlich auf den Kopf und sagte: „Keine Sorge, dieser kleine Junge, dem du die Blume gegeben hast, war Ich, Krishna."

Eines nachts gegen Ende des *Devi Bhava Darshans* saß Bhaskaran vor dem Tempel. Amma rief ihn hinein, segnete ihn und überreichte ihm ein brennendes Räucherstäbchen. Anschließend sagte sie ihm, er solle sofort nach Hause gehen. Es war erst zehn Uhr und Amma beendete den *Devi Bhava Darshan* kurz darauf. Dies war äußerst ungewöhnlich, denn selbst wenn keine große Menschenmenge versammelt war, dauerte der *Darshan* mindestens bis ein oder zwei Uhr nachts. Nach dem *Darshan* sagte Amma, während wir um sie herum saßen: „Heute Nacht wird eines meiner Kinder sterben." Wir sahen uns alle leicht besorgt an. „Wer denn, Amma?", fragten wir sie. Aber Amma gab keine Antwort. Wir gingen in die Hütte und legten uns zur Ruhe. Plötzlich hörten wir jämmerliches Klagen vom anderen Ende des Dorfes. Amma stand sofort auf, begab sich vor die Tür und blickte aufmerksam in die Richtung von Bhaskarans Haus. Dann rief sie uns und wir gingen alle hinüber. Sobald wir das Haus betraten, hörte Bhaskarans Frau auf zu weinen und bedeutete ihren Kindern, ebenfalls still zu sein, da Amma gekommen sei. So groß war ihre Achtung vor Amma, dass sie selbst in dieser äußerst schmerzhaften Situation darauf bestand, dass Amma der ihr gebührende Respekt gezeigt wurde. Bhaskarans Körper lag leblos auf einer Matte auf dem Boden. Amma fragte, wie sein Ende gekommen sei. Seine Frau sagte: „Er kam nach Hause, nahm seine Mahlzeit zu sich, legte sich hin und sagte, dass er ein wenig Schmerzen in der Brust hätte. Er starb unmittelbar darauf." Wir alle saßen eine Zeit lang dort und folgten Amma anschließend zurück zum Ashram. Unterwegs fragten wir sie: „Nun, Amma, welches Schicksal ereilte ihn nach dem Tod?"

„Wohin könnte er schon gehen, außer in die Welt *Devis*?", erwiderte Amma mit einem kleinen Lächeln, das ihr Gesicht erleuchtete.

In jenen Tagen kam Amma am Beginn des *Devi Bhava Darshans* aus dem Tempel heraus und tanzte in Ekstase. Dabei hielt sie ein Schwert und einen Dreizack in den Händen. Sie sah tatsächlich wie die grimmige Form der Göttin *Kali* aus, mit heraushängender Zunge und dem dröhnendem Gebrüll, das aus ihrem Mund kam. Manchmal war sie so ekstatisch, dass sie sich mit schallendem Gelächter die ganze Zeit auf dem Boden wälzte. Wenn wir Amma in diesem Zustand sahen, hatten wir das Gefühl, nichts von ihr verstanden zu haben. Während dieser Zeit mussten wir besonders vorsichtig sein, wie wir Musik spielten. Rhythmus und Melodie mussten exakt eingehalten werden.

Eines Nachts machte ich während Ammas Tanz einen Fehler beim Spielen des Harmoniums. Amma kam zu mir gelaufen und ließ ihr Schwert auf das Harmonium hinuntersausen. Als ich das Schwert niederfahren sah, zog ich schnell meine Hand weg, zum Glück, denn es schlug an der Stelle, wo einen Augenblick zuvor noch meine Hand gelegen hatte, einen klaffenden Spalt in das Instrument. Die Person neben mir, die Tabla (die Trommel) spielte, machte ebenfalls einen Fehler im Rhythmus. Sofort fuhr das Schwert ein zweites Mal hernieder und schnitt den Kopf der Trommel ab! Wir waren natürlich verängstigt und ein wenig aus der Fassung. Wir mieden Amma für den Rest der Nacht, da wir dachten, sie sei uns böse. Nach dem *Darshan* sagte sie uns jedoch mit liebevoller Stimme:

„Egal in welcher Stimmung ich mich befinde, ich bin immer eure Mutter. Es gibt keinen Grund, Angst zu haben. Ich war nicht um meinetwillen wütend auf euch, sondern wegen der feinstofflichen Wesen, die sich der Musik erfreuten."

„Was meinst du damit, Amma?", fragten wir sie.

„Während des Tanzes kommen viele Wesen, um mich in dieser Stimmung zu sehen. Ich nehme sie als kleine, pulsierende Lichtpunkte wahr. Ihr ganzes Wesen vertieft sich in den Rhythmus und in die Melodie der Musik. Wenn ihr einen Fehler macht, erleidet ihr gesamtes System einen furchtbaren Schock. Stellt euch einfach vor, ihr wäret selig in eine schöne Melodie vertieft und plötzlich spielten die Musiker falsch. Wie würdet ihr euch fühlen? Es wäre sehr schmerzhaft, nicht wahr? Aus diesem Grund wurde ich beim Anblick ihres Schmerzes so wütend auf euch."

An dieser Stelle möchte ich ein paar Anmerkungen zu den feinstofflichen Ebenen der Existenz machen. So, wie wir Menschen über einen physischen Körper aus Fleisch, Knochen und Nerven, einen feinstofflicheren Körper aus Gedanken und Gefühlen, Geist und Gemüt genannt, und einen Kausalkörper verfügen, mit welchem Geist und Gemüt im Tiefschlaf verschmelzen, so verfügt auch Gott über diese verschiedenen Körper, jedoch in universellem Maßstab. Amma und die alten Schriften Indiens betonen jedoch, dass diese Erde nur die gröbste Manifestation des universellen Körpers des kosmischen Wesens ist. Es gibt viele andere Ebenen der Existenz, die wir mit unseren physischen Augen nicht sehen können und die von einer unendlichen Anzahl lebender Seelen bewohnt werden. Aus einer dieser Ebenen sind wir vor der Geburt gekommen und in eine dieser Ebenen werden wir nach dem Verlassen des physischen Körpers zurückkehren. In der *Bhagavad Gita* formuliert Krishna dies so:

> „Oh Partha, weder in dieser Welt, noch in der nächsten wird er zerstört werden. Fürwahr, niemandem, der nur Gutes tut, mein Sohn, wird je ein Kümmernis widerfahren. Die Menschen, die Rechtschaffenheit erlangt haben und seit ewigen Zeiten in Rechtschaffenheit gewandelt sind, werden in einem Haus der Reinheit und des Wohlstandes wieder geboren, wenn ihnen der Yoga (die Vereinigung mit Gott) nicht gelungen ist. Wenn doch, werden sie ausschließlich in einer Familie weiser *Yogis* geboren. Fürwahr, in dieser Welt ist eine solche Geburt sehr schwer zu erlangen. Dort kommt er in Berührung mit dem Wissen, das er im vorhergehenden Körper erlangt hat und strebt mehr denn je nach Vollkommenheit, oh Sohn der Kurus."
>
> VI, 40-43

Ein Mensch, dessen Bewusstsein durch langwierige spirituelle Disziplin fein und unerschütterlich geworden ist, kann diese feinstofflichen Welten sehen. Dort leben sowohl gütige als auch

böswillige Wesen, genau wie in dieser Welt. So wie die Menschen hier auf Erden, verfügen sie über unterschiedliche Grade spiritueller Kraft. Von außen sehen vielleicht alle Krapfen gleich aus, aber im Innern befindet sich bei einigen Eiercreme, bei anderen Marmelade und bei wieder anderen Schokolade. Auf vergleichbare Weise variiert das innere Wesen oder der feinstoffliche Körper eines Lebewesens gemäß seines spirituellen Entwicklungsstandes. Alle Wesen sind in dem Sinne gleich erschaffen, dass es sich beim Funken des Göttlichen, beim Bewusstsein und beim Leben in allen Wesen um dasselbe handelt. Darüber hinaus unterscheidet sich alles andere von Seele zu Seele.

In den Anfangstagen des Ashrams kam eine große Zahl von Menschen zu Amma, um von einer Besetzung durch feinstoffliche Wesen befreit zu werden. Einige dieser Wesen befinden sich in einem schmerzhaften emotionalen Zustand. Sie sind möglicherweise auch sehr hungrig oder durstig und können ihr Bedürfnis nicht befriedigen. Sie warten daher auf die Gelegenheit einer Berührungsfläche mit einem Körper der physischen Ebene, um durch diesen eine Erleichterung ihres Leidens zu erlangen. Beim Versuch, sich dieser Wesen wieder zu entledigen, engagieren die meisten Menschen „Geistheiler" oder „weiße Magier", die verschiedene *Mantren* kennen, die diese Wesen verjagen.

Kurz bevor ich zu Amma kam, kannte ich ein Mädchen, das von einem sehr mächtigen feinstofflichen Wesen besessen war. Sie und ihre arme Familie lebten in einem gemieteten Appartement, dem Teil eines Hauses, in dem es auch andere Mieter gab. Irgendwie hatte einer der Nachbarn Mitgefühl mit dieser Familie und baute ein kleines Haus, das er ihnen als Geschenk überreichte. Leider war einer der Mieter dieser Appartements neidisch auf sie wegen ihres Glücks und beschloss, mit Hilfe schwarzer Magie den Vater der Familie zu töten. Er ging zusammen mit dem Schwarzmagier zu ihrem Haus und klopfte an, aber anstelle des Vaters

33

kam das Mädchen an die Tür. Sobald sie die Tür öffnete, fühlte sie, wie sie von einer gewaltigen Kraft geschlagen wurde und fiel auf den Boden. Von diesem Tag an hatte sie ein Gefühl innerer Leere, das sich nach und nach dahin entwickelte, dass sie die Stimme eines Mannes in sich hörte. Wann immer sich ihr jemand in der Absicht näherte, sie von ihrer Besetzung zu befreien, wrang der böse Geist sie innerlich wie ein nasses Handtuch, wodurch sie so laut schreien musste, dass sie kilometerweit zu hören war.

Der böse Geist erzählte ihr einmal, er wäre in seinem vorhergehenden Leben ein tugendhafter *Brahmane* gewesen und hätte sich am Ufer eines heiligen Flusses in Meditation geübt, während er in einer Hütte lebte. Eines Tages erhielt er einen Besuch, der ihm ein Buch über schwarze Magie zur Lektüre überließ. Zunächst war er nicht interessiert, aber dann wurde er von Neugier erfasst. Er las das Buch und begann, Experimente durchzuführen, um zu sehen, ob er durch die vorgeschriebenen *Mantren* tatsächlich Kräfte der feinstofflichen Ebenen steuern konnte. Seine Experimente führten schließlich zur Zerstörung vieler unglücklicher Opfer und auch seiner selbst. Die Familie des Mädchens hatte alles versucht, um die Besetzung loszuwerden, ohne es jedoch zu schaffen. Eines Tages hörte das Mädchen eine andere Stimme sagen, dass der Guru ihrer Familie spreche und dass er sie retten würde, wenn ihre Mutter das Gelübde ablegte, ohne Unterlass solange zu fasten, bis der böse Geist besiegt war. Dies wurde der Mutter mitgeteilt, die begann, sich nur noch von Wasser und Zitronensaft zu ernähren. Die Mutter wurde schließlich so schwach, dass sie starb und den Vater und die Großmutter allein zurückließ, um auf das Mädchen aufzupassen, das zu dieser Zeit vollständig bettlägerig war. Die Stimme hatte offensichtlich dem hinterlistigen bösen Geist gehört.

Da diese Familie mir sehr leid tat, erzählte ich Amma die ganze Geschichte und bat sie, ob sie nicht etwas tun könne, um ihr zu helfen. Sie erwiderte:

„Bitte sie herzukommen. Kein böser Geist ist so mächtig wie die Göttin. Sie wird gewiss davon befreit."

Ich teilte Ammas Worte dieser Familie in einem Brief mit, erhielt jedoch nie eine Antwort. Es war unmöglich, das Mädchen irgendwohin zu bringen, da der böse Geist sie noch mehr foltern würde. Was für ein schreckliches Schicksal! Vielleicht war sie bereits gestorben, als mein Brief sie erreichte.

Eines Nachts kam ein Mann mit vielen körperlichen Problemen während des *Devi Bhava Darshans* zum Ashram. Er hatte im Laufe der letzten Wochen mehrere Ärzte aufgesucht, von denen ihm jedoch keiner helfen konnte. Schließlich hörte er etwas über Amma, der Zuflucht der Hilflosen, und kam sie besuchen. Ich stand zu dieser Zeit im Tempel und bekam mit, wie Amma ihn fragte, ob jemand aus seiner Familie kürzlich an einem Schlangenbiss gestorben sei. Er erwiderte, tatsächlich sei sein Bruder vor einigen Wochen an einem Kobrabiss gestorben. Amma fragte ihn, ob die Begräbnisrituale ausgeführt worden wären und fand heraus, dass der Mann die vorgeschriebenen Rituale für den Verstorbenen aus irgendeinem Grunde nicht ausgeführt hatte. Sie sagte ihm, seine körperlichen Probleme rührten daher, dass sein Bruder ihm Schwierigkeiten bereite, um ihn auf sein Elend in der anderen Welt aufmerksam zu machen, damit in ihm der Wunsch geweckt werde, die Rituale für den Verstorbenen auszuführen. Amma bat den Mann anschließend, sich vor ihr auf den Boden zu setzen. Sie warf eine große Menge Blumen in die Luft über dem Kopf des Mannes, während sie die ganze Zeit lächelte und in die Luft über ihm blickte. Ich starrte die ganze Zeit auf dieselbe Stelle, konnte aber natürlich nichts erkennen. Nachdem

Amma dieses Ritual ausgeführt hatte, ging der Mann fort. Wir hörten später, dass er sein Problem losgeworden war.

An einem anderen *Bhava Darshan*-Tag saß ich neben Amma, als ein Devotee zum *Darshan* kam. Als er seinen Kopf in Ammas Schoss legte, fuhr eine kleine Erschütterung durch seinen Körper. Amma blickte mit einem Lächeln im Gesicht zu mir herüber und machte eine Geste mit ihrer Hand, die aussah wie eine Schlange mit ihrer ausgebreiteten Kopfhaube. Der Mann sprang abrupt auf und rollte sich auf dem Boden. Er kroch rittlings aus dem Tempel und sofort wieder hinein. Er lag auf dem Rücken, den Blick zur Tempeltür gewandt, weg von Amma. Sie bedeutete mit ihrer Hand, er solle aus dem Tempel gehen. Obwohl er ihre Handbewegung nicht gesehen haben konnte, kroch er sofort rückwärts aus dem Tempel heraus. Nach einer Weile kehrte er in normalem Zustand zurück. Amma erzählte mir später, dass er regelmäßig von einer *Naga* besetzt wurde, einem feinstofflichen Wesen, dass irgendwie mit der Kobrafamilie dieser Existenzebene verwandt sei. Diese *Nagas* würden sehr ärgerlich, wenn Kobras getötet werden und bereiteten jenen Schwierigkeiten, die dies täten. Für Amma sind alle Existenzebenen sichtbar. Sie ist weder überrascht noch verängstigt von den Dingen, die in irgendeiner Ebene geschehen. Sie sieht alles als ihr eigenes Selbst in verschiedenen Formen, so wie ein Träumer einen Traum als Projektion seines eigenen Geistes sieht.

In den frühen sechziger Jahren des zwanzigsten Jahrhunderts ereignete sich ein sehr ungewöhnliches Phänomen in einem kleinen Dorf in Andhra Pradesh, einem der indischen Bundesstaaten. Ein Dorfbewohner wanderte durch die Felder, als er auf eine mitten auf dem Weg sitzende, weiße Kobra stieß. Er hatte nie eine weiße Kobra gesehen, noch davon gehört und dachte, es handle sich vielleicht um ein übernatürliches Wesen, das diese

Form angenommen hatte. Er betrachtete die Kobra als Gott *Subramaniam*, dem Sohn von *Shiva*. Er legte seine Oberbekleidung auf den Boden vor die Schlange und betete: „Wenn du *Subramaniam* bist, lege dich bitte auf dieses Tuch, dann bringe ich dich in einen Tempel." Zu seiner großen Überraschung legte die Schlange sich auf das Tuch und blieb fügsam darauf liegen, während er sie zum *Shiva*tempel im Dorf trug. Nachdem er sie abgesetzt hatte, trat der Mann zur Seite und beobachtete, wie die Schlange in den an den Tempel angrenzenden Teich glitt, ein Bad nahm und sich anschließend zum inneren Heiligtum begab. Sie umkreise zunächst das *Ganesha*-Bild und schlängelte sich dann mit hochgerecktem Kopf um den *Shiva Lingam*.

Als die Menschen der umliegenden Dörfer davon hörten, strömten sie in Scharen dorthin, um die Wunderschlange zu sehen. Die Tage vergingen und die Schlange aß nichts. Schließlich machte jemand den Vorschlag, sie anzubeten. Als Teil der Anbetung brachte man der Schlange eine Tasse Milch dar. Sobald die passenden *Mantren* wiederholt wurden, neigte die Schlange sich herab und trank die ganze Milch aus! Von dieser Zeit an wurde sie zum „Lieblingsgott" des Dorfes, erlaubte, angebetet, gefüttert und sogar von kleinen Kindern gestreichelt und gehätschelt zu werden. Jeden Tag nahm sie ein Bad im Teich und nahm nach dem Umkreisen der anderen Gottheiten im Tempel ihren Platz auf dem Lingam ein. Tausende von Menschen kamen in dieses entfernte Dorf, wodurch die Behörden den Bau einer Straße, die Einrichtung eines öffentlichen Busverkehrs und die Installation einer Stromversorgung veranlassen mussten. Viele Heilige kamen, um den *Darshan* der heiligen Schlange zu bekommen. Während einer dieser *Mahatmas* vor dem Tempel saß und zur Begleitung eines Harmoniums sang, kroch die Schlange aus dem inneren Heiligtum, kletterte auf das Harmonium und glitt anschließend über die Arme des Weisen, um seinen Hals und dann auf den

Boden und zurück in den Tempel. Der Swami blieb in Ekstase zurück. Dieser Swami war ein persönlicher Freund von mir und erzählte mir den Vorfall mit tiefer Bewegung.

Aus Eifersucht auf den Wohlstand des Tempels ergriff schließlich irgendein übler Bursche die Schlange, während niemand in der Nähe war, und tötete sie. Er fing dann eine gewöhnliche Kobra ein, nähte ihren Mund zu und setzte sie auf den Lingam. Als er einige Stunden später zurückkehrte, um zu sehen, was los war, hatte die Schlange irgendwie die Naht gelöst und biss ihn. Er starb bald darauf eines elenden Todes. Nachdem ich das Dorf aufgesucht und die Fotos der Wunderschlange gesehen hatte, wie sie von Kindern gestreichelt und angebetet wurde, war ich nicht überrascht, wenn sich um Amma herum gelegentlich Vorfälle mit Bezug auf Schlangengottheiten ereigneten. Ohne Zweifel gibt es Existenzebenen, die wir mit unseren physischen Augen nicht wahrnehmen können.

Einmal kam während eines von Ammas Tänzen beim *Devi Bhava Darshan* ein Mann, der Böses im Schilde führte. Amma ging aus dem Tempel und begann mit Schwert und Dreizack in Händen auf dem offenen Platz vor dem Tempel zu tanzen. Der Mann ergriff das Schwert und versuchte, es aus Ammas Hand zu reißen. Obwohl es ihm nicht gelang, sich des Schwertes zu bemächtigen, verletzte er Ammas Hand. Sofort fiel die gesamte Menge über ihn her und verabreichte ihm die Tracht Prügel seines Lebens. Beim Anblick all dieser Gewalt, die dort vor sich ging, begann ich am ganzen Körper zu zittern. Da Amma auf einem anderen Teil des Platzes tanzte, konnte sie mich unmöglich in diesem Zustand gesehen haben. Als der *Darshan* vorbei war, war ich überrascht, als sie mich lachend ansah und sagte: „Warum hast du so sehr gezittert, als dieser Mensch versuchte, mich zu verletzen? Da er eine sofortige Strafe für seine Missetat erhielt, muss er später nicht mehr leiden."

Geraume Zeit nach diesem Vorfall gab es einen weiteren Angriff auf den Ashram. Es war am Ende des *Krishna Bhava Darshans*. Amma befand sich in einem Zustand berauschter Glückseligkeit als wir alle die göttlichen Namen des Herrn sangen. Sie schenkte ihren Devotees einen letzten liebevollen Blick und schritt anschließend zurück in den Tempel. Sanft schloss sie die Türen hinter sich. Die Musik endete und die gesamte Szene wurde nach und nach ruhig. Alle standen in stillem Gebet, versunken in Hingabe zu Amma als Krishna.

Plötzlich begann ein grob aussehender Mann, der vor Gayatri stand, laut zu rufen. Er schien ein wenig betrunken zu sein. Einige andere Grobiane kamen nach diesem Ausruf von den hinteren Reihen der Menge nach vorne, scharten sich um ihren Anführer und umringten Ammas Vater. Sie begannen, ihn hin- und herzuschubsen und schlugen ihm die Brille aus dem Gesicht. Sugunanandan wurde rasend vor Wut und schrie sie an, sein Grundstück zu verlassen. Plötzlich zog der Anführer der Gang eine anscheinend selbst gemachte, tödliche Waffe hervor: einen Gürtel, dessen Ende mit schweren Metallhaken bestückt war. Er sah aus, als wollte er Ammas Vater damit schlagen. Gayatri sprang schnell nach vorne, entriss ihm den Gürtel und rannte los, um der Rache der Rowdys zu entkommen

Mehre Devotees sprangen nach vorn, um sie vor den Schlägen zu schützen. Binnen weniger Augenblicke entbrannte eine Schlägerei. Irgendwie gelang es Gayatri, dem dichtesten Kampfesgetümmel zu entkommen. Sie rannte schnell los und schloss den Riegel der Tempeltür, wodurch sie Amma im Innern einsperrte, aus Furcht, sie könnte herauskommen und von einem der Grobiane angegriffen werden. Balu und Sreekumar waren hineingelaufen, um sie zu beschützen. Ich befand mich bereits im Inneren, um Amma am Ende des *Darshans* zur Seite zustehen. Von draußen kam von rund um den Tempel ein schrecklicher Lärm herein, laute Rufe, Schreie und das Geräusch von Dingen, die niedergerissen wurden. Im Inneren des Tempels brüllte Amma: Kali! Kali! Und versuchte herauszukommen, aber wir ließen sie nicht. Wir mussten sie mit Gewalt im Tempel festhalten, damit sie nicht von einem der Schläger verletzt würde. Gayatri schlich zum hinteren Teil des Tempels, versteckte die Waffe in einem Stapel alter Bretter und kehrte schnell wieder zurück, um an der Tempeltür Wache zu halten. Binnen kurzer Zeit war die Hälfte der Jugendlichen des Dorfes zum Kampfplatz geströmt, bereit für eine Schlägerei. Die Anhänger, normalerweise eine äußerst friedfertige Gesellschaft, zeigten sich nun willig und bereit, für Amma diesen Kampf auszufechten. Kurz darauf befanden sich etwa 50 Männer im Kampf, die von den ängstlichen Schreien der Frauen begleitet wurden. Es sah aus wie eine Szene aus dem Mahabharata.

Niemand wusste eigentlich, was vor sich ging oder warum. Nach etwa zwanzig Minuten ebbte der Kampf irgendwie ab und die Dorfbewohner begannen sich zu zerstreuen. Obwohl viele Devotees und deren Familienangehörige kleinere Verletzungen davongetragen hatten, war zu unserer Erleichterung niemand ernsthaft verletzt. Als Gayatri die Tempeltüren öffnete, rannte Amma hinaus und brachte ihre Sorge für alle, die verletzt worden waren, zum Ausdruck. Sie streichelte liebevoll jene, die Prellungen und blaue Augen davongetragen hatten. Dazu gehörten auch einige ihrer nahen Verwandten. Sie wandte sich dann an die ganze Gruppe:

„Kinder, viele der Dorfbewohner sind Amma gegenüber sehr feindselig eingestellt und versuchen, auf die eine oder andere Art, Amma und den Ashram zu zerstören. Aufgrund ihrer Unwissenheit und ihres Neides haben sich die Jugendlichen von ungefähr zwanzig Familien heute Nacht in böser Absicht zusammengetan, um Ammas Verwandte anzugreifen und Amma zu töten. Vor etwa zwei Wochen hat Amma Sugunanandan über die Möglichkeit eines solchen Angriffs informiert und ihm geraten, sich nicht lange im Freien aufzuhalten. Sie riet ihm auch, Streitigkeiten aus dem Weg zu gehen, weil Amma fühlte, dass die Menschen Streit suchten."

Amma wandte sich an Sugunanandan und sagte mit großer Liebe: „Selbst wenn die Menschen dich beschimpfen, solltest du lernen, inneren Frieden und Gleichmut zu wahren. Wir haben uns dem höchsten Selbst hingegeben. Daher sollten wir lernen, alles unter allen Umständen als Gott anzusehen. Wir sollten lernen, Lob und Beschimpfung mit demselben Gleichmut zu akzeptieren. Sugunanandan schien etwas erstaunt zu sein, als er antwortete: „Aber ein paar von diesen Schuften waren heute Morgen hier und sagten, sie wären hungrig - und wir gaben ihnen Geld! Trotzdem sind sie heute Abend zurückgekehrt, um uns zu verprügeln!" Amma antwortete: „Sie zeigen uns nur, von welcher Art sie sind. Ungeachtet ihres Benehmens sollten wir an unserem *Dharma* (der göttlichen Ordnung) festhalten und versuchen, in allem das eine Göttliche zu sehen."

Amma wandte sich erneut an die Devotees. „Kinder, wir sollten dieses Ereignis als Gelegenheit betrachten, unseren eigenen Geist zu beobachten. Wir sollten nicht überreagieren oder anfangen, Schatten zu jagen. Unsere Handlungen sollten nicht von den Worten abhängen, die aus dem Mund dieser Schlägertypen kommen. Die Friedensdiamanten, die wir durch unser *Sadhana* gewonnen haben, dürfen nicht für Nichtigkeiten eingebüßt werden. Das spirituelle Leben soll den Panzer unseres Egos, der unser Selbst verhüllt, brechen, anstatt ihn zu verstärken. In schwierigen Umständen wie diesen, sind starker Glaube und große Geduld gefordert. Gott ist unser Beschützer. Wenn wir uns nur auf Ihn verlassen, wird Er sich um uns kümmern. Wenn wir die

Bienenkönigin fangen, dienen und beschützen uns alle anderen Bienen des Bienenvolkes."

„Kinder, wir müssen jetzt alle sehr vorsichtig sein. Wir sollten versuchen, Umstände zu vermeiden, in denen wir wahrscheinlich unser inneres Gleichgewicht verlieren werden. Lasst uns ein offenes Herz bewahren und auf Gott vertrauen. Wenn wir versuchen, ihre Unwissenheit mit Gewalt zu besiegen, werden sie nur mit erhöhten Rachegelüsten wiederkommen. Denkt daran, Kinder, Hass wird niemals durch Hass beendet, sondern nur durch Liebe."

Nachdem Amma den Devotees Trost zugesprochen hatte, ging sie zurück in den Tempel, um den *Devi Bhava Darshan* zu beginnen. Vielen von uns schien Amma in jener Nacht noch mitfühlender als sonst, als drücke sie ihren Dank aus für den Mut, den die Devotees an den Tag gelegt hatten.

Natürlich wurde diese Schlägerei bei den Dorfbewohnern sofort zum Hauptunterhaltungsthema, und es gingen zahllose Gerüchte um. Wir erfuhren bald, dass viele Menschen Amma die Schuld an allem gaben. Es schien ratsam, auf dem Ashramgelände zu bleiben und das Dorf möglichst ganz zu meiden. In jenen Tagen ergriffen manche Dorfbewohner selbst unter gewöhnlichen Umständen jede nur denkbare Gelegenheit, um Amma zu schikanieren. Wann immer sie an ihren Häusern vorbeiging, sagten sie ihren Kindern, sie sollten sie verhöhnen und mit Steinen bewerfen. Um dies zu verhindern, baten die Schüler Amma, lange Spaziergänge durch die Straßen zu meiden, aber sie war nicht damit einverstanden.

Aufgrund all dieser Vorfälle fragte ich mich, ob ich wirklich für immer in Vallickavu bleiben wollte. Das war kein Ashram hier – das war ein Schlachtfeld! War ich bereit, inmitten der Kämpfe hier zu sterben? Ich kam schließlich zu dem Schluss, dass ich keine wirkliche Wahl in dieser Angelegenheit hatte, dass ich nicht „kneifen" und Amma im Stich lassen konnte. Wie die *Bhagavad Gita* sagt: Es ist besser, beim Ausüben der eigenen Pflicht zu sterben, als für das Ausüben der Pflicht eines anderen zu leben. Glücklicherweise war dieser Kampf der letzte solcher gewalttätiger Vorfälle. Meine Hochachtung vor Ammas Furchtlosigkeit wuchs jedoch weiter, sobald mir weitere Einzelheiten über ihr Leben enthüllt wurden. Dieser Aufruhr war nur ein Bruchteil dessen, was vor sich ging, als sich in den alten Tagen vor meinem Kommen das „Komitee der Tausend" gebildet hatte, um Amma zu zerstören. Sie stand ganz alleine da. Sogar ihre eigene Familie beschützte sie nicht. Dennoch war sie unerschrocken im Angesicht ständiger Schikanierung. Das Komitee, eine Gruppe von über tausend jungen Männern der Küstenregion, schloss sich aus unterschiedlichen Motiven, aus Eigeninteresse und allgemeiner Gewalttätigkeit zu einer Bande zusammen, aber sie scheiterten jedes Mal kläglich. Viele Mitglieder des Komitees wurden infolge der Erfahrung ihrer göttlichen und gütigen Macht sogar glühendste Devotees von Amma. Tatsächlich heiratete einer der Rädelsführer später eine von Ammas Schwestern.

Man stelle sich einmal vor, ein Mädchen im Teenageralter in Ammas Lage zu sein. Selbst wenn ein Mensch dabei von liebenden Freunden und Verwandten umgeben wäre, bekäme er es mit der Angst zu tun, wenn sein eigenes Leben bedroht würde. Amma jedoch hatte niemanden in dieser Welt. Wie ließe sich ihre einzigartige Unerschrockenheit im Angesicht solch überwältigender Umstände erklären? Ihr natürliches Verweilen im Zustand des bewussten Einsseins mit Gott und ihr Wissen und ihre Erfahrung, dass diese scheinbar substantielle Welt und der Körper, der in ihr lebt, nichts weiter als ein illusorischer Traum sind, der auf die unzerstörbare Leinwand des Bewusstsein projiziert wird – nur dies kann ihren bemerkenswerten Mut erklären. Keine andere Erklärung ist möglich. Manche Menschen beanspruchen für sich, dass sie eins mit Gott sind, nachdem sie begonnen haben, ein spirituelles Leben zu führen. Könnte aber auch nur einer dieser ‚Möchtegernerleuchteten' unter ähnlichen Umständen furchtlos bleiben? Probieren geht über studieren.

In den frühen Tagen in Vallickavu konnte ich Ammas Sprache, Malayalam, nicht sprechen. Zum Glück kamen Balu (Swami Amritaswarupananda), Sreekumar (Swami Purnamritananda) und ein sehr Amma hingegebener Familienvater namens Krishna Shenoy regelmäßig zum Ashram. Sie alle sprachen fließend Englisch. Herr Shenoy hat viele bewegende spirituelle Lieder geschrieben, in denen er Amma um ihre Gnade anfleht, ihn aus seinen Schwierigkeiten zu retten. Manchmal erwachen die Devotees schlagartig zu ihrer ewigen Beziehung mit Amma. Amma sagt: „Denkt daran, dass alle, die sich in diesem Leben Amma anschließen, auch in früheren Leben bei ihr waren. Ihr könnt nur dieses Leben sehen und denkt daher, ihr habt Amma vorher nicht gekannt. Aber ihr seid alle schon vorher bei Amma gewesen. Niemand erinnert oder kennt seine Verbindung zu Amma in früheren Leben. Es gibt eine vorbestimmte Zeit für jeden, zu der er zu Amma kommt. Einige kommen früher, andere später. Aber jedes von Ammas Kindern war stets bei ihr. Sie kommen zu unterschiedlichen Zeiten zu Amma, manchmal, wenn sie von ihr hören oder wenn sie ihre Fotografie sehen. Zu anderen Zeiten geschieht es, wenn sie eine Aufnahme von Ammas *Bhajans* (Liedern) hören. In manchen Fällen kommen die Menschen zu ihr, nachdem sie einem ihrer Kinder begegnet sind. Wieder andere erkennen ihre Beziehung zu Amma erst durch den direkten Kontakt mit ihr.

„Einige Devotees benutzen die Redewendung ‚bevor ich Amma begegnete', aber diese Zeit gibt es nicht. Alle von Ammas Kindern sind ihr bereits vor langer Zeit begegnet. Obwohl sich niemand dessen bewusst ist, war Ammas Schutz immer bei ihnen."

Seine erste Begegnung mit Amma hatte sein Leben vollständig verändert. Noch in seinen Mittvierzigern war er ein Erzkommunist. Eines Tages wollte seine gesamte Familie Amma besuchen und bestand darauf, dass er sie begleite. In einem schwachen Moment erklärte er sich einverstanden, und sie alle kamen an einem *Bhava Darshan*-Tag nach Vallickavu. Sie kamen vor Beginn des *Bhava Darshans* an und setzten sich in der Nähe des Tempels unter einen Baum. Nicht weit entfernt befand sich eine schwatzende und spielende Gruppe von Mädchen im Teenageralter. Alle waren ähnlich gekleidet, in bunten Röcken und Hemden, und bei allen schien es sich um Mädchen des Dorfes zu handeln. Plötzlich fühlte Herr Shenoy eine überwältigende Kraft, die ihn zu einem der Mädchen hinzog. Wie in Trance begab er sich hinüber zu der Gruppe. Er fiel nieder und legte seinen Kopf in den Schoss einer der Mädchen und brach wie ein Baby in Tränen aus. Er lag lange Zeit weinend dort, und als er sich schließlich völlig verblüfft aufsetzte, sah das Mädchen ihn mit einem Lächeln im Gesicht an und sagte: „Kind, ich habe dein Kommen erwartet. Jetzt brauchst du dir keine Sorgen mehr zu machen. Ich werde immer bei dir sein." Erneut brach Herr Shenoy in Tränen aus, stand schließlich auf, und ging und setzte sich wie zuvor unter den Baum. Seine Familienmitglieder fragten ihn: „Warst du schon einmal hier?" Er erwiderte: „Ich war noch nie zuvor in dieser Gegend. Ich bin heute zum allerersten Mal hergekommen."

„Woher wusstest du dann, welches dieser Mädchen Amma ist? Es gibt nichts, wodurch sie sich von den anderen unterscheidet."

Herr Shenoy antwortete: „Ich habe nicht die geringste Ahnung, was passiert ist oder wie es passiert ist." Man stelle sich nur einmal vor, was passiert wäre, wenn dieses Mädchen nicht Amma gewesen wäre!

Danach fand eine tiefe Verwandlung in Herrn Shenoy statt. Er löste die Verbindung zu seinen kommunistischen Freunden vollständig und wurde ein Mitglied des Komitees für den örtlichen Tempel in der Nähe seines Hauses. Dieser Tempel befand sich in einem schlechten baulichen Zustand und die Devotees beschlossen, einen neuen Tempel für die *Nagas* zu errichten, für eine Gottheit, die mit einem Schlangenkörper und einem menschlichen Kopf dargestellt wird. Sie brachten die heiligen Bilder an einen nahe gelegenen Ort und errichteten den neuen Tempel. In der Nacht vor der Einweihung des Tempels kam Herr Shenoy nach Vallickavu, um Ammas Segen zu erhalten und sie zu der Zeremonie einzuladen. Er betrat den Tempel während des *Devi Bhava Darshans*. Als Amma ihn sah, sagte sie:

„Ich weiß, warum du gekommen bist. Keine Sorge. Alles wird glatt über die Bühne gehen. Ich werde euch vorangehen und meine Gegenwart im neuen Tempel spürbar machen."

Herr Shenoy kehrte sofort mit dem nächsten Bus in sein Dorf zurück. Als er zum Tempel kam, fand er alle Mitglieder des Komitees aufgeregt am Eingang zum Tempelgebäude versammelt. Er fragte, warum sie nicht mit den zeremoniellen Vorbereitungen beschäftigt waren und was los sei. Sie erwiderten:

„Etwa vor einer Stunde kam eine Kobra her, glitt um die *Naga*-Bilder herum und begab sich anschließend in den Tempel. Wir folgten ihr mit einer Taschenlampe, konnten sie jedoch nirgendwo finden. Sie kann unmöglich den Tempel verlassen haben, ohne von uns gesehen zu werden, und jetzt erfüllt ein starker Duft nach Jasminblumen das Allerheiligste."

Nach den Zeremonien kehrte Krishna Shenoy zu Ammas Ashram zurück. Bevor er etwas sagen konnte, sagte Amma ihm: „Ich hoffe, ihr seid zufrieden mit meinem Auftritt im Tempel. Ich kam eine ganze Weile vor dir dort an und kehrte anschließend zurück." Es muss nicht erst gesagt werden, dass Herr Shenoys Hingabe nach diesem Vorfall unerschütterlich wurde, und zu gegebener Zeit verlegte er seinen Wohnsitz in den Ashram.

Eines Morgens, als wir alle um Amma herum saßen, kam Sarasamma, eine Devotee von Amma, die in einem Dorf, etwa zwölf Kilometer vom Ashram entfernt lebte, angerannt, fiel in Ammas Schoß und weinte hysterisch. Amma saß mit einem glückseligen Lächeln im Gesicht einfach da. Sarasamma beruhigte sich schließlich ein wenig, setzte sich auf und versuchte zu sprechen, aber die Wort blieben ihr im Hals stecken. Einige Zeit verstrich, bevor sie von einer höchst interessanten Erfahrung berichtete, die sie am Tag zuvor gemacht hatte. Sie sagte:

„Ich verließ den Ashram mit meinem Sohn Madhu gegen vier Uhr in der Früh. Wir stiegen in Vallickavu in den Bus. Es war stockdunkel, als wir gegen fünf Uhr unser Dorf erreichten. Ich stieg an der Haltestelle aus, von der ich glaubte, es sei die meinem Haus am nächsten gelegene und glaubte, mein Sohn steige an der anderen Bustür aus. Sofort nachdem ich ausgestiegen war, bediente der Busfahrer die Klingel, und der Bus fuhr in die Dunkelheit davon. Ich sah mich um und konnte meinen Sohn nicht entdecken. Bald wurde mir klar, dass ich mich an einem einsamen Ort, etwa zwei Kilometer von meinem Haus entfernt, befand. Mein Sohn erzählte mir später, er sei erschrocken, als er sich in seinem Sitz umdrehte und mich nicht im Bus fand. Er stieg an der nächsten Bushaltestelle aus und rannte zurück zu der Stelle, an der ich mich befand, ein ziemlich weites Wegstück entfernt.

„Bestürzt und ratlos, was ich tun sollte, dachte ich an Ammas Abschiedsworte: ‚Sei heute sehr vorsichtig.‘ Ich hielt Ammas *Prasad* (normalerweise handelt es sich dabei um von Amma gesegnete Nahrung oder Blumen) fest in meiner rechten Hand. Ich sah, wie ein kurzes Stück die Straße hinauf ein Lastwagen anhielt. Sieben oder acht Männer erschienen und kamen auf mich zu. Vielleicht hatten sie an diesem verlassenen Ort eine Frau ohne Begleitung aus dem Bus steigen sehen. Als diese stämmig aussehenden Schlägertypen mich umringten, zitterte ich vor Angst, da

47

sie mich einer nach dem Anderen mit ihren Fragen beschossen, wobei sie sich einer vulgären Sprache bedienten. Ich dachte, sie könnten mich jeden Moment angreifen. Ein schreckliches Feuer raste in mir. Ist dies das Schicksal derer, die die Heilige Mutter besuchen gehen? Ist dies die Frucht meiner lebenslangen Hingabe? Solche Gedanken brannten in mir und ließen mich völlig die Umgebung vergessen. Ich rief aus vollem Halse: ‚Amma!‘ Dies schockte jene Schläger, die mich umringten.

„Was darauf folgte, lässt sich nur schwer in Worte fassen. Plötzlich und unerwartet erschien die strahlende Form der göttlichen Mutter vor mir am Himmel. Sie hatte zahllose Arme und hielt verschiedene Waffen in ihren Händen. Sie saß auf einer riesigen Kreatur, und Gesicht, Haar und Krone sahen genauso aus wie bei Amma während des *Devi Bhava Darshans*. Amma hatte die schreckliche Form Kalis angenommen, um Ihre Devotee zu retten! Als mir dies klar wurde, verlor ich das Bewusstsein der Außenwelt. Die göttliche Mutter streckte ihre Arme zu mir aus. Ich starrte ihre strahlende Form an. Meine Augen wurden wie versteinert und begannen hervorzuquellen. Als sich meine Zunge herausstreckte wie bei der göttlichen Mutter *Kali*, fühlte ich, wie eine gewaltige Kraft meinen Körper durchdrang und ein entsetzliches Gelächter aus mir herausbrach, dessen bloße Erinnerung mir Schauer den Rücken hinunterjagt. Die Luft zitterte von dem grässlichen Klang dieses Gelächters. Die Schläger, die gerade über mich herfallen wollten, waren völlig verblüfft, als sie diese Angst einflößende Form sahen, die so laut lachte und furchtlos mit aufgelöstem Haar, hervorquellenden Augen und herausgestreckter Zunge vor ihnen stand. Vielleicht dachten sie, ich sei ein böser Geist und nicht ein menschliches Wesen! Sie verloren all ihren Mut, änderten ihre Richtung und zogen sich mit langsamer Rückwärtsbewegung zurück. Sie begaben sich schleunigst in den Lastwagen und fuhren Hals über Kopf davon.

„Selbst danach konnte ich mich nicht bewegen. Nach und nach gewann ich mein normales Bewusstsein zurück, während die entzückende Form der Mutter *Kali* gleichzeitig verschwand. Mein Körper fühlte sich taub an, als wäre er gelähmt. Einige Minuten vergingen, bevor ich mich ein wenig bewegen konnte. Auch die hervorstehende Zunge zog sich in meinen Mund zurück, aber ich konnte meine hervorquellenden, starren Augen noch nicht bewegen. Erst nachdem ich sie eine Weile massiert hatte, fühlte ich, wie sie zu ihrem normalen Zustand zurückkehrten. Ich hatte starke Schmerzen im Hals von dem brüllenden Gelächter. Als ich an mir hinunterblickte, sah ich, dass ich Ammas *Prasad* noch immer fest in meiner Hand umklammert hielt." Beim Anhören dieser Erzählung saß Amma einfach nur da. Ein gütiges, allwissendes Lächeln spielte auf ihren Lippen.

KAPITEL 3

Die Geburt des Ashrams

I n 1982 wurde ammas Ashram offiziell als karitative, gemein-
nützige Institution eingetragen. Damals bestand der Ashram
nur aus etwa zehn von uns, einschließlich Amma. Als Gayatri
und ich uns in den frühen achtziger Jahren in Vallickavu niederließen, lebte dort nur ein *Vollzeit-Brahmachari*, Unnikrishnan mit
Namen. Er war ein Devotee der göttlichen Mutter, verließ sein
Zuhause und lebte als umherziehender Mönch. 1976 wurde er
Ammas erster spiritueller Sohn, führte auch weiterhin ein aske-
tisches Leben und widmete sich in dem kleinen Tempel, in dem
Amma drei Nächte die Woche ihren *Devi Bhava Darshan* gab,
einer täglichen, rituellen Anbetung der göttlichen Mutter. Wann
immer wir damals Zeit fanden uns auszuruhen, was sehr selten
der Fall war, hielten wir uns alle in einer kleinen, strohgedeckten
Hütte auf. Als einige Leute die Erlaubnis erhielten, sich dauerhaft
in Ammas Nähe niederzulassen, wollten andere das auch. Damals
ließen sich hier Balu, Venu, Sreekumar, Pai, Ramakrishnan, Rao
und ein paar andere nieder.

Amma war sehr anspruchsvoll bei der Auswahl der Leute, die
im Ashram bleiben durften. Sie zog viele Faktoren in Erwägung:
Ob ihre Familie finanziell leiden würde, weil ihr Kind kein Geld
verdiente, um sie zu unterstützen; wie ernst es ihnen mit ihren

spirituellen Ambitionen war und wie tief die Beziehung jeder Person mit ihr war. Sie hatte ein sehr klares Bild der Zukunft. Hinter jeder ihrer Handlungen lag eine eindeutige Absicht. Ihre Geburt an sich war für den spirituellen Nutzen der Welt bestimmt. Sie war der Ansicht, dass zu diesem Zweck eine Gruppe junger Menschen im spirituellen Leben geschult werden musste. Es mussten Schüler sein, die sie in die verschiedenen Teile Indiens und der Welt aussenden konnte, um wirkliche Spiritualität zu verbreiten.

Im letzten Jahrhundert lebte eine große Seele, Sri Ramakrishna Paramahamsa von Bengalen, der auch eine ähnliche Mission hatte. Er gab seine ganze Energie für das spirituelle Wachstum seiner Devotees, sogar auf Kosten seiner Gesundheit und seines Lebens, und schulte schließlich eine Gruppe junger Männer dazu, sein Werk auszuführen. Es gibt zahllose Menschen, die ihn, wie Jesus Christus, als Inkarnation des Herrn betrachten, der absichtlich für einen bestimmten Zweck in diese Welt kam, nicht hilflos von der Macht vergangenen *Karmas* wiedergeboren. Auf vergleichbare Weise gibt es viele Menschen, die Amma als die göttliche Mutter selbst ansehen, die mit einem bestimmten Ziel in diese Welt gekommen ist, die Menschheit spirituell anzuheben. Der Herr erklärt in der *Bhagavad Gita*, dass Er in diese materielle Welt geboren werden wird, wann immer es notwendig ist, um das *Dharma* (das Einhalten der göttlichen Ordnung) vor dem verfallenden Einfluss der Zeit zu beschützen:

> Wann immer der Glaube an Gott im Zerfall begriffen ist, oh Bharata, und die Gottlosigkeit zunimmt, nehme Ich Form an. In jedem Zeitalter werde Ich geboren, zum Schutz der Guten, zur Beseitigung derer, die Böses tun, zur festen Verankerung des Glaubens an Gott.
>
> Bhagavad Gita, Kapitel, Verse 7-8

Da sich alle Dinge in der Zeit naturgemäß wandeln, bedarf die Welt sozusagen einer ständigen spirituellen Wartung. Daher muss Gott immer wieder auf die Erde herabsteigen.

In den Zeiten, als in Ammas Nähe nur wenige Menschen lebten, erörterte sie einmal den Zweck ihrer Geburt. Sie sagte uns, sie würde eine große Gruppe junger spiritueller Sucher dazu schulen, spirituelles Wissen in der Menschheit zu verbreiten. Sie sagte uns auch, der Tag würde kommen, an dem sie viele Male um die Welt reisen müsste, um den Menschen außerhalb des heiligen Landes Indien Frieden zu schenken. Ihre Worte schockten uns und machten uns besorgt. Sie war nie mehr als einige Kilometer vom Dorf entfernt gewesen, und wenn sie um die Welt reisen würde, wer würde sich um sie kümmern? Und wer würde sich um diejenigen kümmern, die sich hier bei ihr befanden? Wir dachten, sie mache vielleicht nur Witze.

Zu dieser Zeit enthüllte Amma uns die Einzigartigkeit von *Shakti Prasad*, ihrem *Manasa Putra*, den aus ihrem Geist geborenen Sohn, wie sie ihn nannte. Sie deutete an, dass er eine bedeutende Kraft für das Gute in der Welt werden würde, da er eine Teilinkarnation der göttlichen Mutter sei, durch Ammas eigenen Willen in die Welt gebracht! Es gibt eine Geschichte in den Schriften Indiens über einen Weisen namens Vishwamitra, der für seinen Devotee Trisankhu eine Welt erschuf, in der er leben konnte. Es gibt auch eine Geschichte in dem vedischen Buch *Yoga Vasishtha,* in dem die Erschaffung einer Welt durch einen Weisen im Knabenalter erwähnt wird. Bei einer Gelegenheit, als ich sie fragte, ob die alten Weisen tatsächlich, wie in diesen Geschichten erwähnt, mit ihrer Willenskraft ganze Welten erschaffen konnten, erwiderte sie: „Natürlich. Hat Amma nicht *Shakti Prasad* geschaffen?" Dies mag in den Ohren jener, die Shaktis Geschichte nicht kennen, wie eine überzogene Behauptung klingen, aber ich habe keinen Zweifel, dass nur sehr selten ein Kind unter solch ungewöhnlichen Umständen geboren wird.

Shaktis Eltern heißen Vidyadharan und Omana und stammen aus einem Dorf in etwa acht Kilometer Entfernung von Ammas Ashram. Sie wurden nicht mit Kindern gesegnet, selbst nach neun Jahren Ehe nicht. Als sie von Ammas wundertätigen, göttlichen Kräften hörten, beschlossen sie, ihr Glück zu versuchen und Amma zu bitten, sie mit einem Kind zu segnen. Beide kamen sie 1977 im Ashram an, aber bevor Omana noch etwas zu Amma sagen konnte, rief sie sie zu sich und sagte zu ihr: „Tochter, ich weiß, dass du dir ein Kind wünschst. Ich werde deinen Kummer aus der Welt schaffen. Du wirst heute in vier Monaten schwanger werden. Mach dir keine Sorgen." Tatsächlich zeigte Omana nach vier Monaten erste Anzeichen einer Schwangerschaft. Nach dem vierten Monat ging sie zu einer Untersuchung ins Krankenhaus. Die Ärzte bestätigten ihre Schwangerschaft. Aber ihre Überraschung war groß, als dieselben Ärzte während des neunten Monats erklärten, in ihrem Leib befände sich kein Kind! Das Mysteriöse an der Sache war, dass ihr Bauch sich dennoch voll nach vorne wölbte, wie bei einer Frau, die kurz vor der Entbindung steht. Verschiedene Tests wurden durchgeführt, die alle ein negatives Ergebnis aufwiesen. Zu guter Letzt wurde eine Röntgenaufnahme gemacht: zur Überraschung der Ärzte war in ihrem Bauch nur eine dichte Wolke zu erkennen. Sie wurde anschließend zur Untersuchung an verschiedene Krankenhäuser weiter verwiesen, aber keiner der Ärzte konnte feststellen, ob sich nun ein Kind in ihrem Bauch befand oder nicht.

Niedergeschlagen kam Omana zu Amma, aber Amma tröstete sie: „Sei mutig. Dieses Kind ist göttlich und kein Röntgenapparat wird es fotografieren können." Tage und Monate vergingen. Die Nachbarn machten sich über sie lustig und sagten, sie würde einen Elefanten in die Welt setzen! Dennoch verloren Omana und ihr Mann nie das Vertrauen in Amma. Es war ihr größter Test. Schließlich sagte Amma Omana in ihrem sechzehnten Schwangerschaftsmonat, sie solle zur Entbindung ins Krankenhaus gehen. Trotz ihres riesigen Bauches konnten die Ärzte keine Anzeichen eines Kindes ausmachen. Nach vielen Diskussionen beschlossen sie schließlich, einen Kaiserschnitt vorzunehmen. Nachdem die Bauchöffnung geschaffen war, waren sie erstaunt, ein gesundes männliches Kind in ihrem Bauch zu finden. Amma gab ihm den Namen „Shakti Prasad". Das bedeutet „Segen der göttlichen Energie."

Shakti begann im Alter von drei Jahren zu meditieren und wiederholte im Sitzen „Om Namah Shivaya" (Grüße an das Segen bringende Eine). Wann immer er in den Ashram kam, ging er direkt zu Amma, setzte sich neben sie und legte Blumen auf ihre Füße. Einmal machten sich Besucher über ihn lustig und sagten: „Hey, woran denkst du, wenn du deine Augen schließt?" Er erwiderte: „Was wisst ihr davon? Ich sehe ein schönes Licht aus sich ändernden Farben in meiner Stirn!" Amma sagt, dass sie ihm den dünnen Schleier der Unwissenheit, den sie in seinen Geist eingebaut hat, zu gegebener Zeit wegnehmen wird, so dass er dann wissen wird, dass er eins mit Gott ist. Dann wird sich seine wahre Größe offenbaren und sein Werk in dieser Welt wird beginnen.

Amma lächelte, nachdem sie diese Dinge erklärt hatte. Einer der Jungen, die in der Nähe saßen, sagte: „Mensch, Amma, du hast einen ziemlich guten Plan." Amma sah ihn sichtlich amüsiert an und sagte: „Danke, ich bin froh, dass du ihn gutheißt!" Bhargavan, einer der Dorfbewohner, war ein regelmäßiger Besucher des Ashrams. Er kam zu jedem Bhava Darshan in den Ashram und lebte völlig im Glauben, dass zu dieser bestimmten Zeit die Seele Sri Krishnas in Ammas Körper eintrat. Es ist nicht ungewöhnlich, dass ein Mensch so denkt, denn ein solcher

Amma mit Shakti Prasad

Glaube ist Teil des religiösen Lebens in Dörfern wie jenem, in dem Amma lebt. Die einfachen Menschen haben keine Vorstellung davon, was Selbstverwirklichung ist oder was es bedeutet, Gott zu schauen. Sie betrachten Gott als jemanden, der ihre Gebete erhören und ihre Wünsche erfüllen kann. Obwohl sie Gott als alldurchdringend ansehen, sind sie der Ansicht, dass ein Mensch sich Ihm am leichtesten im Tempel nähern kann und dass Er sich über rituelle Darbringungen freut. Wenn ein Mensch Ihm die Dinge gibt, die Er mag, dann ist Er geneigt, Seine Devotees mit dem zu segnen, was sie gerne wollen. So einfach ist der Glaube der Dorfbewohner. Auf die Idee, dass Gott sich in der Form der inneren Wirklichkeit jenseits des individuellen Egos im Herzen jedes Menschen befindet, kommen sie gar nicht. Daher konnten sie sich Ammas höchst ungewöhnliches Verhalten nicht anders erklären als durch den Glauben, dass Gott während der *Bhava Darshans* vorübergehend Besitz von ihr ergriff. Wenn Bhargavan also zum *Darshan* kam, hatte er tatsächlich das Gefühl, Krishna selbst zu sehen. Er hatte keine Vorstellung von Ammas spiritueller Größe. Er dachte, sie sei nur ein Dorfmädchen, das großes Glück hat.

Eines Tages teilte er Amma mit, er werde zum berühmten Krishnatempel von Guruvayur gehen, welcher sich etwa zweihundertfünfzig Kilometer nördlich des Ashrams befindet. Amma fragte ihn: „Wirst du Krishna dort sehen können?"

„Natürlich, warum sollte ich sonst eine so weite Reise auf mich nehmen?", erwiderte er. Anschließend machte er sich auf den Weg und erreichte Guruvayur am Abend. Leider hatte er jedoch seine Brille vergessen und konnte das Bildnis des Herrn daher nicht sehen. Er vermochte nur die verschwommene Form wahrzunehmen. Enttäuscht kehrte er nach Hause zurück und ging während des *Krishna Bava Darshans* zu Amma. Mit einem schelmischen Lächeln sagte Amma: „Hast du deine Brille vergessen? Wenn Ich *hier* bin, warum gehst du dann *dorthin*, um Mich zu sehen?" Man kann sich denken, dass Bhargavan von da an jegliches Interesse am Besuch von Tempeln verlor.

Wer sehen wollte, wie Krishna war, konnte dies in Erfahrung bringen, indem er Amma im *Krishna Bhava* beobachtete. Krishnas Name bedeutet „der, der anziehend wirkt". Er soll das charmanteste Wesen überhaupt gewesen sein. Den gleichen Eindruck hatten die Menschen, während sie im Laufe des *Krishna Bhava* vor Amma standen. Sie schien eine Mischung aus Allwissenheit und Schalk zu sein. Sie bot jemandem ein Stück Banane an und wenn die betreffende Person gerade hineinbeißen wollte, zog sie es plötzlich weg! Dies löste natürlich ganze Wellen von Gelächter im Raum aus, brachte aber niemanden in Verlegenheit, denn war es nicht Gott selbst, der sich mit diesem Spiel beschäftigte? Manchmal goss sie einem Devotee geweihtes Wasser in den Mund, goss und goss, bis es vorne am Körper herunter auf den Boden lief. Wenn Leute ihr Butter darbrachten, hielt sie sie ihnen hin, um einen Bissen zu nehmen, und wenn sie es versuchten, schmierte sie ihnen die Butter auf die Nase! Ihre Handlungen entsprachen den Geschichten, die man über die Spiele Krishnas während seiner Kindheit in Brindavan lesen kann.

Eines Tages, ein paar Monate nachdem Balu, einer der *Brahmacharis*, sich im Ashram niedergelassen hatte, hielten er und ich uns in der Hütte auf. Ich hörte mit Kopfhörern eine Aufnahme von Ammas Gesang, als sie hereinkam und anfing, synchron mit der Kassette exakt dieselbe Melodie zu singen. Sie konnte unmöglich einen Ton der Kopfhörer auffangen, da ich die Lautstärke sehr niedrig eingestellt hatte. Ich sah sie mit einem geschockten Ausdruck an und fragte sie, woher sie wusste, was ich hörte. Sie gab mir einfach ein wissendes Lächeln und ging zum anderen Ende der Hütte. Sie schien mit einem Handtuch zu spielen und zu versuchen, es sich um den Kopf zu binden.

Schließlich drehte sie sich mit einem Turban auf dem Kopf um und warf uns einen schnellen Blick zu. Wie groß war unsere Überraschung, als wir sie in *Krishna Bhava* sahen! Nach einem Augenblick wandte sie sich von uns ab und drehte sich erneut zu uns hin. Sie war jetzt in ihrem üblichen Zustand. Nach diesem Vorfall waren wir überzeugt, dass Ammas göttliche Stimmungen völlig in ihrer Hand lagen. Sie kann sie zeigen oder nicht zeigen, wie und wann es ihr beliebt. Bis zu diesem Zeitpunkt hatte Amma unschuldig behauptet, ihre *Bhavas* lägen in *Gottes* Hand. Wir erfuhren nun ihr Geheimnis: dass sie und der Herr EINS sind. In einer nicht gewöhnlichen Stimmung sagte Amma: „Wenn ihr den Krishna sehen wollt, der vor fünftausend Jahren in Brindavan lebte, könnt ihr ihn hier sehen (Amma zeigte auf sich selbst). Die göttliche Mutter und Krishna wohnen beide in diesem verrückten Mädchen!"

Kapitel 4

Die ersten Schüler

Wenige monate bevor ich Amma am Ende des Jahres 1979 begegnete, kam Balu (heute Swami Amritaswarupananda Puri) zu Amma. Er war damals College-Student und hatte ein begnadetes Talent für Musik und Schauspiel. Er hatte gehört, es sollte jemanden in Vallickavu geben, der göttliche Macht besäße und so kam er eines Tages, um selbst zu sehen. Er hatte von Kindesbeinen an eine natürliche Liebe zu Gott und war tief bewegt von der Inbrunst, mit der Amma Lieder für Gott sang. Amma verstand sofort, dass er einer von denen war, die zu ihr gehörten. Als er zum *Darshan* ging, konnte er seine Tränen nicht zurückhalten, so überwältigt war er von Ammas reiner, mütterlicher Zuneigung. Obwohl er nach dem *Darshan* nach Hause ging, war er nicht mehr derselbe. Sein Geist war erfüllt vom Gedanken an Amma und die Sehnsucht, sie zu sehen, hatte ihn in Besitz genommen. Dieses Muster wiederholte sich immer wieder bei allen engen Devotees von Amma.

Eines Nachts erwachte Balu und roch einen göttlichen Duft in seinem Zimmer. Im nächsten Augenblick fühlte er, wie jemand sanft seine Stirn streichelte und war geschockt zu sehen, dass es Amma war. Sie lächelte ihn an und sagte: „Mein Sohn, Amma ist immer bei dir. Mach dir keine Sorgen." Bevor er noch ein Wort sagen konnte, verschwand sie.

Man kann sich denken, dass Balu kaum seinen Augen traute. Am nächsten Morgen eilte er nach Vallickavu, um sich die Echtheit seiner Vision bestätigen zu lassen, war jedoch enttäuscht, als er Amma dort nicht vorfand. Er aß den ganzen Tag nichts, während er auf sie wartete. Als sie schließlich abends zurückkehrte, ging sie geradewegs in die Küche und brachte einen Teller Reis, den sie ihm mit eigenen Händen zu essen gab. Dann sagte sie: „Sohn, letzte Nacht ist Amma zu dir gekommen!" Als Balu diese Worte hörte, war er überwältigt bei dem Gedanken an Ammas Liebe für ihn und fiel weinend zu Boden.

Balu zog etwa zu derselben Zeit in Ammas Nähe, in der Gayatri und ich uns dort niederließen. Sie unterzog ihn schweren Prüfungen, um zu sehen, ob er wirklich auf alles verzichten und sich dem spirituellen Leben widmen wollte. Sie sandte ihn fort, um in etwa achtzig Kilometer Entfernung vom Ashram eine Arbeit anzunehmen und im Haus eines Devotees zu wohnen. Er hielt es dort nur ein paar Wochen aus. Schließlich kehrte er zum Ashram zurück und weigerte sich, zurück zu dieser Arbeit zu gehen. Er konnte die Trennung von Amma nicht ertragen. Amma beschloss danach, er solle ein Magisterstudium in Philosophie absolvieren. Nach vielem Suchen fand er schließlich einen Professor, der bereit war, ihm Privatunterricht in diesem Fach zu geben. Dieser Mann war jedoch nicht geneigt, zum Ashram zu kommen. Nach viel gutem Zureden war er einverstanden, den Ashram zu besuchen, wollte Amma jedoch nicht sehen. Balu ließ ihn an einem abseits gelegenen Ort zurück und ging, um während des *Devi Bhava* vor Amma zu singen. Er war ziemlich überrascht, als er sah, wie der Professor in den Tempel eilte und sich in voller Länge zu Ammas Füßen niederwarf! Man kann sich denken, dass der Professor von da an regelmäßig in den Ashram kam, um Balu in Philosophie zu unterrichten und um sich an Ammas *Darshan* zu erfreuen. Zur gegebenen Zeit bestand Balu seine Magisterprüfungen.

Venu (jetzt Swami Pranavamritananda Puri) war Balus jüngerer Bruder. Als er von seinem Bruder von Amma hörte, war er überhaupt nicht geneigt, zu ihr zu gehen und sie zu sehen. Er sagte geringschätzig: „Ich werde dieses Fischermädchen nicht besuchen gehen." Als Amma dies hörte, sagte sie: „Er ist ebenfalls mein Sohn und wird hierher kommen." Ammas Worte beunruhigten Balu, da es bereits viel Aufregung in seinem Elternhaus gab, weil er dem weltlichen Leben entsagt und sich im Ashram niedergelassen hatte. Was würde geschehen, wenn ein weiterer Sohn seiner Eltern das Gleiche täte?

Eines Tages ging Amma auf einen Besuch in das Haus von Balus Tante, wo Venu während seines College-Studiums wohnte. Als Venu sie dort sah, ging er an ihr vorbei und ignorierte sie vollständig. Amma ließ sich nicht von seiner Unverschämtheit abschrecken, ging zu ihm hinüber, nahm seine Hände in die ihren und sagte liebevoll: „Bist du nicht der Bruder meines Sohnes Balu? Amma hat sich danach gesehnt, dich zu sehen." Venus Schranken brachen vor Ammas unschuldiger mütterlicher Liebe sofort ein. Einige von uns sahen sich an und flüsterten: „Der Handel ist abgeschlossen. Er ist erledigt!" und lachten. Und so viel war gewiss, er war erledigt. Obwohl Venu es irgendwie schaffte, sein Studium zu beenden und seine Prüfungen zu bestehen, hatte er alles Interesse am weltlichen Leben verloren, schnitt sich schon bald im Geist des Verzichts sein langes Kopfhaar ab und ließ sich dauerhaft im Ashram nieder.

Sreekumar (Swami Purnamritananda Puri) lebte in einem Dorf in etwa sechzehn Kilometer Entfernung von Balus Dorf. Im Jahre 1979 hörte er von Amma und kam, um sie zu sehen. Er befand sich an einem kritischen Punkt seines Lebens, da sein

Geist bestürmt wurde von Zweifeln über die Existenz Gottes. „Wenn Gott existiert, wie kann es dann sein, dass so wenige glücklich sind und die Mehrheit der Menschen in dieser Welt leiden muss?" Dieser Gedanke quälte Sreekumar und er fühlte, dass er die Antwort vielleicht durch Amma finden konnte. Nachdem er sie und ihren liebevollen Blick gesehen und die Gegenwart des Göttlichen und die heilige Atmosphäre gefühlt hatte, die alles um sie herum durchdrang, war sein Geist voller Glückseligkeit. Dennoch war er verwirrt von Ammas höchst ungewöhnlichem Verhalten. Manchmal benahm sie sich wie ein kleines, unschuldiges Kind und spielte mit den Devotees. Manchmal sang und tanzte sie und zu anderen Zeiten weinte sie in der Ekstase der Sehnsucht nach Gott. In einem Augenblick war sie tief versunken in Meditation und im nächsten Augenblick rollte sie sich vor Lachen auf dem Boden. Schon bald nach seiner Ankunft gab Amma Sreekumar mit eigenen Händen zu essen und unterwies ihn in spirituellen Prinzipien. Ihre Heiligkeit, mütterliche Liebe und ihr ungewöhnliches, ekstatisches Verhalten banden ihn an sie, und es dauerte nicht lange, bis Sreekumar beschloss, sich in Ammas Nähe niederzulassen. Dennoch war dies lange Zeit nicht möglich, da seine Eltern ihn nicht lassen wollten. Er war ihr einziger Sohn, und sie erwarteten von ihm, sie zu versorgen, sobald sie sich im Ruhestand befanden. Daher schickten sie ihn nach bestandener Abschlussprüfung am College zum Arbeiten an einem fern gelegenen Ort.

Sreekumars Schicksal war das Gleiche wie Balus. Er konnte einfach nicht von Amma fernbleiben und einer Arbeit nachgehen. Er führte ein elendes Leben in Bangalore und verrichtete abwesend seine Arbeit, während er an Amma dachte. Nach einem Monat kehrte er mit hohem Fieber nach Hause zurück und wurde sofort ins Krankenhaus eingewiesen. Als er im Krankenhaus lag, machte er die folgende Erfahrung:

„Mein Vater war kurz weg gegangen, um mir Kaffee zu holen. Ich war allein im Zimmer, als meine Hände und Beine plötzlich wie gelähmt waren. Ein kühler und sanfter Luftzug blies über mich hinweg und zu meiner großen Überraschung sah ich, wie Amma das Zimmer betrat. Sie kam mit einem gütigen Lächeln auf dem Gesicht auf mich zu. Ich begann zu weinen wie ein kleines Kind. Sie setzte sich dann neben mich und legte meinen Kopf in ihren Schoss, ohne ein Wort zu reden. Ich war überwältigt von Gefühlen, die Worte blieben mir im Hals stecken. Ein Strahlen von Ammas Körper durchdrang den Raum und sie selbst war umgeben von einem göttlichen Licht. Gerade da öffnete sich die Tür und mein Vater kam herein. In diesem Moment verschwand Amma sofort." Sreekumar wurde schließlich zu einem ständigen Bewohner des Ashrams.

Pai (Swami Amritamayananda Puri) war der Nächste, der sich im Ashram niederließ. Er war mehr oder weniger ein Waisenkind, da seine Eltern getrennt lebten und er bei Verwandten aufwuchs. Er hatte nie die Liebe einer wirklichen Mutter erhalten. Als er Amma zum ersten Mal sah, sagte sie zu ihm: „Sohn, ich bin deine Mutter." Die Tore von Pais Herzen öffneten sich, als er diese Worte hörte, und er brach in Tränen aus. Von da an konnte er an nichts anderes denken als an Amma. In seinen Augen schien jedes Mädchen Amma zu sein. Nachdem er in Parks, Tempeln und den Vorräumen von Geschäften gelebt hatte, erhielt Pai schließlich die Erlaubnis, bei Amma zu bleiben, da ihr Vater, Sugunanandan, in der Strenge nachließ, die er bis dahin in der Frage, wer bleiben und wer nicht bleiben durfte, hatte walten lassen. Amma sagte zu ihrem Vater: „Er ist ein guter Junge. Lass ihn bleiben," und damit war die Sache geregelt.

Eines Tages kam ein Devotee aus Trivandrum, der Hauptstadt des Staates Kerala, um Amma zu bitten, einen der *Brahmacharis* mit ihm zu entsenden, um Vorträge über das heilige Buch

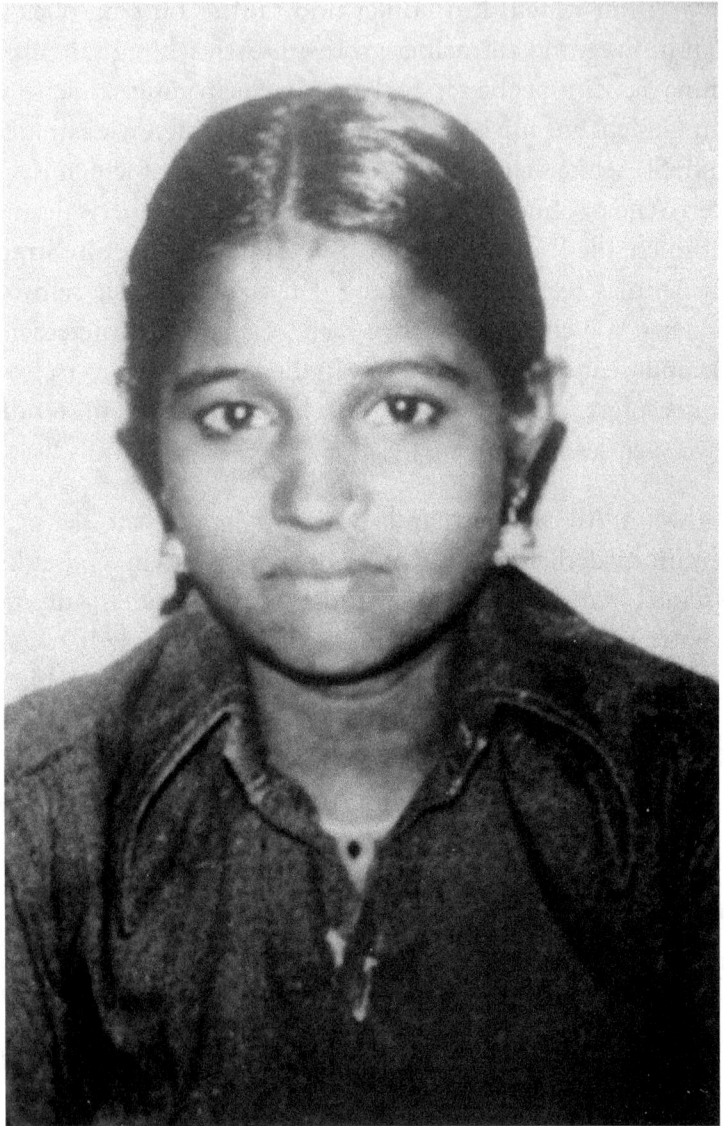

Ramayana, der Geschichte der Inkarnation von Vishnu als Sri Rama, zu halten.

„Niemand hier hat die *Ramayana* studiert. Eure Bitte ist schwer zu erfüllen", sagte Amma.

„Oh Amma, bitte sag das nicht. Ich habe den Menschen versprochen, dass ich ihnen jemanden bringen werde. Bitte rette mich!" flehte der Mann.

Schließlich schlug Amma vor, Pai solle die Vorträge halten. Als er das hörte, war er geschockt! Er hatte die *Ramayana* nie gelesen, wie sollte er sie da erklären? Er war sehr aufgebracht. Amma rief ihn und sagte ihm, er solle ihr ein Exemplar des Buches bringen. Sie schlug das Kapitel über Hanuman auf und bedeutete ihm, es zu lesen. Nachdem er zehn Zeilen gelesen hatte, sagte sie ihm: „Das ist genug. Geh jetzt!" In vollem Vertrauen auf Amma ging Pai nach Trivandrum und erklärte dort sieben Tage lang einer großen Menge von Devotees die *Ramayana*. Nach Beendigung der Vorträge gestand er dem Publikum, dass er die *Ramayana* nie gelesen hatte und dass er nur durch Ammas Gnade den Text hatte erklären können. Die Devotees dort konnten nicht glauben, dass er die Geschichte und ihre Kommentare nicht studiert hatte, so aufschlussreich und schön waren seine Erläuterungen gewesen.

Ramesh Rao (Swami Amritatmananda Puri) war der Lieblingssohn eines reichen Stoffhändlers und arbeitete im Laden seines Vaters. Aber das langsame Leben seines Dorfes gefiel ihm nicht. Er wollte ins Ausland, an den persischen Golf arbeiten gehen und versuchte gerade, sich dort einen Job zu verschaffen, als er von Ammas göttlichen Kräften hörte. Im Juni 1979 kam er zum ersten Mal nach Vallickavu, um etwas über seine Zukunft in Erfahrung zu bringen. Er hätte es kaum für möglich gehalten, welch große Veränderungen ihm bevorstanden. Bevor er Amma etwas fragen konnte, sagte sie zu ihm: „Sohn, du versuchst, den

Ozean zu überqueren. Amma wird es dir ermöglichen, wenn du
es wünschst. Mach dir keine Sorgen."

Diese wissenden Worte waren der Anfang vom Ende von Raos
weltlichem und der Beginn seines spirituellen Lebens. Er ging
nach Hause und versuchte, sich seinem Geschäft zu widmen, fand
es jedoch unmöglich, seinen Geist in diese Richtung zu konzentrieren. Er sehnte sich nur danach, Amma wieder zu sehen. Diese
Sehnsucht wurde so intensiv, dass er seinen Tuchladen an vielen
Tagen vorzeitig schloss und nach Vallickavu eilte. Er hatte viele
Träume der Göttin des Universums, die ihm in Ammas Form
erschien. Tag für Tag steigerte sich seine Ruhelosigkeit, und der
Wunsch, Gott zu verwirklichen. Was ist schon Wunderliches
daran? In Ammas Gegenwart wendet sich der Geist ganz natürlich
Gott und göttlichen Gedanken zu.

Eines Tages verlor Rao, als er bei Amma saß, völlig das
Gewahrsein der Welt um sich herum. Mehr als fünf Stunden lang
machte er die Erfahrung, ein zwei Jahre altes Kind zu sein, das
im Ozean der glückseligen göttlichen Mutter trieb. Schließlich
rief Amma ihn und brachte ihn zurück in diese Welt der Namen
und Formen. Nach dieser Erfahrung verlor Rao auch den letzten
Rest an Gefallen an der Welt. Er ging nicht mehr in sein Geschäft
und verbrachte zahllose Wochen bei Amma und den anderen
dort wohnenden Devotees. Dies sorgte natürlich für viel Aufregung in seiner Familie. Obwohl fast jeder in Indien weiß, dass
Gottverwirklichung das wirkliche Ziel des Lebens ist, wünschen
die Eltern sich nur sehr selten, dass ihre Kinder ein Leben der
Entsagung führen und es diesem erhabenen Ziel widmen. Sie sind
der Ansicht, dass ein Mensch die Freuden des ehelichen Lebens
genießen, Reichtum und Besitz anhäufen und anschließend im
Alter sich einem spirituellen *Sadhana* widmen sollte. Sie vergessen
jedoch, dass ein Mensch, der alt wird (wenn er nicht vorher stirbt!)
einen Geist hat, dessen Strukturen so starr geworden sind, dass

es fast unmöglich ist, sich jetzt noch auf Gott zu konzentrieren. Wie soll ein Mensch sich auf Gott konzentrieren, nachdem er sich siebzig oder achtzig Jahre lang mit weltlichen Dingen abgegeben hat? Kann ein alter Hund neue Tricks lernen?

Vor langer Zeit war es in Indien allgemeine Pflicht für Kinder, in sehr jungen Jahren von zu Hause fortgeschickt und in einer *Gurukula* (Haus oder Ashram eines traditionellen Lehrers) untergebracht zu werden. Dort studierten und rezitierten sie die alten Schriften, dienten selbstlos den älteren Mitschülern und dem Lehrer, praktizierten Sinneskontrolle und führten ein einfaches und edles Leben. Erst nach zwölf Jahren eines solch disziplinierten Lebens heirateten sie, wenn sie dies wünschten und erfreuten sich materiellen Reichtums und weltlicher Vergnügungen. Selbst dann wurde das Studium der Schriften, die Anbetungen und ein Mindestmaß an Selbstkontrolle nicht aufgegeben. Nach der Zeugung und Erziehung rechtschaffener Kinder war es Vorschrift, etwa im Alter von fünfzig Jahren das Familienleben zu verlassen, entweder in einem Ashram oder einem Wald zu leben und den Rest des Lebens einer konzentrierten spirituellen Praxis mit dem Ziel der Gottverwirklichung zu widmen. Wenn ein Mensch in seiner Jugend eine feste Grundlage errichtet und diesen Weg ins mittlere Alter fortgesetzt hatte, konnte der Übergang zu einem Leben des vollständigen Verzichts und der Selbstkontrolle ohne große Schwierigkeiten vollzogen werden. Dies war das Ideal in der alten Zeit. Heutzutage verfolgt niemand mehr einen solchen Kurs lebenslanger spiritueller Schulung. Es zeugt schon von großem Wunschdenken, siebzig Jahre lang ein weltliches Leben zu führen, ein wenig zu beten, ein paar Anbetungsrituale durchzuführen, dann und wann einen Tempel zu besuchen und dann zu erwarten, sich im Tod auf Gott konzentrieren und schließlich in Ihn aufgehen zu können. Wenn dies ausreichte, Selbstverwirklichung zu erlangen, warum haben dann so viele Menschen ein Leben lang alle Mühen daran gesetzt, ihren umherwandernden Geist zu kontrollieren und auf das Höchste auszurichten?

In Anbetracht dieser Zustände in der heutigen Welt ist es kein Wunder, dass Raos Eltern nicht geneigt waren, ihn Mönch werden zu lassen, denn es war offensichtlich, dass er diese Richtung mit vollem Tempo einschlug. Amma sagte Rao, er solle nach Hause gehen und die Erlaubnis seiner Eltern einholen, dass er im Ashram bleiben dürfe. Das war, als wären zwei darbende und hungrige Katzen gebeten worden, eine saftige Maus freizulassen! „Amma, sie werden mir Ärger bereiten, wenn ich jetzt dorthin gehe", protestierte Rao. „Ein mutiger Mann kann alle Schwierigkeiten überwinden", erwiderte Amma ruhig. Sie wollte Rao nicht so leicht für ein mönchisches Leben akzeptieren. Er hatte eine starke Neigung zum weltlichen Leben gehabt, bevor er zu ihr gekommen war, und sie wollte sicher gehen, dass er das innere Zeug dazu hatte - die Veranlagung eines Mönchs - bevor sie ihn der Welt für immer entsagen ließ. Wie scheinbar grausam und weise sie doch ist!

Nachdem Rao nach Hause gegangen war, hielten seine Eltern ihn mit Gewalt dort zurück. Da sie keine Veränderung in seiner Einstellung sahen, kamen sie zu dem Schluss, dass seine plötzliche Jenseitsgerichtetheit eine Form von Geisteskrankheit sein musste. Nach zehn Tagen der Behandlung in einem psychiatrischen Krankenhaus brachten seine Eltern ihn zu Verwandten weit weg von seinem eigenen Dorf, wo sie versuchten, ihn mit Tricks, mit Hilfe einer jungen Verwandten als Lockvogel, in Versuchung zu führen. Er widerstand jedoch allen Versuchungen. Rao schrieb an Amma: „Wenn Amma mich nicht rettet, werde ich Selbstmord begehen!" Nach einem Monat wurde ihm erlaubt, in sein Dorf zurückzukehren, da seine „Verrücktheit" anscheinend vorbei war. Wie unglücklich, aber nicht überraschend es doch ist, dass Menschen, die in der Welt leben, glauben, dass die Liebe zu Gott und der Wunsch, Ihn direkt zu erfahren, unnormal sind. Die Juwelen der Menschheit waren jene Menschen, die in ihrem täglichen Leben eine gewisse Hingabe an Gott manifestierten: Abraham Lincoln, Albert Einstein, Mahatma Gandhi – alle diese werden von weltlichen Geistern als große Männer angesehen. Dennoch schrieben diese Männer ihr bisschen an Größe Gott zu. Sie waren alle bescheidene Devotees des Herrn. Warum denken die weltlichen Menschen dann, dass eine rückhaltlose Hingabe an Gott von einer Geistesgestörtheit zeugt? Sagt das Alte Testament nicht, liebe Gott von ganzem Herzen, mit deiner ganzen Seele und deinem ganzen Geist? Wer ist verrückt, der, der Gott liebt oder der, der nicht einmal an Ihn denkt? So groß ist die Macht der *Maya*, der universellen Illusion, dass sie die Menschen alles auf den Kopf gestellt sehen lässt.

Nach der Rückkehr in sein Dorf kam Rao erneut zum Ashram. Amma bestand darauf, er solle nach Hause zurückkehren, bis seine Eltern ihm aus eigenem freien Willen die Erlaubnis erteilten, bei ihr zu bleiben. Dies war für Rao nicht akzeptabel, also ging er nicht. Binnen weniger Tage tauchten sein Vater, Verwandte und ein Bus voller Polizisten im Ashram auf. Als sie versuchten, Rao mit sich fortzunehmen, erklärte er: „Ich bin alt genug zu entscheiden, wo und wie ich mein Leben lebe." Die Polizei kümmerte sich jedoch nicht um seine Worte und zwang ihn ins Auto, um ihn erneut ins psychiatrische Krankenhaus einzuliefern.

Hatte Amma ihren hilflosen Sohn aufgegeben? Mitnichten. Auf dem Weg ins Krankenhaus stiegen alle aus, um in einem Restaurant essen zu gehen. Rao weigerte sich, mit ihnen zu gehen und saß im Auto. In diesem Augenblick hörte er eine Stimme in seinem Innern sagen: „Wenn du jetzt entkommst, wirst du gerettet. Andernfalls wirst du zerstört!" Im nächsten Augenblick sah er einen Mietwagen, der vor seinem Auto angehalten hatte.

Ohne einen Augenblick Zeit zu verschwenden, sprang er hinein und bat den Fahrer, ihn zum Haus eines Devotees zu fahren, der in derselben Stadt lebte. Von dort aus machte er sich mit einem Nachtzug auf den Weg nach Bombay und als er dort schließlich erkannt wurde, setzte er seinen Weg fort nach Norden, in die Himalajaregion. Er zog dort viele Monate lang ohne eine Rupie Geld als Bettler umher und hatte nicht einmal warme Kleidung. Schließlich schrieb Amma ihm einen Brief, in dem sie ihm mitteilte, dass die Gefahr vorüber sei und er zum Ashram kommen solle. Rao kehrte mit Geld, das ihm die Ashrambewohner sandten, zurück und ließ sich im Jahre 1982 als Ashrambewohner nieder, nachdem Amma ihn erst so schwer auf die Probe gestellt hatte. Jetzt konnte sie sicher sein, dass er seinem Entschluss bis zum Ende treu bleiben würde. So entschieden sollte ein Mensch in seiner Entschlossenheit sein, alle Hindernisse zu überwinden und die innewohnende Wahrheit, Gott, zu verwirklichen.

Ramakrishnan (Swami Ramakrishnananda Puri) begann im Jahre 1978, Amma zu besuchen. Er war Angestellter einer Bank, die sich in der Nähe ihres Dorfes befand. Ammas liebevolle Natur ließ von Anfang an sein Herz schmelzen und band ihn an Amma. Bei dem göttlichen Aspekt, den er verehrte, handelte es sich um die göttliche Mutter Minakshi, die verkörpert war in der Form der Göttin, die im berühmten Minakshitempel in Madurai in Tamil Nadu, aufgestellt war. Auf Grund seiner intensiven Sehnsucht, sie zu erblicken, wurde Ammas Gnade angezogen, und sie segnete Ramakrishnan mit vielen Visionen der Göttin. Was selbst nach Jahren anstrengender Bemühungen nicht erreicht werden kann, gewinnt ein Mensch leicht durch die Gnade einer verwirklichten Seele.

Amma prüfte Ramakrishnans Glauben viele Male sowohl vor als auch nach seiner Ansiedlung im Ashram im Jahre 1984. Obwohl der Guru sich stets seiner oder ihrer Allgegenwart und

Allmacht bewusst ist, ist der Schüler es nicht. Es ist die Pflicht des Gurus, diesen Glauben im Schüler zu entfachen, so dass er sein *Sadhana* mit intensivem Eifer und Gewissheit fortsetzt. Ramakrishnan war die Aufgabe anvertraut worden, jeden Morgen in der Bank, in der er arbeitete, den Tresorraum zu öffnen und so wurde von ihm erwartet, Punkt zehn an der Bank zu sein. Sein Job befand sich in etwa hundert Kilometer Entfernung von Ammas Dorf. Nach dem Sonntagabend-*Darshan* im Ashram bestieg Ramakrishnan am Montagmorgen einen Bus und fuhr zur Arbeit. Einmal hielt der Bus jedoch an einem Ort in etwa dreizehn Kilometer Entfernung vor seinem Ziel. Er stieg aus und erkundigte sich nach dem nächsten Bus, wurde jedoch unruhig, als er hörte, dass dieser ihn nicht vor zehn Uhr in sein Büro bringen würde. Er versuchte dann ohne Erfolg, ein Taxi zu bekommen. In verständlicher Bestürzung rief er laut nach Amma: „Oh Amma!", in der Hoffnung, sie würde einen Ausweg für ihn finden. Schließlich war er aus Hingabe am Sonntag zum Ashram gefahren, um ihr zu dieser Zeit während des *Devi Bhava* zu dienen. War es nicht ihre Pflicht, sich um ihn zu kümmern? Binnen weniger Augenblicke kam ein Fremder auf einem Motorroller angefahren und bot ihm eine Fahrt in die Stadt an, zu der er wollte. Als er dort ankam, ging er um Punkt zehn in die Bank. Als er Amma dieses Wunder erzählte, kommentierte sie: „Ein Ruf genügt, wenn er aus einer großen Konzentration kommt. Gott wird kommen."

Eines Tages sagte sie in ernstem Ton zu Ramakrishnan: „Es gibt einige Männer, die sich immer noch Mädchen anschauen, selbst nachdem sie eine Leben des Verzichts aufgenommen haben." Ramakrishnan fragte sie: „Wer denn, Amma?" „Du!", erwiderte sie. „Wer, ich? Amma erklärt mich für schuldig, obwohl ich unschuldig bin", protestierte er.

„Arbeitet am Schalter neben dem deinen nicht eine Frau, die einen Nasenring trägt und schaust du sie nicht jeden Tag an? Aber mach dir keine Sorgen, Sohn. Ich weiß, dass du sie anschaust, weil sie dich an mich erinnert", erwiderte Amma mit einem Lachen.

Nachdem Ramakrishnan zur Arbeit gefahren war, erzählte Amma mir den Vorfall und sagte mit einem Kichern: „Ramakrishnan hat heute einen kleinen Einblick in Ammas *Siddhis* (mystische Kräfte) erhalten!"

Dies waren einige von Ammas Schülern, denen es bestimmt war, *Sannyasis* (Verzichtleistende) zu werden. Ich verwende das Wort „bestimmt", weil solche Menschen nicht zaudern oder berechnen, bevor sie das weltliche Leben aufgeben und gegen ein Leben des Verzichts eintauschen. Sie sehen einfach keine Alternative. Sie können keine andere Lebensart ertragen und werden keine andere akzeptieren. Das sollte niemanden glauben machen, dass verheiratete Menschen oder jene, die keine Mönche sind, keine wahre Spiritualität erlangen können. Einmal hörte ich folgende Worte mit, die Amma an eine Gruppe verheirateter Devotees richtete:

„Ein Laie kann gewiss Verwirklichung erreichen, aber bei ihm oder ihr muss es sich um einen ‚wahren' Laien (*grahasthashrami*) handeln. Obwohl ein Laie bei seiner Familie lebt, sollte er das Leben eines Ashrambewohners führen und nur für Gott leben. Das ist wirkliches *grahasthashrama* (Eheleben). Ein Mensch kann ein spirituelles Leben führen, während er in der Welt lebt. Die eine Bedingung besteht darin, dass er seine Handlungen selbstlos, ohne Anhaftung ausführt und alles Gott zu Füßen legt. Alle Handlungen sollten mit absoluter Hingabe ausgeführt werden. Der Laie sollte ständig seine Unterscheidungskraft einsetzen und denken: ‚Alles gehört Gott, nicht mir. Gott allein ist mir wahrer Vater, Mutter, Verwandter und Freund.'

„Ein Laie, der ein spirituelles Leben führen möchte, nachdem er seiner Verantwortung in der Welt nachgekommen ist, sollte von Beginn an Verzicht üben, auch wenn er nicht leicht fällt. Verzicht erfordert beständige und langfristige Übung. Möglicherweise kann er nicht alles Äußere aufgeben, aber er sollte versuchen, innerlich losgelöst zu sein. *Lakshya bodha* (ein spirituell zielorientierter Geist) ist wichtig, um diesen Geist der inneren Losgelöstheit zu wahren.

„Ein guter Laie sollte innerlich ein *Sannyasi* sein. Amma sagt nicht, dass ein Mensch seinen Pflichten davonlaufen sollte. Er sollte seine Pflichten so gut er nur kann ausüben. Es ist nicht gut, vor dem Leben davonzulaufen. Das ist Feigheit. Ein Mensch, der vor dem Leben davonläuft, ist für das Leben eines spirituellen Suchers nicht geeignet. Aus diesem Grunde ließ Sri Krishna Arjuna nicht vom Schlachtfeld weglaufen. Das Leben ist ein Kampf. Ein Mensch darf das Leben nicht vermeiden. Außerdem lässt es sich nicht vermeiden. Ihr könnt in einen entlegenen Wald oder einen Ashram laufen, um dem Leben zu entkommen, aber das Leben wird euch auch dorthin folgen. Genauso wie ihr nicht vor dem Tod davonlaufen könnt, könnt ihr auch dem Leben nicht entkommen. Ihr könnt nur versuchen, über beides hinauszugehen. Ein intelligenter Mensch versucht daher nicht, dem Leben zu entkommen, sondern ein bewusstes Leben zu führen und seinen Angelegenheiten die richtige Aufmerksamkeit zu widmen.

„Die weise Lebensart besteht darin, über ein gutes spirituelles Fundament zu verfügen. Versucht so lösgelöst wie nur möglich zu sein, damit ihr euch auf den völligen Verzicht vorbereiten könnt. Aber da die meisten Menschen keine *Sannyasis* sind, sollten sie ihren Part in der Welt gut spielen.

„Es ist unsere Pflicht gegenüber Gott, der leidenden Menschheit unser Mitgefühl zu zeigen. Unsere spirituelle Suche sollte mit dem selbstlosen Dienst an der Welt beginnen. Die Menschen sind enttäuscht, wenn sie in Meditation sitzen und erwarten, dass sich ein drittes Auge öffnet, nachdem sie die beiden anderen geschlossen haben. Dies geschieht nicht. Wir können nicht im Namen der Spiritualität unsere Augen vor der Welt verschließen und erwarten, dass wir uns entwickeln. Das Einssein von allem zu erblicken, während wir mit offenen Augen durch die Welt gehen, bedeutet spirituelle Verwirklichung.

„Ungeachtet des Umstands, ob jemand ein Laie oder ein *Sannyasi* ist, ist der Verzicht das Mittel zum Erreichen des Ziels. Innerlich sollte ein Laie ein *Sannyasi* sein. Äußerlich sollte er aktiv sein und seinen Pflichten ordentlich und gut nachkommen. Bereitet euch auf das endgültige Loslassen vor, während ihr ein spirituelles Leben innerhalb eurer Familie führt.

„Ein *Sannyasi* gibt sein ganzes Leben, sowohl das äußere als auch das innere, für andere, für das Wohl der Welt hin. Ein *Grahasthasrami* ist jemand, der äußerlich noch ein Familienleben führt, im Innern jedoch das Leben eines *Sannyasis*.

„Einem Laien fällt es vielleicht nicht leicht, auf Dinge zu verzichten, aber er sollte versuchen, seinen Geist zur Ruhe zu führen. Der Geist eines Laien beschäftigt sich mit den Problemen, die aus allen Richtungen auf ihn eindringen. Amma weiß, dass es sehr schwierig ist, diese Probleme zu überwinden, die einen donnernden Lärm in euren Köpfen verursachen. Aber es ist nicht unmöglich, innere Stille zu erlangen. Bei den meisten unserer alten Meister handelte es sich um Laien. Sie haben es geschafft. Auch sie waren menschliche Wesen. Wenn sie also die Kraft hatten, es zu schaffen, können wir es auch schaffen.

„Das Potential eines wahren Verzichtleistenden ist in jedem vorhanden. Möglicherweise hat es die Form eines Samens, aber es ist da. Der Same wird nicht von selbst keimen. Ihr müsst ihn säen, einzäunen, um ihn vor herumstreunenden Tieren zu beschützen, ihn vor zu viel Sonne und Regen schützen, ihm genug Wasser geben und ihn gut versorgen. Dann wird er zu einem großen, Schatten spendenden Baum heranwachsen, der einen Überfluss an Früchten und Blüten hervorbringt. Diese Art von Bemühung ist erforderlich, um das Ziel zu erreichen. Die Heiligen und Weisen machten *Tapas* (Verzicht, Opfer) und erreichten damit das Ziel. Wir sollten ebenfalls versuchen, das Ziel mit Standhaftigkeit zu erreichen.

„Sri Krishna war Laie. Er hatte viele Verantwortungen, aber er war die Verkörperung der Losgelöstheit. Sri Rama war ebenfalls Laie und überdies König. Er war die Verkörperung des *Dharmas*. König Janaka war König und Laie. Auch er war ein *Jivanmukta*, eine befreite Seele. Sie alle fanden genug Zeit, *Tapas* zu tun und ein spirituelles Leben zu führen, selbst inmitten all ihrer Hofpflichten und anderen Probleme. Wenn wir sagen, dass wir aufgrund unserer Probleme und familiären Verantwortungen keine Zeit finden, gilt dies nicht als Entschuldigung. Es bedeutet einfach, dass wir keinen wirklichen Wunsch haben, dem Pfad der Spiritualität zu folgen.

„Ein *grahasthashrami* sollte auf alles verzichten können, wann immer er will. Er sollte wie ein Vogel sein, der auf einem trockenen Zweig sitzt. Der Vogel weiß, dass der Zweig jeden Augenblick brechen kann und daher ist er jederzeit bereit, sich in die Lüfte zu erheben. Entsprechend sollte ein Laie stets über das Bewusstsein verfügen, dass weltliche Beziehungen vorübergehender Natur sind und jederzeit enden können. Er sollte wie der Vogel bereit sein, alle Bindungen abzuwerfen und einen Sprung in die Spiritualität zu machen. Er sollte den festen Glauben haben, dass es sich bei allen Handlungen, um vorübergehende Arbeiten handelt, die ihm von Gott anvertraut wurden. Wann immer Gott, der Meister, ihn bittet aufzuhören, sollte er dies tun können. Er weiß, dass nichts sein Eigen ist. Ein Laie sollte in der Lage sein, alle Vergnügungen und weltlichen Annehmlichkeiten aufzugeben, wann immer er dies will. Er sollte seine Pflicht in der Welt tun, jedoch als *Sadhana*, als eine Form der Anbetung.

„Bleibt zu Hause, aber bleibt in Berührung mit eurem wahren Selbst, dem wirklichen Zentrum der Existenz. Folgt den Anweisungen eines wahren Meisters. Erkennt das Gefängnis, in dem ihr euch befindet, als das, was es ist und versteht, dass es nicht euer wirkliches Zuhause ist und dass es sich bei Euren Anhaftungen um Ketten der Gefangenschaft handelt. Ein wahrer Meister wird euch helfen, dies zu erkennen. Sobald sich diese Erkenntnis vollzieht, spielt es keine Rolle, ob ihr euch zu Hause oder in einem Ashram befindet. Ungeachtet dessen, was ihr tut oder wo ihr euch aufhaltet, könnt ihr euch dann nicht mehr von eurem wirklichen Zentrum entfernen.

KAPITEL 5

Amma als Guru

In den Jahren als sich die meisten von uns zu Ammas Füßen niederließen, war ihre Haltung entweder die eines Kindes oder die einer Mutter. Manchmal benahm sie sich wie ein Kind, rannte umher, tanzte und spielte mit den anderen Kindern. Sie ruhte sich unter den Bäumen aus, aß vom Boden und lag im Regen auf der Erde. Sie war mit allen so zärtlich wie eine völlig vernarrte, liebende Mutter und bestand auf keinerlei Disziplin. Sie gab uns mit ihren eigenen Händen zu essen, versicherte sich, dass wir eine Unterlage zum Schlafen hatten, tröstete uns in unseren Krankheiten und anderen Schwierigkeiten und behielt uns alle die ganze Zeit im Auge. Nach einiger Zeit erklärte sie jedoch, dass sie bald ihre Rolle ändern und uns behandeln würde wie ein Guru seine Schüler. Für mich war das völlig in Ordnung. Ich hatte mich danach gesehnt, dass um Amma herum eine Ashramatmosphäre entsteht. Tatsächlich verschwand die kindliche Seite Ammas praktisch ganz. Ihre mütterliche Natur trat in den Hintergrund und sie wurde zum Lehrer. Amma konnte sich mit jeder Rolle identifizieren, die sie zu spielen beschloss. Während der *Krishna-* und *Devi Bhava Darshans* war sie die Verkörperung dieser Aspekte Gottes. Wenn sie in der Stimmung eines Kindes war, war sie einfach wie ein Kind. Sie konnte mütterlicher sein als die eigene Mutter. Jetzt wurde Amma zum Guru der Gurus. Was ist daran schon verwunderlich? Durch die Gnade der universalen Mutter wurden alle großen Gurus zu dem, was sie waren. Wenn die Göttin selbst beschließt, diese Rolle zu leben, ist das ein Kinderspiel für sie.

Gegen Ende November 1982 unternahm Amma mit einer Gruppe von uns eine zehntägige Pilgerreise nach Tiruvannamalai. Zum ersten Mal verließ Amma das Dorf für so lange Zeit, und zum ersten Mal seit ihrem Beginn im Jahre 1975 fanden die Krishna und *Devi Bhavas* nicht statt. Wir stiegen am Montagmorgen nach dem Sonntag-Nacht-*Darshan* in den Zug und kamen am nächsten Tag an. Wir waren etwa vierzig oder fünfzig Personen. Wir wohnten alle in den beiden Häusern, die ich gebaut hatte, als ich in Tiruvannamalai lebte. Tagsüber gab Amma *Darshan* im Haus. Viele Devotees, die im Ashram und um den Ashram herum lebten, kamen. Abends sang Amma im Ramanashram *Bhajans* vor Ramana Maharshis Grab, das dort *Samadhi*-Schrein genannt wird. Am nächsten Morgen kam ein *Sannyasi* namens Kunju Swami, um Amma zu sehen. Er war in Kerala geboren worden und ein Schüler des berühmten Heiligen Narayana Guru, der zu Anfang des Jahrhunderts gelebt hatte. Narayana Guru hatte ihn nach Tiruvannamalai gebracht, als er noch ein junger Mann war und vertraute ihn zu seiner spirituellen Erziehung Ramana Maharshi an. Jetzt war er bereits in seinen achtzigern, aber Amma behandelte ihn wie einen fünfjährigen Jungen. Er hatte seine Freude daran wie ein Kind bei seiner eigenen Mutter. Wenn er in Meditation saß, legte sie ihre Hand auf seinen rasierten Kopf und tanzte mit ihren Fingern ein kleines „Liedchen", während sie immer wieder um ihn herum ging. Einer meiner Freunde in Tiruvannamalai erzählte mir, dass Kunju Swami, als ich Anfang der achtziger Jahre von dort weg zu Amma ging, gesagt hatte: „Nealu hätte diesen Ort bis zu seinem Tod nicht verlassen, wenn die Mutter dort in Kerala nicht *Parashakti* (die höchste Energie) selbst wäre." An seinem Ausdruck ließ sich ablesen, dass er Amma tatsächlich als inkarnierte Göttin betrachtete.

Eines Tages lief Amma auf einmal alleine von unserer Unterkunft fort. Es handelte sich offensichtlich um eine Flucht. Sie wollte sicher nicht, dass ihr jemand folgte. Da ich der Einzige war, der sie weggehen sah, ergriff ich sofort einige Bananen, Plätzchen und Trinkwasser, steckte sie in einen Beutel und rannte ihr nach. Da ich Zeuge von Ammas mangelndem Körperbewusstsein geworden war, wusste ich, dass sie womöglich verloren gehen konnte. Ich folgte ihr in einiger Entfernung auf ihrem Weg um den Arunachala-Berg herum. Offensichtlich befand sie sich in einem Zustand der Verzückung. Als die anderen mich aus dem Haus rennen sahen, folgten sie mir alle auf den Fersen. Mit der Zeit überholten mich alle und schlossen sich Amma an, die inzwischen ein sehr schnelles Tempo vorlegte. Nach und nach verschwand sie in der Ferne. Ich blieb allein zurück.

Als ich später mit Sreekumar sprach, berichtete er mir die folgenden Ereignisse. Er sagte: „Jemand kam auf uns zugelaufen und sagte, ‚Amma ist weg. Wir können sie nirgendwo finden!' Als wir dies hörten, mieteten wir uns sofort eine Pferdekutsche und fuhren auf den Arunachala-Berg zu, wobei wir aufmerksam Ausschau nach Amma hielten. Am Tag zuvor hatten wir, als wir mit ihr den Berg bestiegen hatten, zu beiden Seiten Höhlen vorgefunden. In einige dieser Höhlen war Amma zum Meditieren hineingegangen und hatte sich häufig erst nach intensivem Zureden überreden lassen herauszukommen. Beim Abstieg hatte Amma gesagt: „Mir ist nicht danach zumute herunterzukommen, aber wenn ich an euch Kinder denke, halte ich mich zurück." Also vermuteten wir, dass Amma in einer dieser Höhlen saß. Aber in welcher der zahllosen Höhlen dieses riesigen Berges sollten wir sie suchen? Wir waren alle sehr besorgt.

„Schließlich erreichte die Pferdekutsche den Berg. Nach einigen Kilometern Fahrt erblickten wir plötzlich Ammas Gestalt. Sie ging weit vor uns auf der Straße. Sobald wir recht nahe an sie herangefahren waren, stiegen wir aus der Kutsche aus. Amma bot uns einen prachtvollen Anblick. Sie wiegte sich im Gehen hin und her, als wäre sie trunken. Ihr ganzer Körper vibrierte. Ihre Hände waren zu einem heiligen *Mudra* (mystische Pose der Hände) geformt. Ihre Augen waren halb geschlossen. Auf ihrem Gesicht leuchtete ein glückseliges Lächeln. Es sah aus, als ginge die Göttin Parvati um *Shiva* herum! Wir folgten Amma und wiesen die Pferdekutsche an, uns ebenfalls zu folgen. Wir begannen, vedische *Mantren* zu rezitieren und sangen laut *Bhajans*. Die Hügel warfen das Echo unseres Gesangs zurück. Die Glückseligkeit des *Samadhi*, die Amma ausstrahlte, zusammen mit der Freude des Singens und Rezitierens, segnete uns alle mit einer wunderbaren Erfahrung.

„Nachdem wir Amma eine gewisse Wegstrecke gefolgt waren, wandte sie sich um und warf uns einen Blick unbeschreiblicher Liebe zu. Ihr Blick war so voll des Mitgefühls und einer Kraft. All unser *Karma* und unsere *Vasanas* (tief verwurzelte Gewohnheiten) schienen von diesem Blick verbrannt zu werden! Langsam kam Amma auf unsere Ebene zurück. Schon bald lachte und sprach sie zärtlich mit uns. Ein wenig müde von der langen Wanderung, setzte sie sich einige Minuten unter einen Baum am Straßenrand. Trotz unserer Bitten weigerte sie sich, die Pferdekutsche zu besteigen, stand bald auf und ging zu Fuß weiter. Also gingen wir alle die gesamte, dreizehn Kilometer lange Strecke um den Berg herum.

„Gegen Ende der Bergumwanderung sahen wir einen Schlangenbeschwörer, der am Straßenrand auf seiner Flöte spielte. Amma ging zu ihm, setzte sich vor ihm auf den Boden und sah mit großem Interesse zu, wie die Schlange zur Musik der Flöte tanzte. Wie ein kleines Kind fragte Amma uns: ‚Kinder, warum haben Schlangen keine Hände und Füße?‘ Ihre unschuldige Frage brachte uns alle zum Lachen. Sie gab die Antwort dann selbst: ‚In ihren früheren Geburten haben sie ihre Hände und Beine vielleicht nicht richtig genutzt. Kinder, denkt daran, dass eine solche Geburt jeden ereilen könnte, der das, was Gott ihm gegeben hat, missbraucht.‘

„Dabei hatte sich ihr Gesichtsausdruck vollständig gewandelt und enthüllte den Ernst und die Majestät des Gurus. ‚Kinder‘, fuhr sie fort, ‚Amma weiß, dass ihr Amma mehr liebt als alles andere. Ihr könnt an keine andere Form Gottes denken als an Amma. Daher müsst ihr den Berg nicht unbedingt umwandern. Aber ihr müsst zu einem Vorbild für die Gesellschaft werden und solltet ein Beispiel geben, dem sie folgen kann. Früher konnten die Menschen Gott in ihren Gurus erkennen. Aber im gegenwärtigen Zeitalter verfügen nicht viele Menschen über diese Unterscheidungsfähigkeit. Daher sind solche konventionellen Riten und Rituale für einen gewöhnlichen Menschen notwendig. Die Gesellschaft soll an eurem Beispiel lernen, diese Praktiken zu befolgen. Ehrt in Zukunft solche Rituale stets, um die Menschheit anzuheben. Amma verrichtet diese Praktiken selbst, um euch den richtigen Weg zu lehren.‘

„Wir saßen alle in nachdenklichem Schweigen und nahmen Ammas Worte in uns auf. Nach einigen Augenblicken fuhr Amma fort: ‚Kinder, seid nicht traurig bei dem Gedanken, dass Amma euch ständig korrigiert. Denkt niemals, dass Amma euch nicht liebt. Amma gibt euch diese Anweisungen nur aufgrund ihrer überfließenden Liebe. Kinder, ihr seid Ammas Schatz. Als Amma auf alles verzichtete, gab es nur eins, auf das sie nicht verzichten konnte - und das wart ihr, meine Kinder. Erst wenn Amma sieht, dass ihr das Licht der Welt werdet, wird sie sich wirklich glücklich fühlen. Amma bedarf eurer Lobpreisungen

Amma mit Devotees am Arunachala (Skandashram)

oder eures Dienstes nicht. Amma will nur, dass ihr die Stärke erlangt, die Lasten und Leid der Welt zu tragen.'

„Ammas tiefsinnige und nektargleichen Worte ließen unsere Egos in Grund und Boden sinken. Wir fielen zu Ammas Füßen und beteten, ‚Oh Amma, bitte mach uns edel! Bitte mach uns so rein, dass unsere Leben für die Rettung der ganzen Welt geopfert werden können.'"

Nach vier Stunden kehrte ich schließlich mit leerem Beutel zurück. Ich hatte die ganze Verpflegung selber aufgegessen. Als ich mit dem leeren Beutel in der Hand das Haus betrat, erfasste Amma sofort die Situation, brach in Gelächter aus und fragte mich: „Hast du mir etwas zu essen gebracht?"

Unser Besuch fiel mit dem Dipam-Fest zusammen, einer jährlichen Feier, an der hunderttausende von Menschen aus ganz Südindien teilnehmen. Dabei wird auf der Spitze des Arunachala ein heiliges Feuer entzündet, welches das Licht spiritueller Erleuchtung darstellt, das in der Dunkelheit zeitloser Unwissenheit leuchtet. Eines Morgens gingen wir alle in die Stadt, um uns den Umzug eines Triumphwagens anzusehen. Abbilder der örtlichen Gottheiten standen auf einem riesigen, prunkvoll gravierten Holzwagen, der mehr als dreißig Meter hoch war. Bei dem Umzug der Menschen durch die Straßen wurde der Wagen mit einem Seil gezogen. Es war ein fröhliches Ereignis und prachtvoll anzuschauen. Während Amma auf dem Balkon eines der Gebäude stand, um den Wagen gut sehen zu können, erhielt sie Besuch von einem *Avadhuta* namens Ramsuratkumar. Er war ein Schüler des bekannten Swami Ramdas von Kanhangad in Nordkerala gewesen. Er wurde in Tiruvannamalai wegen seiner Heiligkeit sehr verehrt. Er war in Lumpen gekleidet, hatte einen langen, fließenden Bart und trug einen Fächer in der Hand. In Ammas Gegenwart wurde er zu einem kleinen Kind und betrachtete sie als seine spirituelle Mutter. Dies öffnete den örtlichen Devotees die Augen über Ammas wahre Identität. Nach zehn glücklichen Tagen in Tiruvannamalai kehrten wir alle zum Ashram zurück.

Eines Tages meinte Amma, es sei an der Zeit, zwei weitere Hütten zu bauen. Durch den Zustrom an festen Bewohnern wurden weitere Räume benötigt. Amma wollte nicht, dass wir für alle Zeit unter freiem Himmel lebten. Zwar war das einfache Leben zweifellos eine gute Prüfung unserer Losgelöstheit, aber Amma war der Ansicht, ein spiritueller Sucher sollte einen Raum für sich haben, in dem er sich seinem *Sadhana* widmen kann. Ich war verantwortlich für die Beaufsichtigung der Arbeit. Es waren einige Arbeiter gekommen, um die Hütten zu bauen. Ich entwarf einen Plan und zeigte ihn Amma. Er bestand aus drei Hütten, die U-förmig voneinander weg zeigten. Ich dachte mir, dadurch werde Platz gespart und der Wind könne durch die Tür einer jeden Hütte einströmen. Es schien mir eine gute Idee zu sein. Die Arbeiter stellten gerade die Hauptpfosten auf, um den Gebäuderahmen abzustützen und begannen, die Kokosnussblätter an den Rahmen zu binden, als Amma aus dem Tempel kam und sah, was vor sich ging.

„Wer hat euch gesagt, dass ihr das tun sollt?" rief Amma. Alle zeigten auf mich. Plötzlich verlor ich meinen Baumeisterstolz. „Wer hat dich gebeten, die Hütte in dieser Anordnung aufzustellen?", fragte Amma mich.

„Warum fragst du, Amma. Du hast den Plan doch gesehen und genehmigt", erwiderte ich.

„Ich kann mich an keinen Plan erinnern. Reißt das ab! Niemand sollte Hütten bauen, die einander gegenüberstehen. Du denkst nur daran, wie du es bequem machen und frischen Wind bekommen kannst! Kümmerst du dich nicht um spirituelle Regeln? Nein! Die Regeln erlauben nicht, dass Hütten so gebaut werden." Sprach's und ging in den Tempel zurück. Hilflos wandte ich mich an die Arbeiter und bat sie, alles abzureißen, was sie seit dem Morgen gebaut hatten. Ich wandte mich an Balu und sagte: „Ich sehe keinen Sinn in dieser Sache. Es ist sehr schwierig, Amma zu verstehen."

„Warte, sei geduldig. Wir werden sehen, worauf Amma es abgesehen hat. Es ist ihre Art, dich zur Hingabe zu bringen", sagte Balu.

Nach zwei Minuten kam Amma wieder aus dem Tempel. Sie blickte die Arbeiter an, die begannen, die Hütten abzureißen. „Was machen sie da? Sag ihnen, sie sollen die Hütten so bauen, wie es ursprünglich geplant war. Wie soll sonst Wind in die Hütten kommen?" sagte Amma.

„Aber was ist mit den Regeln der Schriften, Amma?" fragte ich.

„Regeln? Es gibt keine spirituellen Regeln für den Bau von Hütten. Das gilt nur für normale Gebäude." Nach dieser Erklärung ging Amma erneut in den Tempel zurück.

Hätten Zuschauer das ganze Schauspiel beobachtet, das gerade stattgefunden hatte, hätten sie Amma bestenfalls als unvernünftig, schlimmstenfalls als verrückt bezeichnet. Aber Ammas Art, mit dem Verstand ihrer Schüler umzugehen, befindet sich vollkommen im Einklang mit den Traditionen der Vergangenheit und Gegenwart. Marpa, der Guru des berühmten tibetischen *Yogi* Milarepa, ließ seinen Schüler einhändig einen siebenstöckigen Turm immer wieder abreißen und neu erbauen, bevor er Milarepas Arbeit schließlich billigte und ihm die Einweihung gewährte. Heute leuchtet Milarepa als größter *Yogi* der tibetischen Geschichte.

Es gibt viele solcher Geschichten von Gurus, die ihre Schüler Hingabe- und Gehorsamsprüfungen unterzogen. Einer dieser Gurus war mehr als hundert Jahre alt und wollte einen Nachfolger bestimmen. Da es viele Kandidaten gab, beschloss er, sie alle einer Prüfung zu unterziehen. Er bat jeden Einzelnen, etwas Erde zu holen und eine Plattform damit zu bauen. Alle rannten los und holten einen Korb Erde, mit dem sie eine Plattform bauten. Als alle fertig waren, sagte der Guru: „Es tut mir leid, aber diese Plattformen sind nicht so gut wie ich es erwartet habe. Bitte, reißt sie ein und baut neue."

Dies geschah. Anschließend sagte der Guru: „Dies ist kein geeigneter Ort. Bitte, reißt sie ein und baut sie auf diesem Fleck Land dort drüben."

Sobald dies geschehen war, kam der Guru zur Abnahme. „Hmm, ich mag diesen Fleck hier auch nicht. Warum baut ihr eure Plattformen nicht dort?"

Viele der Schüler dachten, der Guru sei in seinem hohen Alter senil geworden und nicht mehr ganz bei Sinnen. Sie gaben daher ihre Arbeit auf und ließen nur wenige als Kandidaten für die Nachfolge des Gurus zurück. Aber selbst als diese wenigen ihre Plattformen bauten, wies der Guru sie immer wieder zurück.

Nach einiger Zeit blieb nur noch ein Kandidat übrig, ein Mann mittleren Alters. Als die anderen Schüler sahen, wie er fortfuhr, Plattformen zu bauen und niederzureißen, verspotteten und verhöhnten sie ihn. Sie sagten ihm, wie dumm er doch sei zu versuchen, einem Guru zu gefallen, der nicht mehr ganz beieinander sei. Der Schüler unterbrach seine Arbeit für einen Augenblick und sagte ihnen:

„Brüder, es stimmt nicht, dass der *Satguru* (selbstverwirklichter Meister) verrückt ist. Die ganze Welt ist krank und nur einer ist gesund, nämlich der Satguru. Die ganze Welt ist blind. Nur der Satguru kann sehen." Sie erwiderten, dass sowohl er als auch der Guru zweifellos von Sinnen seien. „Ihr dürft über mein bescheidenes Selbst sagen, was immer ihr wollt, aber sagt kein einziges respektloses Wort über meinen Satguru. Selbst wenn ich für den Rest meines Lebens Plattformen bauen müsste, um seinen Wünschen nachzukommen, würde ich durch seine Gnade in meinem Tun fortfahren", sagte er.

Letztlich erstellte und wiedererstellte der Schüler seine Platt-form bereitwillig insgesamt siebzig Mal. Dann sagte der Guru ihm: „Du kannst die Bauarbeiten jetzt einstellen. Du hast mich sehr erfreut, denn du allein hast mir bedingungslosen Gehorsam und vollständige Hingabe an meinen Willen und meine Wünsche gezeigt." Er wandte sich an die anderen und sagte: „Nicht einer von euch hat mir gehorcht, obwohl dies eine der ersten Regeln ist, die ein wahrer Schüler beachten muss – dem Guru vollstän-dige Liebe und Hingabe zu zeigen, äußerstes Vertrauen in ihn zu haben und seinen Wünschen frohen Herzens zu gehorchen." Anschließend machte der Guru den Schüler zum nächsten Guru seiner Tradition.

Hingabe an eine verwirklichte Seele ist etwas, das auf Grund der großen Liebe und Achtung geschieht, die ein Schüler für sie empfindet. Der Guru bringt seinen Schüler in immer schwierigere Situationen, damit er innere Stärke entwickelt.

Als wir später an jenem Abend um Amma herum saßen, sagte Amma, als erfasste sie intuitiv meine Gedanken zu den Aktivi-täten des Tages und zu ihrem seltsamen Verhalten: „Der Meister kann die Hingabe nicht erzwingen. Hingabe vollzieht sich im Schüler auf natürliche Weise. Ein Wandel vollzieht sich in seiner Haltung, in seinem Verständnis und in der Art, in der er die Din-ge tut. In der inneren Welt vollzieht sich ein Wandel. Die gesamte Lebensausrichtung ändert sich. Ein wahrer Meister zwingt sei-nen Schüler jedoch niemals zur Hingabe. Zwang wäre in jeder Form schädlich, wie das Verletzen einer Knospe, wenn versucht wird, die Blätter mit Gewalt zu öffnen. Diese Gewalt würde die Blume zerstören. Das Öffnen geschieht spontan, vorausgesetzt, es werden fördernde Umstände geschaffen. Der Meister schafft die notwendigen Situationen, damit dieses Öffnen geschieht.

In Wirklichkeit handelt es sich bei einem wahren Meister nicht um eine Person. Er ist nicht der Körper, da er kein Ego hat. Sein Körper ist nur ein Instrument, das er herumträgt, damit er zum Nutzen der Menschen in dieser Welt sein kann. Zwei Menschen können sich gegenseitig ihre Ideen aufzwingen, weil sie mit ihren Egos identifiziert sind. Aber ein Satguru, bei dem es sich um die Verkörperung des höchsten Bewusstseins handelt, kann niemandem etwas aufzwingen, weil er jenseits des Körperbewusstseins und des Verstandes ist. Der Meister ist wie der offene Weltraum oder der grenzenlose Himmel. Er IST einfach.

„Wenn jemand versucht, euch seine Regeln oder Ideen aufzuzwingen, solltet ihr wissen, dass es sich um einen falschen Lehrer handelt, selbst wenn er den Anspruch erhebt, er wäre ein selbstverwirklichter Meister. Ein wahrer Meister erhebt keinerlei Ansprüche. Er ist einfach nur da. Er macht sich nichts daraus, ob ihr euch ihm hingebt oder nicht. Wenn ihr euch hingebt, wird es von Nutzen für euch sein; wenn ihr euch nicht hingebt, bleibt ihr wie ihr seid. In beiden Fällen bleibt der Meister unberührt. Er macht sich um nichts Sorgen. In der bloßen Gegenwart eines Meisters öffnet sich ein Mensch einfach auf natürlichem Wege. Der Meister tut nichts Besonderes, damit dies geschieht. Er ist der Einzige, der euch schulen kann, ohne euch direkt zu unterrichten. Seine bloße Gegenwart erzeugt automatisch verschiedene Situationen, in denen ihr die höchste Wirklichkeit in ihrer ganzen Fülle erfahren könnt. Es ist jedoch weder Zwang im Spiel, noch erhebt er irgendwelche Ansprüche. Die Hingabe wächst in euch durch die Inspiration, die euch durch die physische Gegenwart des Meisters zuteil wird, denn der Meister ist die Verkörperung aller göttlichen Eigenschaften. Im Meister könnt ihr wahre Hingabe und Akzeptanz beobachten. Damit wird euch ein richtiges Beispiel gegeben, auf das ihr euch beziehen könnt."

Dies sollte alle Fragen beantworten, die im Geiste des Leser vielleicht aufgetaucht sind. Warum handelt ein wirklicher Guru manchmal auf eine unvernünftige, widersprüchliche oder sogar verrückte Art? Er tut dies nur, um seinen Schülern die Chance zu geben, ihren Geist hinzugeben und dadurch göttliches Wissen zu erhalten. Solange der individuelle Geist vorhanden ist, kann der Schüler keine Weisheit erlangen. Ein Schüler, der seine Individualität wahren möchte, kann nicht gleichzeitig in den universellen Geist aufgehen. Hingabe und Gehorsam sind erforderlich. Meditation, Studium und andere spirituelle Disziplinen sind leicht im Vergleich zu der Übung, sich dem Guru hinzugeben. Man darf nicht vergessen, dass es hier nicht darum geht, dass sich ein Mensch einem anderen Menschen hingibt. Ein Guru, der seinen Titel wahrhaftig verdient, hat die Einheit mit der transzendenten Wirklichkeit erlangt. Er hat seine Individualität im universellen Sein aufgehen lassen und ist zu einem Instrument davon geworden. Die Hingabe an den Guru ist gleichbedeutend mit der Hingabe an Gott, dem Aufgehen in Gott und dem Einswerden mit Ihm. Ammas seltsame Handlungen und Worte müssen in diesem Licht gesehen werden.

Eines Tages saß Amma mit dem Rücken zur Wand auf der Veranda des Tempels. Ein Devotee hatte ihr eine „Knabbermischung" gebracht, eine Kombination aus gerösteten Erdnüssen, Linsen, Erbsen und anderem getrockneten Gemüse, die mit Salz und Chili gewürzt ist. Amma legte sie vor sich auf den Betonboden, wie sie es gewöhnlich tat, griff dann ein paar Stücke heraus und aß sie. In diesem Moment kam eine Schar Krähen und begann, nach dem Essen zu picken. Eine der Krähen versuchte, den Rest der Schar davon abzuhalten, von der Mischung zu fressen, und ließ sich auf einen Kampf ein. Es gelang ihr schließlich, die anderen zu verjagen. Dann saß sie ruhig da und sah Amma an, ohne selbst etwas zu essen. Amma starrte die Krähe an, die ein ungewöhnlich edles Gesicht hatte.

„Irgendwie empfinde ich sehr viel Zärtlichkeit für diese Krähe. Gib ihr bitte etwas zu fressen", sagte Amma mir. Ich ging hin, um ihr etwas von der Mischung zu geben. Da sprang sie jedoch weg und hüpfte auf Ammas Schoss. Dann saß sie zur Belustigung aller eine ganze Weile dort. Schließlich sprang sie auf, pickte auf Ammas Nasenring und flog davon.

Am nächsten Tag lag ich auf einer Matte neben den Backwaters, als dieselbe Krähe zu mir kam und auf meinen Bauch sprang. Sie saß einfach dort, solange ich still hielt. Ich streichelte ihren Kopf, wogegen sie nichts einzuwenden hatte. All dies ist ein sehr ungewöhnliches Verhalten für eine Krähe, denn sie haben normalerweise entweder sehr viel Angst vor Menschen oder sind äußerst aggressiv. Diese Krähe kam auch in den nächsten Tagen immer wieder.

Eines Tages fanden wir sie schließlich treibend im Wasser des nicht abgedeckten Wassertanks, der sich über Ammas Zimmer befand. Wir brachten sie hinunter und zündeten ein Feuer an, um ihr ein wenig Wärme zu geben, da sie noch lebte. Als Amma sah, dass wir am Rande des Wassers Feuer machten, kam sie herüber, um herauszufinden, was vor sich ging. Als sie ankam, hob sie die sterbende Krähe auf und streichelte sie sanft, worauf sie in ihren Händen verstarb! Gesegnete Krähe. Ich wünschte, wir könnten genauso in den Händen der göttlichen Mutter sterben.

Etwa zu dieser Zeit schrieb mir meine Mutter aus den Vereinigten Staaten, dass sie gerne etwas Zeit mit mir verbringen würde. Sie kam alle drei oder vier Jahre nach Indien oder bat mich, sie irgendwo auf halbem Wege zu treffen. Diesmal wollte sie nach Ägypten und Israel. Mit Ammas Erlaubnis reiste ich nach Bombay ab, besorgte mir Visa und Flugscheine und machte mich auf den Weg nach Ägypten.

Ich war nie zuvor im Nahen Osten gewesen. Im Vergleich zu der ruhigen Atmosphäre Südindiens war es dort sehr geschäftig. Gemeinsam besuchten wir die Pyramiden in der Nähe von Kairo und reisten dann nach Süden zum Tal der Könige und Königinnen in der Nähe von Karnak. Eine tote Kultur hatte irgendwie keinen Reiz für mich. Schließlich ist die alte Kultur Indiens mindestens so alt wie die ägyptische Zivilisation, mit dem Unterschied, dass die alte Kultur Indiens noch heute so weiterlebt wie vor Tausenden von Jahren. Das Einzige, was ich wirklich interessant fand, war ein sehr großer Tempelkomplex in Karnak, der im neunzehnten Jahrhundert von Archäologen ausgegraben worden war. Seine Bauweise wies exakt die gleichen Linien auf wie die alten Shivatempel in Tamil Nadu in Indien. Ähnlich den Shivatempeln zeichnete er sich durch große Türme aus, die als Tore dienten. Im Innern befanden sich teils geschlossene Wände und teils mit Säulen bestückte Hallen. Es gab sogar Abbilder eines Gottes und einer Göttin, einen großen Tank oder Wasserteich für reinigende Bäder und Fahrzeuge, um den Gott während des Jahres an verschiedene Orte zu bringen. Das war alles genauso wie zu Hause in Indien! Aber das Ausmaß der ägyptischen Tempel stellte die indischen Tempel bei weitem in den Schatten. Ich fühlte mich wie ein Wurm, als ich in der großen, von kolossalen Säulen umrahmten Halle stand. Ich dachte, alle hätten Freude daran, diese alten Tempel zu sehen und kaufte einige Dias, um sie nach Indien mit zu nehmen.

Anschließend reisten wir nach Israel. Ich freute mich auf den Besuch der bedeutenden Orte, die mit dem Leben Jesu Christi in Verbindung stehen. Nachdem ich fünfzehn Jahre lang mit zahlreichen gottverwirklichten Heiligen in Indien gelebt hatte, hatte ich eine große Wertschätzung für Christus als verwirklichte Seele und Inkarnation Gottes entwickelt. Ich hatte große Freude am Besuch seines Geburtsortes, der Orte, an denen er einige seiner

Wunder vollbracht hatte und von Golgatha, wo er am Kreuz starb. Dort verbrachte ich längere Zeit in Meditation. Obwohl fast zweitausend Jahre seit seinem Tod vergangen sind, ist noch immer die Heiligkeit der Orte zu fühlen, die er häufig aufsuchte. Schließlich kehrte ich nach Indien zurück, froh, wieder zu Hause zu sein. Am Abend meiner Ankunft beschlossen wir, die Dias zu zeigen, die ich aus Ägypten und Israel mitgebracht hatte. Amma gesellte sich in der Meditationshalle zu uns, und ich kommentierte die Bilder. Amma schien nicht sehr interessiert, bis wir zu dem ägyptischen Tempel kamen, der aus dem Sand ausgegraben worden war. Als sie ihn sah, meinte sie: „Seht ihr, ich habe immer gesagt, dass sich unter dieser Meditationshalle mein vorhergehender Ashram befindet. Wer tief genug graben würde, fände hier einen Tempel, zusammen mit den Gräbern vieler Mönche. Alles wurde von einer Flutwelle überspült und im Sand vergraben. Wenn die Wissenschaftler in Ägypten hundert Meter unter dem Sand einen vollständigen Tempelkomplex gefunden haben, was spricht dann dagegen, dass wahr ist, was ich sage?"

Amma hatte uns gegenüber gelegentlich erwähnt, dass sich ihr vorhergehender Ashram unter dem gegenwärtigen befände. Sie sagte auch, dass sich in diesem Gebiet seit mindestens tausend Jahren kein Ashram befunden hätte. Daher fügten wir die beiden Erklärungen zusammen und glauben, dass Ammas vorhergehende Geburt in jener Zeit gewesen sein muss. Es ist wahrscheinlich kein Zufall, dass unter den Geschwistern Ammas nur sie im Hause ihrer Eltern geboren wurde. Die anderen wurden in Krankenhäusern in Städten der Umgebung geboren. Es ist ebenfalls bekannt, dass vor vielen Jahren ein Wandermönch vor dem Haus der Familie anhielt, als Ammas Vater noch ein kleiner Junge war und anfing schallend zu lachen. Als er gefragt wurde, warum er denn lache, erwiderte er, dies sei ein heiliger Ort, an dem viele Heilige begraben lägen. Eines ist sicher: die Menschen, die herkommen, können einen ungewöhnlichen Frieden fühlen, der die Atmosphäre durchdringt. Ob dies nun an der heiligen Gegenwart Ammas oder an den Auswirkungen der Vergangenheit liegt, oder beidem, wer kann das schon sagen?

Amma sagt, dass ein Ort nicht von selbst heilig wird, sondern aufgrund der Tatsache, dass ein Heiliger oder Weiser dort lebt. Die Auswirkung seiner strahlenden Aura bleibt dort selbst nach Jahrtausenden bestehen. Es gibt viele unsichtbare Prinzipien, die unsere Welt beeinflussen. Ein Mensch, der in Ammas Nähe lebt, entwickelt von alleine einen Glauben an diese feinstofflichen Wahrheiten.

Als wir die Dias der heiligen, christlichen Orte sahen, entstand eine lebhafte Diskussion über die großen Unterschiede zwischen den ursprünglichen Prinzipien der Liebe und des Verzichts, die Jesus lehrte, und den späteren Formen des Christentums, deren Entwicklung manchmal zu Kriegen und gewalttätigen Auseinandersetzungen führten. Amma kam direkt zum Kern der Sache, als sie uns sagte: „Die wesentlichen Prinzipien aller Religionen lehren Liebe, Frieden und Harmonie. Die spirituellen Meister haben niemals Egoismus gepredigt und niemals die Menschen ermutigt, sich gegenseitig ungerecht zu behandeln oder einander zu bekämpfen. Das Problem liegt nicht in der Religion oder in der Spiritualität. Es liegt im menschlichen Geist. Die Konflikte und Probleme, die es heutzutage im Namen der Religion gibt, sind auf das falsche Verständnis religiöser Prinzipien zurückzuführen.

„In diesem modernen Zeitalter hören die Menschen mehr auf ihren Verstand als auf ihr Herz. Der Verstand führt zu Verwirrungen. Der Verstand ist der Wohnsitz von Egoismus und Ungerechtigkeit. Der Verstand ist Sitz aller Zweifel und der Intellekt ist der Sitz des Egos. Wenn ein Mensch völlig im Verstand und Ego lebt, kümmert er sich nicht um andere. Er denkt nur noch an sich selbst.

„Intellektuelle deuten die Lehren der Schriften und Meister ihrer Religionen so, wie es zu ihren eigenen Ideen passt. Arglose Menschen werden leicht Opfer dieser entstellten Definitionen der Wahrheit und enden im Konflikt mit sich selbst und anderen. Das geschieht in der modernen Gesellschaft. Die Intellektuellen werden Führer und verehrte Ratgeber. Ihre Anhänger idealisieren sie und verehren sie wie Gott. In Wirklichkeit wurde Gott vergessen. Die Wahrheit und wesentlichen Prinzipien der Religion und der eigentliche Zweck der Religion sowie religiöser Übungen werden außer Acht gelassen.

„Leider werden die meisten Religionen nach dem Tod des Meisters von solchen Intellektuellen geführt. Nur eine Seele, die voller Liebe und Mitgefühl ist, kann die Menschheit führen und Licht auf den Pfad der Religion werfen. Nur ein solcher Meister kann die Menschen vereinen und ihnen helfen, die wahre Bedeutung der Religion und der religiösen Prinzipien zu verstehen. Aber das Herz wurde vergessen.

„Niemand, der ein richtiges Verständnis der Religion hat, kann die Religion und die wahren religiösen Meister für die Missstände unserer Zeit verantwortlich machen, die im Namen der Religion verursacht werden. Es ist die Schuld der pseudoreligiösen Lehrer, nicht die ihrer unschuldigen Anhänger. Die so genannten Lehrer wollen anderen Menschen ihre eigenen Ideen und Visionen aufzwingen. Ihre unschuldigen Anhänger haben volles Vertrauen in ihre Worte, in ihre falschen Deutungen. Der Intellekt (das Ego) ist sehr viel mächtiger als der Verstand. Der Verstand an sich ist schwach. Der Intellekt verfügt über Entschlossenheit, während der Verstand stets zweifelt, wankelmütig und unstet ist. Die intellektuellen Deuter fast aller Religionen verfügen über die Entschlossenheit, die Menschen zu überzeugen. Ihre außergewöhnlichen Egos und ihre Entschlossenheit können die Anhänger einer wahren Religion leicht überwältigen. So erringen sie ihren Sieg über unschuldige Gläubige.

„Solche Intellektuelle verfügen über keinerlei wirklichen Glauben, Liebe oder Mitgefühl. Ihr *Mantra* besteht aus Geld, Macht und Ansehen. Ihr solltet daher nicht die Religion, die Spiritualität oder die wahren Meister für die Probleme in der heutigen Welt verantwortlich machen. Es gibt nichts an der Spiritualität oder wahren Religion auszusetzen. Das Problem liegt im menschlichen Geist."

Als ich mich im Januar 1980 bei Amma niederließ, gab es an Gebäuden nur das Haus ihrer Familie, den kleinen *Kalari* (Tempel), in dem sie während der *Krishna* und *Devi Bhavas* ihren *Darshan* gab, und einen mit Stroh gedeckten Unterstand ohne Wände, in dem sich Devotees ausruhen konnten, die auf Besuch waren, um nicht Regen oder Sonne ausgesetzt zu sein. Eine Zeit lang schlief ich im Haus und Amma und Gayatri schliefen im Tempel. Das Kochen übernahm ihre Familie. Nach einiger Zeit wollten wir jedoch getrennt von der Familie leben, da sie Amma gegenüber ihre Einstellung nicht ändern wollten. Sie betrachteten sie stets als ihre Tochter oder Schwester. Die Zeit nach unserem Eintreffen muss sehr seltsam und schwierig für sie gewesen sein, da Amma noch bis kurz vorher die Dienerin der Familie gewesen war. Jetzt versuchten wir, ihr zu dienen. Amma hatte keinerlei materiellen Besitz. Selbst die Kleidung, die sie trug, teilte sie mit ihren Schwestern. Sie legte sich in den Sand, wenn sie müde war, selbst wenn es regnete. Es gab nicht einmal eine Matte für sie, ganz zu schweigen von einem Kissen oder einer Bettdecke. Während der *Bhava Darshans* stand sie länger als zwölf Stunden am Stück im Tempel. Der Tempel war überfüllt mit Devotees und verfügte über keinerlei Lüftungseinrichtung. Wir hatten auch keinen Ventilator. Amma beschwerte sich jedoch nie über irgendetwas. Sie war die Verkörperung von Verzicht und Hingabe.

Sie akzeptierte alles, was ihr widerfuhr, als Wille Gottes, sei es angenehm oder schmerzhaft. Sie war und ist in jeder Hinsicht ein ideales Vorbild. Ihr Leben ist ein Beispiel, dem jeder ernsthafte spirituelle Sucher, ja jeder Mensch überhaupt, folgen kann. Amma sagt: „Ein wahrer Meister setzt immer ein Beispiel für seine Schüler. Ein wahrer Meister muss sich streng an die moralischen und ethischen Werte halten, obwohl er jenseits aller Gesetze und Begrenzungen ist. Nur dann ist er ein Beispiel für andere. Wenn der Guru sagt: ‚Seht, ich bin jenseits von allem. Deswegen kann ich tun was ich will. Gehorcht mir einfach und tut, was ich euch sage', dann schadet dies dem Schüler. Ein wahrer Meister wird so etwas niemals tun. Alle großen Meister der Vergangenheit, die alten Weisen und Heiligen, waren vollkommene, lebende Beispiele, Verkörperungen göttlicher Eigenschaften, an denen die Menschen sich festhalten konnten. Die Schüler bezogen all ihre Inspiration vom Meister. Daher legt ein wahrer Meister großen Wert darauf, ein vorbildliches Leben zu führen, das auf Moral und Ethik beruht."

Wir waren glücklich, wenn wir Amma mit einer Matte, einem Laken oder Kissen oder etwas zu essen dienen konnten. Ohne Zweifel handelte es sich um eine gesegnete Zeit für uns, denn es gab viele Möglichkeiten, unserem Guru in Form von Nahrung, Kleidung, einer Unterlage für die Nacht und anderen Grundbedürfnissen zu dienen. Amma akzeptierte alles, nicht weil sie etwas brauchte, sondern um uns eine Freude zu machen, um uns zu ermöglichen, ihr zu dienen.

Es gibt eine Geschichte von einem reichen Mann, der in einen Tempel ging und der Gottheit einen Beutel mit fünftausend Goldmünzen darbrachte. Der Priester dort nahm das Geld als wäre es nichts und gab es an das Büro weiter. Dies brachte den Mann etwas durcheinander. „Wissen Sie, dass sich in diesem Beutel fünftausend Goldmünzen befinden?", fragte er den

Priester. Der Priester erwiderte: „Das haben Sie bereits erwähnt. Glauben Sie, ich bin so taub, dass ich Sie nicht hören kann?" Der Mann redete los: „Hören Sie, fünftausend Goldmünzen sind eine Menge Geld, selbst für einen reichen Mann wie mich." Der Priester sah den Mann mitleidig an und sagte: „Hören Sie, mein Herr, wollen Sie, dass ich Ihnen dankbar bin und dass ich Ihnen ‚Danke schön' sage?" „Nun, das zumindest kann ich doch wohl erwarten," sagte der Mann. „Warten Sie eine Minute, mein Herr. Ich gehe und hole Ihnen die Münzen. Sie können Sie zurücknehmen. Sie hätten dankbar sein sollen, dass wir sie angenommen haben. Der Spender sollte dankbar sein, denn wenn das Geschenk nicht angenommen wird, wie soll dann der Spender einen Nutzen davon haben?" fragte der Priester.

Etwa einen Monat später beschlossen wir, eine Hütte zu bauen und getrennt von der Familie zu leben. Ich hatte ein wenig Geld, das genügte, das Baumaterial zu kaufen. Bald darauf verfügten wir über eine Hütte, sechs Meter lang und drei Meter breit. Die eine Hälfte wurde als Küche genutzt und die andere Hälfte diente als Ort zum Ausruhen. Ausruhen bedeutete natürlich niemals Schlaf, da Amma selten schlief. Fast vierundzwanzig Stunden am Tag waren Menschen in der Hütte, die sich mit Amma trafen. Ich kann mich nicht erinnern, dass in den beiden Jahren, in denen wir alle zusammen in dieser Hütte lebten, auch nur ein einziges Mal das Licht ausging. Damals hatten Amma, Gayatri, Balu und ich dort alle unseren ständigen Wohnsitz. Es war das erste Ashramgebäude.

Nach zwei Jahren ließ ein Devotee, der Amma hin und wieder besuchte, eine weitere kleine Hütte bauen, die an die Erste angrenzte. Diese wurde das erste „Gästehaus" des Ashrams. Weitere ein oder zwei Jahre später wurden zwei weitere Hütten gebaut. Diese wurden von den neuen Bewohnern benutzt, den *Brahmacharis*, die gekommen waren, um sich hier niederzulassen.

97

Zu jenem Zeitpunkt waren wir etwa zehn oder zwölf. Aber obwohl wir alle eine Unterkunft hatten, gab es viele Probleme, für die ich eine Lösung finden wollte. Mein erstes und wichtigstes Anliegen bestand darin, Amma eine Privatsphäre und Ruhe zu verschaffen. Weil Ammas Zimmer aus einer mit Stroh bedeckten Hütte aus Blätterwänden bestand, zögerten die Menschen nicht, sie von draußen zu rufen oder sogar zwischen den Blätter hindurch zu schauen, um zu sehen, ob sie zu Hause war. Niemand fragte, ob sie sich ausgeruht hatte oder nicht, selbst nachdem sie viele Tage und Nächte lang wach gewesen war. Sie wollten ihr immer nur ihre Probleme mitteilen und ließen alles andere außer acht. Manchmal legte Amma sich gegen fünf oder sechs Uhr morgens hin, nachdem sie die ganze Nacht wach gewesen war. Zehn Minuten nachdem sie eingeschlafen war, kam jemand von draußen, verneigte sich vor ihr, berührte ihre Füße und rief sie, bis sie aufwachte, nur um ihr zu sagen, dass sie jetzt nach Hause gingen! Nachdem ich dies immer wieder miterlebt hatte, war ich mit meiner Weisheit am Ende, wußte ich nicht, wie das Problem zu lösen wäre. Was konnte ich tun? Es wäre schön gewesen, einen ordentlichen Raum aus Ziegelsteinen und Mörtel mit richtigen Türen und Fenstern zu bauen, damit Amma ein wenig Privatsphäre hätte genießen können. Es wäre auch schön gewesen, wenn sie ein Bad für sich alleine gehabt hätte, da sie sich mit uns anderen anstellte und wartete, bis sie an der Reihe war, das Bad zu benutzen. Dieses bestand aus ein paar Kokosblättern, die um einige Steine herum aufgerichtet waren, auf denen man stehen konnte. Unsere Toilette war von der landesüblichen Art. Sie bestand aus einem Jutesack, der um vier Pfähle herum aufgespannt war, die in die Backwaters gerammt waren. Dazu gehörten ein paar Stöcke als „Plattform", auf der wir stehen konnten! Die Menschen, die jetzt zum Ashram kommen und es als ein wenig lästig empfinden, dass kein Bad und keine Toilette an ihr Zimmer angrenzt, könnten den Rat als nützlich empfinden, sich einmal daran zu erinnern, womit Amma und die ersten Ashrambewohner viele Jahre lang zurechtkamen. Gab es einen Ventilator? Der einzige Ventilator im Ashram war ein altes, klapperndes Ding, das während der *Bhava Darshans* im Tempel benutzt wurde. Anschließend stellten wir ihn in Ammas Hütte, um das Stimmengeräusch der Menschen fern zu halten, damit Amma sich dann und wann ein wenig ausruhen konnte. Wir hatten unsere Rupien zusammengekratzt, um ihn zu kaufen, da die Hitze im Tempel im Sommer erdrückend war. Unser gesamtes Wasser wurde entweder von uns oder von Ammas jüngerer Schwester vom Wasserhahn des Dorfes herbeigetragen. Dies war keine leichte Aufgabe, da der Wasserhahn etwa fünfzig Meter entfernt vom Haus lag und stets zwanzig oder dreißig Frauen darauf warteten, an das Wasser heranzukommen. Normalerweise holten wir unser Wasser gegen Mitternacht oder später.

Ein weiteres Problem bestand darin, dass keiner der *Brahmacharis* einen Platz zum Meditieren hatte. Meistens mussten sie ihre Hütten räumen, um Besucher unterzubringen. Sie schliefen dann unter den Bäumen. Da zu allen Tageszeiten viele Besucher kamen, gab es keinen Ort, wo man ungestört meditieren konnte. Eine Meditationshalle und ein Raum für Amma wurden zu einer dringenden Notwendigkeit. Wie sollten wir jedoch das Geld bekommen, um sie zu bauen? Amma verbot uns streng, irgendjemanden aus irgendeinem Grunde um Geld zu bitten. Aufgrund dessen lernten wir, uns für alle Dinge auf Gott zu verlassen. Dies führte zu vielen interessanten Situationen. Es gab Zeiten, in denen Amma mit einer Bettelschale ins Dorf gehen musste, damit ihre *Brahmacharis* etwas zu essen bekommen konnten. Einmal schickte sie Balu in sein Dorf, um etwas Reis zu besorgen, da wir kein Geld hatten, welchen zu kaufen. Als er sich gerade auf den Weg machen wollte, kam ein Brief mit einer Überweisung, von der wir uns einen Sack Reis besorgen konnten.

Ich äußerte die Idee des Baus und fragte Amma. Sie wies sie völlig zurück, es sei denn, wir bauten zuerst eine Art Unterkunft für die Besucher. Seltsamerweise spendeten schon bald verschiedene Devotees Ziegelsteine, Sand, Zement, Holz und Platten. So waren wir in der Lage, eine anständige Halle für die Besucher zu bauen, in der sie in den *Darshan*-Nächten schlafen konnten. Bevor sich Amma in die Hütte zurückzog, machte sie die Runde zu allen und vergewisserte sich, dass sie sich wohl fühlten. Wir konnten ihnen nicht viel mehr als einen Platz auf dem Boden anbieten, aber Ammas liebevolle Erkundigungen sorgten dafür, dass sie sich wohler fühlten als zu Hause im eigenen weichen Bett.

Jetzt war es möglich, einen Raum für Amma und eine Meditationshalle für die Ashrambewohner zu bauen. Eines Tages hatte ich die Idee, nach Amerika zu gehen, um zu versuchen, etwas Geld für diesen Zweck zusammen zu bringen. Gleichzeitig kämpfte ich gegen diese Idee an, denn ich wollte Vallickavu oder Indien für den Rest meines Lebens nicht mehr verlassen. Ich war der Ansicht, mein spirituelles Wohl hinge davon ab. Dennoch kam die Idee immer wieder. Egal, wie sehr ich versuchte, sie zu unterdrücken, sie kehrte wieder zurück. Schließlich ging ich zu Amma und erzählte ihr davon.

„Sohn, diese Idee stammt nicht von dir, sondern von mir. Ammas Kinder benötigen einen Platz, an dem sie ohne Störung meditieren können. Ich wollte dich nicht bitten, zu diesem Zweck nach Amerika zu gehen, weil ich weiß, dass du nicht gerne weggehst. Aber es scheint keinen anderen Weg zu geben. Geh, aber sei nicht enttäuscht, wenn du auf wenig Interesse stößt. Gott wird sich um alles kümmern. Wir müssen unsere Pflicht tun, aber die Ergebnisse liegen in Seiner Hand."

Während der Reisevorbereitungen wurde mir klar, dass ich eine schriftliche Darstellung von Ammas Leben mitnehmen wollte. Bis zu diesem Zeitpunkt war in keiner Sprache etwas über

Amma geschrieben worden. Tatsächlich wusste keiner von uns etwas über ihre Lebensgeschichte, abgesehen von einigen unzusammenhängenden Fakten, die sie dann und wann erwähnte. Jetzt wurde es notwendig, ihre Geschichte auf Papier zu bringen. Amma war einverstanden, sich eine Zeit lang mit uns zusammenzusetzen, um uns von ihrem Leben zu berichten. Aber, wie ein amerikanisches Sprichwort sagt, Versprechen werden gemacht, um gebrochen zu werden! Sie erzählte uns ein paar Dinge, wurde dann ruhelos, stand auf und ging weg. Wir stellten Fragen im Bemühen, einzelne Informationen zusammenzufügen und Lücken mit Einzelheiten und Zeitangaben zu füllen. Unser aller Geduld wurde geprüft und auf eine harte Probe gestellt, aber schließlich gelang es uns, den größten Teil von Ammas Lebensgeschichte niederzuschreiben.

Eine Frage blieb unbeantwortet. Es schien, als würden wir die Antwort darauf niemals aus Amma herauslocken können. Wir wollten wissen, wann sie Selbstverwirklichung erlangt hatte. Aus irgendeinem Grund wollte sie einer Antwort ausweichen, wenn wir mit unseren Fragen auf diesen Punkt stießen. Wir versuchten viele schlaue Tricks, direkte und indirekte, um eine Antwort zu erhalten. Zuerst fragten wir sie direkt: „Amma, wann hast du Selbstverwirklichung erlangt?" Sie stand sofort auf und sagte: „Dieses verrückte Mädchen weiß nichts!" Dann ging sie weg. Wir erkannten, dass der direkte Weg uns nicht zum Ziel führen würde. Als Nächstes fragten wir sie: „Amma, hast du nach dem Anfang des *Krishna Bhava* oder nach dem Anfang des *Devi Bhava* Verwirklichung erlangt?" Wir erhielten dieselbe Antwort – auf und weg! Dann versuchten wir es mit einer anderen Technik. „Amma, kann ein Mensch die göttlichen *Bhavas* zeigen, bevor er Selbstverwirklichung erlangt hat?" Aber Amma war viel, viel schlauer als wir und vermied das Thema immer. Sie wusste stets im

Amma vor dem ersten Ashramgebäude

Voraus, was in unseren Köpfen vor sich ging und hatte ihre Pläne schon lange gemacht, bevor wir unsere Fragen stellen konnten. Schließlich, als ich kurz vor der Abreise stand, gestand Amma, sie hätte ihr Einssein mit dem formlosen *Brahma* im Teenageralter erlangt, noch bevor einer der *Bhavas* begonnen hätte. Danach hätte sie erkannt, dass alle verschiedenen Aspekte Gottes wie *Krishna*, *Ganesha*, *Shiva* und *Devi* in ihr wären. Am Ende dieses ‚Eingeständnisses' sagte sie jedoch: „Aber, um die Wahrheit zu sagen, die ganze Sache ist nur ein *Lila* (göttliches Spiel)!" Wir waren überrascht und fragten sie: „Amma, willst du damit sagen, dass dein *Sadhana*, deine Verwirklichung und die *Bhavas* nur Teile eines Spiels sind?" „Ja Kinder", sagte Amma, „das Ganze war nur dazu da, der Welt ein Beispiel zu geben. Amma hat dieses Universum niemals als wirklich betrachtet. Von Geburt an fühlte Amma, dass nur Gott wirklich ist. Die *Krishna* und *Devi Bhavas* sind in Ammas Hand. Sie kann diese Zustände annehmen, wann immer sie will. Sie sind für das Wohl der Welt. Ihr innerstes Sein ist immer dasselbe, ewiger Friede." Was kann man da noch sagen? Ammas Worte sprechen für sich.

Der Tag meiner Abreise kam. Ich ging zu Amma, um mich zu verabschieden, aber sie war im Tempel, um eine viel benötigte Pause zu machen. Ich verneigte mich einfach an der Tempeltür auf den Boden und ging. Ich wollte Amma dienen und mich nicht von ihr bedienen lassen. Ihre Ruhe war mir wichtiger als sie noch einmal zu sehen und von ihr verabschiedet zu werden.

Nach einer Reise ohne Zwischenfälle kam ich in Amerika an. Meine Mutter hatte mir angeboten, den Flug zu bezahlen und mir auf jede mögliche Art zu helfen. Mit Hilfe des Materials, dass ich gesammelt hatte, schrieben wir einen kurzen Text über Amma und versandten ihn an etwa hundertfünfzig Menschen mit der Bitte um Hilfe für Ammas Werk. Ich hatte keine großen Erwartungen. Schließlich kannte ich niemanden und bei den

Menschen, denen wir die Bittschrift zusandten, handelte es sich um Freunde meiner Mutter. Tatsächlich war die Reaktion sehr dürftig. Ich war enttäuscht und wusste nicht, was ich machen sollte. Ich befand mich mittlerweile fast zwei Monate in Amerika. Eines Tages sagte meine Mutter schließlich zu mir: „Neal, du weißt doch noch, dass ich dir deine Münzsammlung abgekauft habe, als du 1968 nach Indien gingst, damit du etwas Geld hattest. Ich habe sie immer noch. Warum nimmst du sie nicht und versuchst, sie zu verkaufen?" Ich war sehr glücklich über diese noble Geste und begann sofort, den Münzsammlermarkt zu studieren. Innerhalb einer Woche verkaufte ich die Sammlung für das Zehnfache dessen, was ich dafür bezahlt hatte. Dies würde genügen, um ein Zimmer für Amma und eine Meditationshalle zu bauen. Ich buchte sofort einen Flug nach Indien und war kurze Zeit später zurück bei Amma.

Nach meiner Rückkehr setzte sich Ganga, ein *Brahmachari* aus Frankreich, der sich kurz nach mir bei Amma niedergelassen hatte, mit mir zusammen. Gemeinsam fertigten wir einen Plan für das neue Gebäude an. Ich verfügte aus den Tagen in Tiruvannamalai über ein wenig Erfahrung mit Bauarbeiten. Damals hatte ich auf Vorschlag meines vorhergehenden spirituellen Führers Ratnamji zwei kleine Häuser bauen lassen. Ganga verfügte ebenfalls über einige Erfahrung vom selben Ort, als er in Tiruvannamalai die Bauarbeiten für einen holländischen Devotee beaufsichtigt hatte. Wir entschieden uns für ein zweistöckiges Bauwerk. Das Erdgeschoss bestand aus einem einzelnen Zimmer mit einer kleinen Veranda, das zur Meditation verwendet werden konnte. Dort befand sich auch ein kleiner Raum unter der Treppe zum Lagern von Werkzeugen. Im ersten Stock befand sich ein Zimmer mit Bad und Veranda für Amma.

Leider gab es kein Land, auf dem ein Gebäude hätte errichtet werden können. Das gesamte Land, das uns gehörte, wurde von unseren Hütten eingenommen. Wo hätten wir bleiben sollen, wenn wir sie entfernt hätten? Schließlich beschlossen wir, einen Teil der Backwaters, die uns gehörten, aufzufüllen. Die Beschaffung der benötigten Menge Sand nahm einige Zeit in Anspruch, so dass die Arbeit hinausgezögert wurde. Gleichzeitig wurde der alte Tempel, in dem Amma die *Bhava Darshans* gab, vergrößert, so dass der *Darshan* in dem Unterstand stattfand, der zum Ausruhen nach den *Darshans* für die Devotees gebaut worden war.

Aufgrund verschiedener Schwierigkeiten dauerte es etwa ein Jahr, um das kleine Gebäude fertig zu stellen. Die Beschaffung von Baustoffen, Probleme mit den Arbeitskräften und Wasserknappheit verursachten endlose Verzögerungen. Aus denselben Gründen nahm später die Errichtung eines größeren Gebäudes für Devotees sieben Jahre anstatt zwei oder drei in Anspruch. Selbst nachdem der Raum im ersten Stock fertig war, wollte Amma nicht einziehen. Obwohl sie jenseits von Wohlbefinden oder Schmerz, jenseits von Bequemlichkeit oder dem Fehlen derselben ist, war sie der Ansicht, sie müsste ein Beispiel des Verzichts setzen, indem sie auch weiterhin in der Hütte lebte, trotz der damit verbundenen großen Unannehmlichkeiten. Zwei Jahre nach Fertigstellung des Gebäudes begann Amma dann tatsächlich dort zu übernachten. Schließlich wurde es zu ihrem Quartier. Und dies geschah nur, weil Ganga und ich sie endlos baten einzuziehen.

Wer sein Leben in Ammas Nähe zubringt, ist verblüfft über ihre große Sorge für das spirituelle Wachstum der Öffentlichkeit. Sie leidet lieber als ein nicht ganz perfektes Beispiel zu setzen. Amma hat es nicht nötig, auch nur eine der Regeln und Vorschriften des spirituellen Lebens zu befolgen, da sie immerzu in dem Zustand verankert ist, welcher die Frucht all dieser Bemühungen darstellt. Das ist der Zustand eines *Avadhuta*, eines Menschen, der das Körperbewusstsein ein für alle Mal transzendiert hat. Diese Menschen kümmern sich normalerweise wenig oder gar nicht um das spirituelle Wachstum der Welt. Sie genießen ihren eigenen Zustand höchster Glückseligkeit und kümmern sich nicht groß um das Leiden anderer. Tatsächlich jagen sie jene, die sich ihnen nähern wollen, normalerweise fort, indem sie vorgeben, verrückt, besessen oder ein Idiot zu sein. Einen in Gott verankerten Menschen zu finden, der bereit ist, alles für das Wohl jener zu opfern, die ihn aufsuchen, ist nahezu unmöglich. Die Zahl dieser Weisen lässt sich an einer Hand abzählen.

Einige von Ammas weltlich lebenden Devotees wünschten sich sehr, Amma nach Kanyakumari oder Cape Comorin zu bringen, der südlichsten Spitze Indiens. Dort, wo drei verschiedene Gewässer aneinander grenzen – die Arabische See, der Indische Ozean und die Bucht von Bengalen – und der Sand aus drei verschiedenen Farben besteht, steht ein berühmter Tempel der göttlichen Mutter. Dort lebte eine *Avadhuta*, Mayee Amma. Wir beschlossen, eine Weile in ihrer Gesellschaft zu verbringen. Sonntagabend war in Vallickavu *Devi Bhava*. Also reisten wir am Freitag ab und planten, bis Sonntagnachmittag zurückzukehren. Wir waren etwa fünfzehn Personen in einem Kleinbus.

Auf dem Weg dorthin hielten wir in einem Dorf namens Marutamalai am Fuße eines Berges, der berühmt ist für seinen Kräuterreichtum. Dort sollte ebenfalls ein *Avadhuta* leben. Er hieß Nayana. Nachdem wir einige Erkundigungen eingezogen hatten, fanden wir seine Hütte, die sich an der Hauptstraße befand. Wir alle betraten den schwach beleuchteten Raum und fanden einen sehr schmutzigen alten Mann, der in der Ecke saß und roten Betelnusssaft an die Wände spuckte. Einer der Dorfbewohner erzählte uns, er hätte seit mehr als zehn Jahren kein Bad genommen. Das war nicht schwer zu glauben! Amma setzte sich sofort vor ihn hin. Wir waren jedoch sehr überrascht und erzürnt, als er sie ins Gesicht schlug. Amma sah uns nur an und meinte, wir sollten uns beruhigen. Er spuckte mir dann ins

Gesicht und rief etwas in einer Sprache aus, die nur er kannte. Wir wollten natürlich so bald wie möglich wieder von dort weg, aber Amma hatte es nicht eilig. Schließlich gingen wir nach etwa zwanzig Minuten.

Nachdem wir im Bus Platz genommen hatten, wandte Amma sich an uns und sagte: „Wunderbar! Er befand sich im höchsten Zustand!" Wir konnten Amma einfach nicht glauben. Im höchsten Zustand? Höchster Zustand von was? Von Verrücktheit? „Keiner von euch kann es verstehen. Nur ein Mensch, der sich in diesem Zustand befindet, kann ihn in einem anderen erkennen", sagte Amma und schwieg. Wir waren alle still und jeder dachte: „Wenn das der höchste Zustand ist, will ich ihn nicht!"

Dann fuhren wir weiter nach Kanyakumari, glücklich, Nayana in seinem höchsten Zustand alleine zu lassen. Sobald wir das Kap erreicht hatten, suchten wir Mayee Amma auf. Sie lebte am Meeresufer. Als wir den Ort erreichten, an dem sie sich aufhielt, fanden wir eine sehr alte, halb nackte Bettlerin, die auf dem Sand lag. Sie benutzte einen Hund als Kissen und war von einer Meute von dreißig oder vierzig Mischlingshunden umgeben. War dies die große Weise, nach der wir suchten? Hätte Amma uns nicht gesagt, dass Mayee Amma ein *Mahatma* ist, hätten wir es unmöglich glauben können. Sie sah aus wie jemand, der bei Bettlern bettelt. Amma setzte sich inmitten unserer Gruppe vor sie hin. Mayee Amma setzte sich auf und schlug Amma ins Gesicht. Wir waren schockiert! Dies war das zweite Mal an einem Tag, innerhalb einer Stunde, dass Amma von einem *Mahatma* geschlagen wurde. Amma lächelte nur, kletterte auf Mayee Ammas Rücken und ritt auf ihr wie ein kleines Kind auf seiner Mutter. Mayee Amma stand dann auf und ging hinunter zum Strand. Der ganze Abfall der Stadt Kanyakumari war gesammelt und speziell für sie dort deponiert worden. Jeden Tag zündete sie ein Feuer an und führte eine Feueropferung aus, bei der sie Abfall

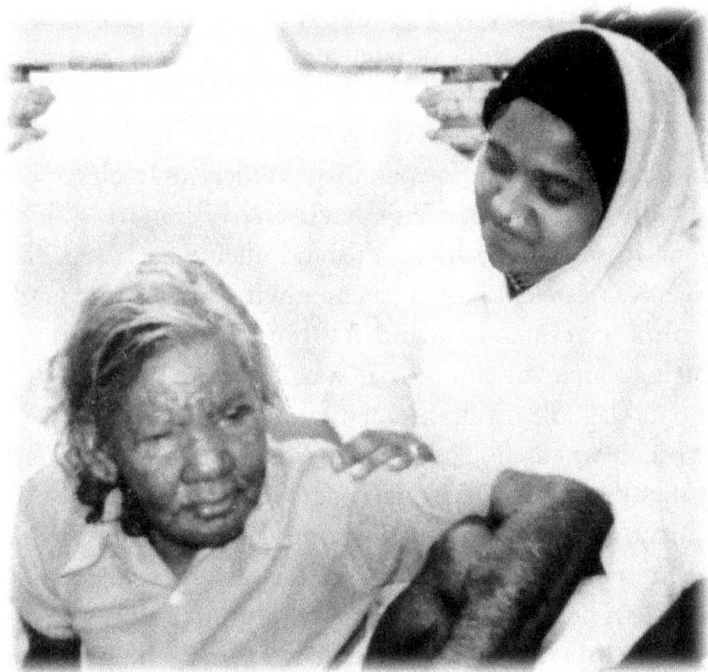

Amma mit Mayee Amma

als heilige Darbietungen verwendete. Worin bestand die innere Bedeutung ihres mysteriösen Lebens? Zweifellos wissen dies nur sie und die Menschen in ihrem Zustand. Nach Beendigung ihrer „Anbetung" sprang sie splitternackt ins Meer und kam mit einem Fisch zurück, den sie roh aß.

Gegen Mittag brachte einer ihrer Devotees einige Container in einer Halterung, der ihr Mittagessen enthielten. Wir setzten uns alle um sie herum und sangen spirituelle Lieder, während sie ihre Mahlzeit einnahm. Anschließend gab sie jedem Anwesenden als Zeichen ihres Segens ein wenig von den Essensresten. Einer der mit uns reisenden Devotees war ein sehr strenger Vegetarier. Jedem außer ihm gab Mayee Amma vegetarische Nahrung. Nur ihm gab sie ein Stück gebratenen Fisch. Für mich begann sie, einen süßen Pudding in meine Hände zu gießen. Bevor dieser jedoch meine Hände erreichen konnte, kam ein Hund und hielt seine Zunge in den Strahl, der aus dem Topf floss. Alles, was über das Maul des Hundes floss, landete in meinen Händen. Amma blickte mich gespannt an, um zu sehen, was ich tun würde. Ich zögerte einen Augenblick und aß den Pudding dann. Wenn wir zu *Mahatmas* gehen, sollten wir vollkommenen Glauben in ihre spirituelle Macht haben. Wir sollten bereit sein, unsere Anhaftung an alle unsere Regeln, Vorschriften und Konzepte aufzugeben. Nur dann ist es möglich, ihren Segen zu erhalten. Mayee Amma gab uns eine Chance, genau das zu tun.

Nach zwei mehr oder weniger glücklichen Tagen in Kanyakumari stiegen wir in den Bus ein, um zum Ashram zurückzukehren. Als Nayanas Dorf näher kam, waren wir alle angespannt. Wir hatten Angst, Amma würde anhalten wollen, um ihn noch einmal zu sehen. Wir waren fast durch das Dorf hindurchgefahren, als wir Nayana plötzlich sahen. Er stand vor dem Bus auf der Straße und signalisierte uns anzuhalten. Wir alle stöhnten. Als Amma sah, dass er dort stand, rief sie, wir sollten anhalten. Sie sprang sofort aus dem Bus. Wir folgten ihr. Aber Nayana war nirgends zu sehen. Wohin war er verschwunden? Wir gingen zu seiner Hütte und fanden die Tür geschlossen. Amma ging als Erste hinein. Dort saß er in seiner üblichen Ecke. Selbst wenn er von der Straße zu seiner Hütte gerannt wäre, wäre es nicht möglich gewesen, sein Zimmer in so kurzer Zeit zu erreichen. Amma setzte sich vor ihn hin. Wir waren auf das Schlimmste gefasst. Amma begann sich vor- und zurück zu wiegen und zwickte Nayana ins Bein. Er saß nur da und sah sie an. Dann schloss Amma ihre Augen. Tränen rannen über ihr Gesicht. Wir konnten nicht herausfinden, was vor sich ging. Plötzlich befand sich Amma in *Kali Bhava*, der Stimmung der Göttin *Kali*. Ammas Zunge stand fast bis zum Kinn aus ihrem Mund hervor und sie gab ein schreckliches Brüllen von sich. Ihre Augen wölbten sich hervor und ihre Hände zeigten *Mudras*. Sie begann, wie ein Ball auf und ab zu hüpfen. Die Armringe um ihre Handgelenke brachen in Stücke. Es wäre untertrieben zu sagen, wir seien überrascht gewesen. Nach etwa zehn Minuten kehrte Amma langsam in ihren normalen Zustand zurück. Als sie ihre Augen öffnete, sah sie aus wie in einem schweren Rausch. Sie war tatsächlich trunken vor göttlicher Glückseligkeit.

Nayana zeigte dann auf *Shakti Prasad*, der mit uns gekommen war und sagte: „Dein Sohn, dein Sohn." Erneut waren wir überrascht, da wir alle wussten, dass *Shakti Prasad* durch Ammas Gnade empfangen worden war. Die Tatsache, dass Nayana wusste, dass *Shakti Prasad* Ammas eigenes Kind ist, bewies uns, dass er nicht so verrückt war wie er aussah.

Nachdem wir den Bus bestiegen hatten, sagte Amma: „Auf unserem Weg nach Kanyakumari verstand Nayana, wer ich bin. Er wartete auf meine Rückkehr, weil er meine wahre Natur sehen wollte. Daher manifestierte er sich vor dem Bus und verschwand dann. Ich verstand, warum. Als ich dann in der Hütte vor ihm saß, drängte es mich, seinen Wunsch zu erfüllen. Als er die göttliche Stimmung *Kalis* sah, glitt Nayana in die Stimmung Shivas und wir erfreuten uns gemeinsam einer transzendenten Glückseligkeit." Der Rest der Reise verlief vergleichsweise ereignislos. So erreichten wir den Ashram gerade rechtzeitig für den *Devi Bhava*. Am nächsten Tag legte Amma sich in den Sand außerhalb der Hütte. Nach geraumer Zeit kam sie herein und sagte zu mir: „Nayana Swami ist gerade hergekommen, um mich zu sehen." Ich blickte nach draußen, sah jedoch niemanden dort. „Nein, nein, ich meine, nicht so. Er kam in feinstofflicher Form und ist jetzt wieder gegangen." Ein Mensch, der mit Amma lebt, erkennt nach und nach, dass es sich bei dieser Welt, die wir sehen, nicht um die ganze Schöpfung Gottes handelt.

Eines Tages betrat eine Frau den Ashram, ging zu einem der *Brahmacharis*, die vor dem Tempel meditierten und blies Luft in seine Ohren. Der Brahmachari war natürlich überrascht. Nach vollbrachter Tat ging die Frau wieder weg. Sie sah aus wie eine Frau aus dem Dorf. Amma sah, wie sie zum Ashram kam und wieder wegging. Sie meinte, diese Frau müsse ein *Mahatma* gewesen sein. Ich fragte Amma, warum sie dies dachte. Jede verrückte Person könnte genauso gehandelt haben. Amma sagte: „Wie hätte sie sonst wissen sollen, dass dieser *Brahmachari* unter Abszessen in seinen Ohren litt? Es gibt viele solche *Mahatmas*, die unerkannt von der Öffentlichkeit umherziehen."

Jeden Morgen meditierten wir eine Weile mit Amma. Wir saßen in dem offenen Bereich vor ihrer Hütte. Eines Morgens gesellte ich mich etwas verspätet zu den anderen. Ich setzte mich still in etwa sechs Meter Entfernung von Amma auf den Boden. Innerhalb weniger Sekunden nachdem ich meine Augen geschlossen hatte, wurde mein Geist vollständig still. Eine kurze Zeit später begann er wieder seine gewöhnliche „Affentätigkeit". Ich saß etwa eine halbe Stunde lang dort, stand dann auf und ging in die Hütte.

Amma kam herein und sagte: „Sohn, hast du in deiner heutigen Meditation eine bestimmte Erfahrung gemacht? Als du kamst und dich neben mich setztest, wandte mein Geist sich dir zu, nahm die Form *Brahmas* an und ging nahe zu dir."

In den kommenden Jahren wurde dies zu einem Anzeichen für mich, dass Amma an mich dachte. Es geschah häufig, dass mein Geist still wurde und ein intensiver Gedanke an Amma mein Bewusstsein einnahm, obwohl ich physisch weit von Amma entfernt war. Manchmal geschah dies sogar während ich mich mit jemandem unterhielt. In diesem Fall musste ich aufhören zu reden und stand da wie ein schweigender Dummkopf. Dies gab mir den Glauben, dass Ammas bloßer Gedanke mich mit der Verwirklichung segnen könnte, die ich suchte. Amma hatte mir gesagt, dies wäre tatsächlich so. Vier Tage, nachdem ich Amma zum ersten Mal begegnet war, kehrte ich nach Tiruvannamalai zurück. Während der Zugfahrt roch ich verschiedene göttliche Düfte, hatte das Gefühl, Amma wäre direkt neben mir, musste intensiv und häufig weinen und hatte Sehnsucht, Amma zu sehen. Als ich eineinhalb Monate später zu ihr zurückkehrte, befragte ich sie wegen dieser Manifestationen. Sie bestätigte mir, was ich angenommen hatte. Sie hatte an mich gedacht und ihre konzentrierten Gedanken hatten mich mit diesen Erfahrungen gesegnet. Was sich selbst nach Jahren spiritueller Praxis nicht erreichen lässt, kann durch den Gedanken oder Blick eines Satgurus, eines vollkommenen Weisen, in einem einzigen Augenblick erlangt werden.

Es gibt ein schöne Geschichte von einem Mann, der König in Persien war. Er liebte die spirituelle Lebensart sehr und suchte stets die Gesellschaft von Heiligen. Er schwelgte jedoch in solchem Luxus, dass er auf einem Bett schlief, das ständig von einer dreißig Zentimeter dicken Blumenschicht bedeckt war. Eines Tages, als er sich gerade hinlegen wollte, hörte er Lärm auf dem Dach des

Palastes über seinem Zimmer. Als er nachschaute, fand er zwei Männer, die auf dem Dach umherstreiften.

„Was tut ihr hier?" fragte er sie in scharfem Ton.

„Herr, wir sind Kameltreiber und suchen unsere verlorenen Kamele", erwiderten sie.

Verblüfft über ihre Dummheit sagte er zu ihnen: „Wie könnt ihr denn glauben, Kamele auf dem Dach eines Palastes zu finden?"

„Oh König, da Ihr versucht, Gott in einem Bett aus Blumen zu verwirklichen, sollten wir da nicht auch glauben, Kamele auf dem Dach eines Palastes zu finden?" erwiderten sie.

Diese Erwiderung schockierte den König sehr und er änderte seinen Lebenswandel vollständig. Er verließ sein Königreich und ging nach Indien, um einen verwirklichten Guru zu finden. Als er Benares erreichte, hörte er von einem Guru namens Kabir. Er ging zu Kabirs Haus und bat ihn, als sein Schüler angenommen zu werden.

Kabir sagte: „Ein König und ein einfacher Weber wie ich haben nichts Gemeinsames. Zwei derart unterschiedliche Menschen können wohl kaum miteinander auskommen."

Aber der König bat ihn inständig und sagte: „Ich bin nicht als König an Eure Tür gekommen, sondern als Bettler. Erneut bitte ich euch um die Gunst, die ich ersuche." Loi, Kabirs Frau, hatte Mitgefühl mit dem König und drängte ihren Mann, ihn anzunehmen. Schließlich gab Kabir ihrer Bitte nach.

Man gab dem König die niedrigen Arbeiten des Hauses – das Reinigen der Wolle und Fäden, das Holen von Wasser und Holz und andere derartige Tätigkeiten. Sechs Jahre vergingen und der König verrichtete alle Arbeiten ohne Murren. Eines Tages richtete Loi eine inständige Bitte an Kabir: „Dieser König ist nun seit sechs langen Jahren bei uns. Er isst, was wir ihm anbieten und tut, was wir ihm auftragen, ohne ein Wort der Beschwerde zu äußern. Er scheint sich die Einweihung hoch verdient zu haben."

Kabir sagte: „So weit ich sehen kann, ist der Geist des Königs noch nicht kristallklar." Aber Loi flehte den Heiligen erneut an. Sie sagte, sie könne nicht glauben, dass er untauglich für die Einweihung sei. „Wenn du mir nicht glaubst", sagte Kabir seiner Frau, „kannst du es selber prüfen. Bevor der König das nächste Mal das Haus verlässt, sammle so viel Unrat wie du kannst und nimm ihn mit auf das Dach. Wenn du siehst, wie der König auf die Straße hinaus tritt, schütte den Abfall über seinem Kopf aus. Dann komm und erzähle mir, was du aus seinem Munde hörst."

Loi tat wie ihr geheißen wurde. Als der Unrat auf den Kopf des Königs fiel, sah er auf und seufzte, „wenn dies Persien wäre, hättest du dich nicht getraut, mir das anzutun."

Loi kehrte zu ihrem Mann zurück und erzählte ihm, was der König gesagt hatte. „Habe ich dir nicht gesagt, dass der König die Einweihung noch nicht vollständig verdient hat?" bemerkte Kabir.

Weitere sechs Jahre vergingen, in denen der König genauso hart arbeitete wie während der ersten sechs Jahre. Eines Tages sagte Kabir zu seiner Frau: „Jetzt ist das Gefäß vollständig bereit, das Geschenk zu empfangen." Seine Frau sagte: „Ich kann keinen Unterschied zwischen dem Zustand des Königs von vor sechs Jahren und heute finden. Er war stets pflichtbewusst und hilfsbereit und hat nie ein Wort der Beschwerde geäußert, nicht einmal an Tagen, wenn es nicht genug zu essen für ihn gab. Kabir sagte: „Wenn du den Unterschied sehen willst, kannst du erneut den Unrat auf seinen Kopf werfen."

Das tat sie dann am nächsten Tag, als der König am Haus vorbeiging, genau so, wie ihr Mann gesagt hatte. Der König blickte auf und sagte: „Mögest du lange leben. Dieser Geist war noch immer voller Ego und Ichsucht. Ich musste so behandelt werden."

Anschließend ging Loi und erzählte ihrem Mann, was der König gesagt hatte. Er rief den König und blickte ihn an. Durch die Macht von Kabirs Blick stieg der Geist des Königs immer höher und ging im höchsten Sein auf.

„Dein *Sadhana* ist vollkommen. Jetzt kehrst du besser in Dein Königreich zurück", sagte Kabir.

So allmächtig ist die Kraft einer verwirklichten Seele. Ein Mensch sollte die Gesellschaft eines Gurus suchen und sich bemühen, die Gnade des Gurus zu erhalten. Wenn er versucht, auf eigene Faust *Sadhana* zu verrichten, geht viel wertvolle Zeit in dem Bemühen verloren, mit Hilfe von Versuch und Irrtum das Ziel zu erreichen. Selbst wenn ein Mensch einen Guru hat, treten im Innern und Äußeren viele Hindernisse auf. Was spricht dagegen, sich so viel Hilfestellung wie möglich zu holen und das Ziel so schnell wie möglich zu erreichen? Ungeachtet der vielen spirituellen Bücher, die ein Mensch vielleicht studiert, und der vielen Zeit, die er möglicherweise meditiert, bleiben immer noch viele subtile Aspekte des spirituellen Lebens, bei denen er einfach nicht wissen kann, wie er damit umgehen soll. Heilige, die den Weg gegangen sind, und das Ziel erreicht haben, stellen die größtmögliche Hilfe dar. Sie sind jedoch sehr selten zu finden!

Als ich eines Nachts mit Amma vor dem Tempel saß, fragte ich sie: „Amma, was muss ich tun, um Gott zu verwirklichen?" Amma griff eine Hand voll Sand auf und sagte: „Du musst wie dieser Sand werden. Dieser Sand erlaubt ohne sich zu beschweren einem jeden, auf ihm herumzutrampeln. Er ist das Niedrigste vom Niedrigen. In ähnlicher Weise wirst du in dem Moment, in dem du zu nichts wirst, alles werden. Die Individualität muss weichen. Nur dann kann die universelle Existenz aufleuchten. Dies ist der Zweck hinter allen spirituellen Übungen."

„Das Wort *Mahatma*" heißt ‚große Seele'. Viele spirituelle Sucher haben großartige Vorstellungen darüber, große spirituelle Macht zu erlangen und dadurch ein *Mahatma* zu werden. Aber was ist ein wirklicher *Mahatma*? Er ist ein Wesen, das sein Ego zerstört hat, ein Wesen, das auf seine Individualität verzichtet hat und dadurch in das universelle Sein aufgegangen ist. Dies allein sind die Kennzeichen einer großen Seele. Diese Eigenschaften gibt es nicht in einem Egoisten, der auf der Suche nach Macht ist. Erst wenn ein Mensch sein Ego besiegt hat, wird wirkliche spirituelle Macht zugänglich. Gott wird Seine Schätze nicht einem Menschen geben, der eine separate Identität aufrechterhalten will.

Eines Tages kam ein Herr aus Hyderabad nach Vallickavu. Er sagte, er sei ein Devotee *Devis* und habe viele Jahre lang verschiedene *Sadhanas* ausgeübt, um die Gnade der göttlichen Mutter zu erlangen. Er hatte von Amma gehört und wollte während des *Devi Bhava* im Tempel sitzen und das *Devi Mahatyam* singen, ein altes und berühmtes Sanskrit-Lied zum Lob der göttlichen Mutter. Amma war mit seinem Vorschlag einverstanden. An jenem Tag ruhten Amma, Gayatri und ich nach dem Mittagessen unter einem Baum. Dieser Herr legte sich ebenfalls in etwa fünfzehn Meter Entfernung von uns unter einen Baum. Etwa fünf Minuten vergingen, da fing Amma an zu kichern. Sie sah uns an und sagte: „Dieser Mann ist ein Experte in schwarzer Magie. Er hat alle möglichen *Mantren* auswendig gelernt, die ihm ermöglichen, böse Geister zu kontrollieren, die auf der feinstofflichen Ebene leben. Mit ihrer Hilfe kann er alle möglichen Schäden anrichten."

Ich war überrascht zu hören, dass Amma dies sagte und fragte sie: „Amma, wie kannst du so etwas sagen? Du hast kaum Zeit gehabt, ihn zu beobachten."

„Ich benötige keine Zeit, um zu verstehen, wer ein Mensch ist. Die Brise, die seinen Körper berührt hat, hat diese *Mantren* zu mir getragen."

Alle meine Haare standen mir zu Berge als ich Ammas schockierende Worte hörte. Ich bekam plötzlich einen Einblick in Ammas Welt. Ich war sprachlos und mein Geist wurde lahm gelegt. Wie können wir, die wir Amma mit unserer groben

Sichtweise betrachten, überhaupt verstehen, wer sie ist und wie sie diese Welt wahrnimmt? Wir leben in einem geschlossenen, dunklen Zimmer, während Amma draußen im hellen, offenen Raum steht. Nichts ist vor ihrem Auge verborgen. Wir alle sind vertraut mit dem Sprichwort: „Nichts kann verborgen bleiben vor dem allsehenden Auge Gottes." Was für einen Durchschnittsmenschen bloß eine Äußerung ist, wird zu einer lebendigen Erfahrung in der Gegenwart einer gottverwirklichten Seele. Wenn jemand in der Gesellschaft solcher Menschen lebt, und sei es nur für kurze Zeit, wird er nie wieder auf beiläufige Art Äußerungen wie „Gott behüte", „Gott weiß was" oder „Gott verdammt" machen. Für einen Durchschnittsmenschen ist Gott nur ein Wort. Ein Mensch, der in der Gesellschaft von *Mahatmas* lebt, weiß eindeutig um die Existenz Gottes.

In jener Nacht war *Devi Bhava*. Unser Freund, der Schwarzmagier (denn das war der Name, den wir ihm gaben) kam in den Tempel und setzte sich neben mich. Er hatte das Buch in seiner Hand, bereit das *Devi Mahatyam* zu rezitieren. Aus irgendeinem Grund wurde er jedoch sehr unruhig und blickte sich ständig in alle Richtungen um. Nachdem er etwa fünfzehn Minuten lang rumgezappelt hatte, stand er schließlich auf und verließ den Tempel, ohne das Lied rezitiert zu haben.

Am nächsten Morgen kam er zu mir und sagte, er habe beschlossen, noch am selben Tage abzureisen. Ich fragte ihn, warum er so in Eile sei. Er sagte, er müsse auf seiner Pilgerreise noch viele Orte besuchen. Dann fragte ich ihn, warum er am Abend vorher nicht das *Devi Mahatyam* rezitiert habe, worauf er mir jedoch keine Antwort gab. Dann fühlte ich einen Schalk in meinem Innern aufsteigen und fragte ihn, ob er etwas über schwarze Magie wisse. Er wurde blass und sagte: „Nein." Dann wiederholte ich ihm, was Amma uns über ihn gesagt hatte. Als er meine Worte hörte, sah er aus, als wolle er sofort aus dem Ashram rennen. Dann sagte er: „Es stimmt, dass ich diese *Mantren* vor langer Zeit studiert habe, aber ich habe sie niemals auf jemanden angewendet." Ob er nun die Wahrheit sagte oder nicht, konnte ich nicht beurteilen. Jedenfalls wollte ich seine Lage nicht noch unangenehmer machen, und so fragte ich ihn, ob er Amma vor seiner Abreise noch einmal sehen wolle. Dies beunruhigte ihn wahrscheinlich noch mehr, weil es ja Amma gewesen war, die ihn entlarvt hatte. Vielleicht aus Höflichkeit sagte er: „Ja."

Wir betraten dann Ammas Hütte und fanden sie sitzend im Gespräch mit einigen Devotees. Amma schaute ihn mit einem Lächeln im Gesicht an und sagte: „Sohn, wie viele Kinder hast du und von wie vielen Frauen? Fünfzehn? Zwanzig? Du solltest diese schlimmen *Mantren* niemals benutzen. Nicht nur das, du solltest auch keinen Alkohol trinken und im Namen tantrischer Anbetung unerlaubten Geschlechtsverkehr haben. Das führt nur zu deinem Untergang. Vielleicht glaubst du, auf diese Weise spirituellen Fortschritt zu machen, aber ohne die Führung eines Gurus, der Selbstverwirklichung durch den tantrischen Pfad erlangt hat, führt dieser Weg nur ins Verderben."

Als der Mann dies hörte, begann er, Einwände zu erheben, aber vielleicht erkannte er nach ein wenig Nachdenken die Wahrheit in Ammas Worten und schwieg. Er verbeugte sich vor Amma und verließ den Ort, um nie wieder gesehen zu werden. Etwa einen Monat später kam ein Mann aus Hyderabad, um Amma zu sehen. Er sagte uns, er kenne diesen Herrn, der tatsächlich für all die Dinge bekannt sei, die Amma erwähnt hatte.

Aufgrund dieses Vorfalls stellte ich mir Fragen über das zukünftige Schicksal dieses Mannes und anderer Menschen seiner Art, die selbst getäuscht sind und auch andere täuschen. Werden sie nach dem Tod oder in einem zukünftigen Leben nicht leiden? Dies warf in meinem Geist eine noch größere Frage auf, nämlich, ob es nach dem Tod des Körpers überhaupt eine Existenz gibt.

Wer wüsste dies besser als sie, die für acht Stunden „gestorben"
war, nachdem ihr Vater sie im *Devi Bhava* gebeten hatte, ihm
seine Tochter „zurückzugeben"?

Am nächsten Tag fragte ich Amma: „Amma, es gibt eine
Geschichte in den *Upanischaden* über einen Jungen, der zur Welt
des Todes reiste und den Totengott, Yama, fragte, ob ein Mensch
nach dem Tod des Körpers weiter existiere. Amma, du siehst alle
Welten im Innern deines Selbst. Bitte sage mir, was geschieht,
nachdem wir den physischen Körper verlassen."

Ammas Ausdruck wurde sehr ernst. Sie sagte: „Durch die
Frage über ein Leben nach dem Tod fragst du auch über die
Lehre des *Karmas*. Das Analysieren des Karmagesetzes ist nicht
so wichtig. Das Wichtigste ist, dem Gesetz zu entwachsen, über
den ewigen Kreislauf des *Karmas* hinauszugehen, welches durch
die Unwissenheit über unser wahres Selbst verursacht wird.

„Die schlechten Taten, die wir in der Vergangenheit begangen haben, tragen möglicherweise keine Frucht in der unmit-
telbaren Zukunft. Das Gleiche gilt für gute Taten. Wir können
einen Menschen sehen, dem es an Tugend mangelt und der ein
anscheinend angenehmes Leben führt, und wir können einen
guten Menschen sehen, der ohne erkennbaren Grund leidet.
Dies scheint dem Gesetz des *Karmas* zu widersprechen. Vielleicht
kommst du sogar zu dem Schluss, dass es etwas Derartiges nicht
gibt. Um die Bedeutung des Karmagesetzes jedoch zu verstehen,
muss es von einem höheren Bewusstseinspunkt aus untersucht
und ausgewertet werden. Ein Mensch, der zu dieser Höhe aufsteigen und das *Karma* von dieser höheren Ebene aus betrachten
will, benötigt Glauben und spirituelle Übungen. Das Kriterium
ist hier nicht der Intellekt, sondern die spirituelle Intuition.

„Das ganze Leben bewegt sich in Zyklen; das gesamte Universum ist zyklischer Natur. So wie die Erde sich in einem regelmäßigen Zyklus um die Sonne dreht, bewegt die gesamte Natur

sich nach einem zyklischen Muster. Die Jahreszeiten bewegen sich in einem Kreislauf: Frühling, Sommer, Herbst, Winter, erneut Frühling und so weiter. Der Baum kommt aus dem Samen und der Baum stellt seinerseits Samen bereit, aus dem neue Bäume wachsen werden. Es ist ein Kreislauf. In ähnlicher Weise gibt es Geburt, Kindheit, Jugend, Alter, Tod und eine erneute Geburt. Es ist ein anhaltender Kreislauf. Die Zeit bewegt sich in einem Kreislauf, nicht in einer geraden Linie. Das *Karma* und seine Ergebnisse müssen unvermeidlich von jedem Lebewesen erfahren werden, bis der Geist zur Stille geführt wurde und der Mensch im eigenen Selbst verweilt.

„Zyklen laufen immer wieder als Aktion und Reaktion ab. Die Zeit verläuft in Zyklen. Nicht, dass genau dieselben Ereignisse immer wieder vorkommen; sondern der *Jivatman* (die individuelle Seele) nimmt gemäß seinen *Vasanas* (verborgenen Tendenzen) unterschiedliche Formen an. Reaktionen sind die Ergebnisse von Handlungen, die in der Vergangenheit begangen wurden. Es geht immer so weiter. Wenn das Rad des Lebens sich dreht, tragen die Handlungen der Vergangenheit Frucht. Wir können nicht sagen, wann die Frucht kommt, was sie sein wird oder wie sie kommen wird. Es ist ein Geheimnis, das nur der Schöpfer kennt. Entweder glaubst du daran oder nicht. Ob du nun daran glaubst oder nicht, das Karmagesetz arbeitet immer weiter und die Früchte kommen. Das *Karma* ist ohne Anfang, aber es endet für den Menschen, der sein Ego abwirft, wenn er den Zustand der Selbstverwirklichung erlangt.

„Der Mensch entwickelt sich zu Gott hin. Jeder Mensch ist in seinem Wesen Gott. Die Evolution vom Menschen zu Gott ist ein langsamer Prozess. Er erfordert eine Menge Arbeit beim Schneiden, Polieren und Umformen. Er benötigt viel Arbeit und erfordert große Geduld. Er kann nicht in Eile vollzogen werden.

Die Revolution ist schnell, aber sie tötet und zerstört. Der Mensch ist revolutionär, Gott ist evolutionär.

„Der Kreislauf des Lebens bewegt sich langsam und gleichmäßig. Der Sommer kommt. Er benötigt seine eigene Zeit. Er ist niemals in Eile. Alle anderen Jahreszeiten – Herbst, Winter und Frühling – benötigen alle ihre eigene Zeit. Hinter dem Mysterium liegt die unsichtbare Macht Gottes. Diese Macht kann nicht analysiert werden. Vertraue einfach, dass sie dort ist.

„Versuch, den Kreislauf des *Karmas* zu vergessen. Es ist nicht nötig, über die Vergangenheit nachzudenken. Sie ist ein abgeschlossenes Kapitel. Was immer getan wurde, wurde getan. Stelle dich der Gegenwart. Die Gegenwart allein ist wichtig, weil unsere Zukunft ganz und gar davon abhängt, wie wir in der Gegenwart leben. Erst wenn die Gegenwart des Göttlichen jeden Augenblick unseres Lebens durchdringt, halten wir uns wirklich in der Gegenwart auf. Bis dahin halten wir uns entweder in der Vergangenheit oder in der Zukunft auf. Die Gegenwart liegt in diesem Moment, aber wir verpassen ihn ständig. Wenn wir im Augenblick leben, sind wir ganz und gar hier. Der nächste Moment zählt nicht. Das Leben im Augenblick, in Gott, dem Selbst, setzt das Wirken des Karmagesetzes an uns außer Kraft.

„Die Macht des *Karmas* verhüllt unsere wahre Natur, während sie gleichzeitig das dringende Bedürfnis weckt, die Wahrheit zu erkennen. Es führt uns zurück zu unserem wirklichen Seinszustand. Der Kreislauf des *Karmas* ist ein großer Umwandler, wenn du die Augen hast, dies wirklich zu sehen. Er übermittelt die großartige Nachricht: ‚Dein Leben ist die Wirkung der Vergangenheit. Sieh dich daher vor. Deine Gedanken und Handlungen in der Gegenwart bestimmen deine Zukunft. Wenn du Gutes tust, wirst du entsprechend belohnt, aber wenn du Fehler machst oder schlechte Taten verübst, werden diese Handlungen mit gleicher Stärke auf dich zurückfallen.‘ Und für den wahren spirituellen

Sucher gibt es diese großartige Nachricht: ‚Es ist besser, wenn du
den Kreislauf vollständig anhältst. Schließe das Buch und sei für
immer frei.' Alle diese Erläuterungen zum *Karma* dienen dazu,
die Menschen abzuhalten, sich und anderen Schaden zuzufügen
und sich von ihrer wahren Natur, von Gott, zu entfernen.

„Nichts geschieht zufällig. Die Schöpfung ist kein Zufall.
Die Sonne, der Mond, das Meer, die Bäume und Blumen, Berge
und Täler sind keine Zufälle. Die Planeten bewegen sich um die
Sonne, ohne auch nur einen Zentimeter von ihren vorbestimmten
Umlaufbahnen abzuweichen. Die Meere bedecken große Bereiche des Erdballs, ohne die gesamte Erde zu verschlucken. Wäre
diese schöne Schöpfung ein Zufall, wäre sie nicht so geordnet
und systematisch. Das Universum wäre ein chaotisches Durcheinander. Aber sieh dir die erlesene Schönheit und den Charme
der Schöpfung an, ihre ausgeklügelte Vollkommenheit. Kannst
du dies einen Zufall nennen? Das riesige Muster aus Schönheit
und Ordnung, das die gesamte Schöpfung durchdringt, macht
es sehr deutlich, dass hinter allen Dingen ein großes, liebendes
Herz und eine unvorstellbar großartige Intelligenz liegt.

„Unsere Vergangenheit ist nicht nur die Vergangenheit dieses
Lebens. Sie lässt sich nicht nur bis zur Geburt des derzeitigen
Körpers zurückverfolgen. Die Vergangenheit besteht aus allen
vorhergehenden Leben, durch die wir mit verschiedenen Namen
und Formen gereist sind. Die Zukunft kann auch nicht gesehen
werden. Sie unterliegt nicht unserer Kontrolle. Wir können nicht
vorhersagen, was morgen geschehen wird. Die Wahrheit des *Kar-*
mas ist daher mehr eine Sache des Glaubens als alles andere. So
wie die Wellen des Meeres in verschiedenen Formen und Größen
erscheinen, nimmt die Lebenskraft verschiedene Formen gemäß
den angehäuften Tendenzen des jeweiligen Menschen an.

„Sobald du das Selbst verwirklichst, wirst du alles über das
Karma wissen. Die Mysterien deiner vorhergehenden Geburten

werden dir ebenfalls enthüllt. Du wirst das Geheimnis des gesamten Universums, der gesamten Schöpfung erkennen. Allein die Selbstverwirklichung wird das Mysterium klären. Sobald du Vollkommenheit erlangst, wirst du wissen, dass das wirkliche Selbst allgegenwärtig war und ist. Du wirst wissen, dass das wahre Selbst nie geboren wurde und niemals sterben wird und dass es niemals dem Karmagesetz unterworfen ist.

„Es gibt keine Garantie für die Zukunft oder auch nur für den nächsten Augenblick. Nur der Tod kann garantiert werden. Dieser Augenblick ist wahr. Der nächste Augenblick kann den Tod bringen, wer weiß? Ein Mensch, der für alles dankbar ist, wird alles loslassen, um den Tod mit einem Lächeln liebevoll zu umarmen. Für einen solchen Menschen ist der Tod schön. Der Tod ist kein Feind, vor dem er sich fürchten muss – im Gegenteil, der Tod wird zu seinem liebsten Freund. Der Tod ist nicht das Ende; er ist der Anfang eines weiteren Lebens."

KAPITEL 6

Glaube durch Gnade

Noch am selben Tage kam ein Brief aus Amerika von meinem Bruder Earl. Er schrieb, er würde gerne kommen und Amma selbst sehen, denn ich hatte ihm von ihr erzählt, als ich nach Amerika gegangen war. Zwei Wochen später kam er an. Ich zeigte ihm mein Zimmer, das aus nicht viel mehr als einem Teil der Hütte bestand. Er war ein wenig überrascht über meine Lebensumstände. Er setzte sich aufs Bett und wir unterhielten uns. In diesem Moment kam Amma ins Zimmer und setzte sich neben ihn auf das Bett. Sie betrachtete ihn von oben bis unten, zwickte ihn in den Arm und sagte: „Du bist ein wenig fett, nicht wahr?" Ohne ersichtlichen Grund brach Earl in Tränen aus. Ich dachte, Amma müsse ihn ja ordentlich gezwickt haben, aber das war es nicht. Ich hatte ihn in meinem Leben niemals weinen sehen. Amma sah mit einem schelmischen Lächeln im Gesicht zu mir hinüber. Inzwischen heulte Earl wie ein Kind. Amma war sehr amüsiert über seine Tätowierungen und betrachtete sie gründlich. Sie bedeckten seine Arme und waren alle in „Technicolor". Da waren ein Krishna, ein Buddha, die Schlange *Kundalini* und andere spirituelle Objekte. Er sah ein wenig wie ein wandelndes spirituelles Poster aus. Je mehr er weinte, desto mehr lächelte Amma. Schließlich gewann er seine

Fassung zurück, konnte jedoch kein Wort sagen. Amma saß noch ein paar Minuten da, stand dann auf und ging. Er hatte offensichtlich gerade den Schock seines Lebens hinter sich. Dies war Earls erste explosive Begegnung mit der göttlichen Mutter, aber weitere Explosionen standen ihm noch bevor.

Earl fragte mich, ob ich ein Buch über Sri Krishna hätte. Also ging ich in die Ashrambibliothek und holte das *Bhagavatam*. Er verbrachte viel Zeit damit, es in meinem Zimmer zu lesen, aber jedes Mal wenn er auf das Wort „Krishna" stieß, brach er in Tränen aus. Als wäre dies nicht schlimm genug gewesen, brach er auch jedes Mal in Tränen aus, wenn er Ammas Stimme hörte. Sobald er während des *Krishna Bhava* in Ammas Nähe kam, begann er unkontrollierbar zu zittern und fing an zu weinen. Er kam dann zu mir hinüber, setzte sich auf den Boden und versteckte sich hinter meinem *Dhoti* (ein Tuch, das indische Männer von der Hüfte abwärts wie einen Sarong tragen). Nachdem er einige Tage durch diese Mühle gegangen war, beschloss er schließlich, die Angelegenheit mit Amma zu besprechen. Ich ging in die nächste Hütte, wo Amma sich aufhielt und fragte sie, ob ich ihn hineinbringen könne. Sie nickte zustimmend.

Nachdem wir das Zimmer betreten hatten, bedeutete sie Earl, sich neben sie auf ihr Bett zu setzen. Ich fing an, ihr zu erzählen, dass er einige Fragen klären wolle. Bevor ich jedoch etwas sagen konnte, brach er erneut in Tränen aus. Amma gab ihm eine Umarmung und sah mich wissend mit einem großen Lächeln im Gesicht an. Das dauerte etwa zehn Minuten. Ich vermute, dass sie danach aufhörte, den „Weinknopf" zu drücken, weil er wohl genug geweint hatte. Schließlich stellte er seine Frage.

„Ich möchte nur sagen, dass ich es nicht mag, wenn ich nicht verstehe, was mit mir geschieht. Seitdem ich hierher gekommen bin, scheine ich eine Art geistiger Schwäche entwickelt zu haben. Warum würde ich sonst die ganze Zeit so weinen?"

Amma lächelte wohl wollend und sagte: „Tief in unserem Herzen sind wir alle Kinder Gottes, aber wenn wir älter werden, wird dieses Kind von einer harten Schale bedeckt, die sich durch unsere bösen Taten bildet. Sinnliche Begierde, Wut, Eifersucht, Unehrlichkeit, Habgier, Stolz und andere derartige negative Tendenzen bilden die Schale. Schließlich wird das weiche kleine Kind hart wie ein Fels. Aber in Gottes Gegenwart oder in der Gegenwart einer gottverwirklichten Seele fängt die Schale an zu schmelzen und brüchig zu werden, also fängt ein Mensch an zu weinen wie ein Kind. Wenn dies einem Menschen widerfährt, kann er sich sehr glücklich schätzen. Eine Reinheit, die selbst durch viele Geburten spiritueller Praxis nicht erlangt werden kann, kann durch wenige Momente solchen Weinens erreicht werden."

Earl war sehr glücklich und erleichtert als er Ammas Erläuterung hörte. Aber nach wenigen Tagen wurde sein Geist erneut skeptisch. Kurz vor *Krishna Bhava* in jener Nacht sagte er zu mir: „Ich denke, dass all dieses Weinen auf eine Schwäche von mir zurückzuführen ist. Ich habe beschlossen, heute Abend nicht in Tränen auszubrechen, egal was passiert." So lautet der feste Entschluss vieler von Ammas Kindern, aber der Flutwelle ihrer göttlichen Energie kann das sorgfältig konstruierte Kartenhaus des menschlichen Egos niemals standhalten.

Earl betrat tapfer Ammas Tempel und ging zu ihr zum *Krishna Bhava*. Tatsächlich zitterte er nicht und fing nicht an zu weinen. Ich war in den Tempel gekommen, um zu sehen wie er Sieg oder Niederlage begegnete. Amma lächelte mich an, als wollte sie sagen, dass sie von dem Moment an, wo er seinen Plan fasste, vollkommen darüber im Bild gewesen sei. Nach Ammas *Darshan* kam Earl herüber und stellte sich mit einem Ausdruck des Selbstvertrauens neben mich. Als ich das sah, ging ich hinaus und setzte mich vor den Tempel zu den anderen Devotees. Bald darauf kam auch Earl heraus. Sobald er jedoch aus der Vordertür trat, stand er plötzlich kerzengerade still und stürmte dann zum hinteren Bereich des Ashrams. Als Nächstes folgte ein derart lauter und ängstlicher Schrei, dass viele Devotees in diesen hinteren Bereich eilten, um zu sehen, was vor sich ging. Und wer konnte schon dort sein außer Earl! Einige Devotees kamen zurück und fragten mich, was mit meinem Bruder los sei. Litt er unter einer Art intensivem Schmerz? Ich lächelte nur und sagte, ich wisse es nicht.

Nach dem *Krishna Bhava Darshan* ging ich in mein Zimmer, um mich eine Weile auszuruhen. Earl saß ziemlich schüchtern da und versuchte, ein Buch zu lesen. Ich fragte ihn, ob etwas nicht in Ordnung sei und er erwiderte: „Vielleicht hast du gesehen, was heute Abend im Tempel passiert ist. Als ich zum *Darshan* ging, habe ich mich irgendwie unter Kontrolle behalten. Obwohl ich anfing zu weinen, habe ich es erfolgreich unterdrückt. Dann dachte ich, ich müsse Recht gehabt haben: das ganze Weinen sei nur eine Art emotionale Angelegenheit. Aber in dem Augenblick als ich die Tempeltür erreichte, ging vom unteren Ende meiner Wirbelsäule ein enormer Energiestrom aus. Als dieser Strom meinen Scheitel erreichte, gab es eine raketenartige Explosion. Ich diesem Augenblick war ich überzeugt, dass Amma eine Inkarnation Gottes ist. Wer sonst hätte dergleichen mit mir machen können?"

Nach ein paar Tagen kehrte Earl nach Amerika zurück. Er erzählte mir später, dass von jener Zeit an nicht ein Tag verging, an dem er beim Gedanken an Amma nicht in Tränen ausbrach. Im darauf folgenden Jahr kam er nach Vallickavu zurück und wandte sich mit der Bitte an Amma, mit einem Kind gesegnet zu werden, denn seine Frau sei seit vielen Jahren nicht schwanger geworden. Amma segnete ihn und kurze Zeit später wurde seine Frau tatsächlich schwanger und gebar einen sehr intelligenten, sich schnell entwickelnden Jungen. In den nächsten beiden Jahren kam er nach Vallickavu zurück und brachte Frau und Kind mit. Schließlich entschloss er sich, Jura zu studieren. Er war bereits in seinen Vierzigern. In diesem Alter einen Abschluss zu erlangen, ist sehr schwierig. Als er Amma deswegen befragte, sagte sie: „Es gibt eine Menge Hindernisse für dich auf dem Weg, Anwalt zu werden. Aber Amma wird sich darum kümmern." Im Laufe seines Studiums war es fraglich, ob er seine Examen bestehen würde. Er schrieb deshalb Amma einen Brief mit der Bitte, ihn erneut zu segnen, damit er nicht durchfallen werde.

Als ich Amma den Brief vorlas, sagte sie: „Er ist in seinen Studien lasch geworden. Sage ihm, er solle sorgfältiger sein, dann kümmere ich mich um alles." Als ich Earl das nächste Mal sah, sagte er mir, Amma hätte völlig richtig gelegen. Nachdem er sorgfältiger geworden wäre, hätte er an der Uni keine weiteren Probleme mehr gehabt. Schließlich erhielt er seinen Abschluss und wurde Anwalt.

Es ist immer eine Inspiration, mit Ammas Devotees zu sprechen und ihre Geschichten zu hören, wie sie Glauben in Amma als die göttliche Mutter entwickelt haben. Es gab einen Englischprofessor, der regelmäßig zu Ammas *Darshan* kam. Bereits in jungen Jahren wies er starke spirituelle Neigungen auf. Tatsächlich wollte er sogar auf das weltliche Leben verzichten und Mönch werden. Leider war er jedoch der einzige Sohn der Familie. Wenn jemand in einer indischen Familie der einzige Sohn ist, gehört es zu seiner Pflicht zu heiraten, Kinder in die Welt zu setzen und die Familienreihe weiterzuführen. Daher war der junge Mann mit einer Heirat einverstanden und nahm sich ein tugendhaftes Mädchen zur Frau. In der ersten Nacht ihrer Ehe sagte er zu seiner Frau: „Durch Gottes Willen konnte ich nicht das Leben eines Mönches führen und habe also geheiratet. Wenn wenigstens eines meiner Kinder ein solches Leben führen kann, will ich zufrieden sein. Daher bitte ich dich, bevor wir miteinander schlafen, dass wir vereinbaren, unser erstes Kind der göttlichen Mutter zu weihen und es auf den spirituellen Weg zu führen." Ohne zu zögern war das Mädchen mit seinen Wünschen einverstanden und gebar nach einiger Zeit einen Sohn. Leider vergaßen beide ihr Gelübde und ihr Leben ging weiter. Im Laufe der Jahre entwickelte ihr Sohn eine Reihe gesundheitlicher Probleme. Viele Ärzte wurden aufgesucht, jedoch ohne großen Erfolg. Schließlich hörten sie eines Tages von Amma, deren Dorf nur ein oder zwei Stunden von ihrem Dorf entfernt lag. Zu dieser Zeit war der Junge bereits sieben Jahre alt. Der Mann beschloss daher, eine Reise zu Amma zu machen, in der Hoffnung, sie könne etwas für seinen Sohn tun. Bei seiner Ankunft hatte der *Devi Bhava Darshan* bereits begonnen. Er betrat den Tempel und verbeugte sich vor Amma. Als er seinen Kopf hob, fragte Amma ihn lächelnd: „Wo ist dein Sohn? Warum hast du ihn mir nicht gebracht? Hast du dein Versprechen vergessen, das du in deiner Hochzeitsnacht gegeben hast, nämlich mir dein erstes Kind darzubringen?" Natürlich war er geschockt und entwickelte von da an einen tiefen Glauben in Amma als Inkarnation der göttlichen Mutter.

Auch Tiere spielten eine Rolle bei den Ereignissen im Ashram. Eines Nachts während des *Devi Bhava Darshans* fing eines der Ashramkälber an laut zu muhen. Es hörte sich sehr krank an. Wir gingen alle - außer Amma, die im Tempel saß - nachschauen, was los war. Wir fanden das Kalb. Es lag mit Krämpfen auf dem Boden. Wir konnten nicht viel tun, also berichteten wir Amma über die Lage. Sobald der *Devi Bhava Darshan* vorüber war, kam Amma zum Kuhstall gelaufen und nahm den Kopf des Kalbes in ihren Schoss. Sie sagte jemandem, er solle heiliges Wasser aus dem Tempel bringen. Sobald sie es bekam, goss sie es dem Kalb ins Maul und machte ein Zeichen mit ihren Händen als wollte sie sagen: „Jetzt geh." Innerhalb weniger Sekunden starb das Kalb. Amma wandte sich zu uns und sagte: „Dieses Kalb war in seiner vorigen Geburt ein *Sannyasi*. Irgendwie entwickelte er eine Bindung an eine Kuh. Infolgedessen wurde er als Kalb wieder geboren. Da er jedoch ein Mönch war, wurde er in diesem Ashram geboren und kam dadurch in den Genuss der Gesellschaft von Devotees und Heiligen. Er war gesegnet durch den Klang des Singens des göttlichen Namens und wurde von den Händen spiritueller Sucher gefüttert. Jetzt hat er eine höhere Geburt erlangt." So mysteriös arbeitet das *Karma*. Wir waren ein wenig traurig über den plötzlichen Tod des Kalbes gewesen. Als wir Ammas Erklärungen hörten, verschwand dieses Gefühl. Amma erzählte uns später, dass ihre eigene Mutter in jener Nacht hätte sterben müssen. Sie hatte ihrer Mutter an diesem Tag tatsächlich schon gesagt, sich auf das Schlimmste gefasst zu machen. Amma sagte, sie hatte beschlossen, das Leben ihrer Mutter zu verlängern, indem sie ihren Tod auf das Kalb übertrug und hatte damit auch das *Karma* des Kalbes erfüllt. Amma erzählte uns auch, dass sie das Gleiche schon für hunderte von Menschen getan hatte, die im Laufe der Jahre zu ihr gekommen waren. Sie hatte gesehen, dass ihre Todesstunde heranrückte und dass ihr Tod ihren Familien enorme Schwierigkeiten bereitet hätte. Also hatte sie aus Mitgefühl das Leben dieser Menschen verlängert. Sie hatte sie gebeten, eine Kuh, ein Huhn, einen Hund oder eine Katze zu kaufen. Am betreffenden Schicksalstag starben dann diese Tiere anstatt ihrer. Als wir dies hörten, wurde uns klar, dass nicht nur Ammas eigenes Leben in ihren Händen liegt, sondern auch das Leben ihrer Devotees.

Eines Abends stand ich im Freien und sprach mit Sreekumar. Auf einmal schrie er auf und fiel zu Boden. Wir sahen uns seinen Fuß an und fanden zwei Punkte, die exakt nach einem Schlangenbiss aussahen. Wir eilten sofort zu Amma und berichteten ihr, was geschehen war. Sie eilte zu Sreekumar, nahm seinen Fuß in ihre Hände, saugte das Gift des Bisses aus und spuckte es aus.

Trotzdem verschlimmerte sich sein Schmerz und nach Einbruch der Dunkelheit wurde er unerträglich. Amma saß die ganze Zeit bei ihm, tröstete ihn und sagte ihm, er solle sich keine Sorgen machen. Die anderen Devotees waren jedoch der Meinung, er sollte zu einem Arzt gebracht und wegen der Vergiftung behandelt werden. Amma gab ihre Zustimmung und so brachten sie ihn fort. Als der Arzt die Wunde und die anderen Symptome sah, sagte er den Devotees, Sreekumar sei von einer extrem giftigen Schlange gebissen worden. Seltsamerweise gab es in seinem Blut jedoch keine Anzeichen von Vergiftung. Er kehrte noch in derselben Nacht zum Ashram zurück und stand qualvolle Schmerzen durch, die erst am folgenden Tag nachließen.

Amma erklärte ihm: „Sohn, es war dir bestimmt, gestern von einer Schlange gebissen zu werden, egal wo du dich befunden hättest. Weil es jedoch in Ammas Gegenwart geschah, ist dir kein Leid widerfahren. Da ich wusste, dass es geschehen würde, habe ich dich gestern nicht nach Hause gehen lassen, obwohl du mich seit dem Morgen immer wieder um die Erlaubnis dazu gebeten hattest." Als Sreekumar zu Hause sein Horoskop betrachtete, sah er, dass er tatsächlich genau an diesem Tag eine Vergiftung erleiden musste. Beim Gedanken an Ammas Gnade wurde er von tiefen Gefühlen überwältigt und weinte beim Gedanken an ihr Mitgefühl.

Man kann sich fragen, warum Amma nicht einfach verhinderte, dass Sreekumar von einer Schlange gebissen wurde, da sie doch wusste, dass es geschehen würde. Amma sagt, dass das *Karma* eines Menschen stark abgeschwächt wird, sobald er sich Gott oder einem gottverwirklichten Guru hingibt, dass er jedoch immer noch ein wenig leiden muß. Zur Erläuterung erzählte sie die folgende Geschichte:

„Es lebte einmal ein reicher Grundbesitzer mit zwei Söhnen, die von gegensätzlicher Natur waren. Der Junge namens Mohan neigte zu allem, was böse war, während der Junge namens Sasi edle und religiöse Neigungen hatte. Als sie aufwuchsen, gab Mohan sich dem Wein, den Frauen und dem Spiel hin, während Sasi sich in religiöse Aktivitäten vertiefte und alle religiösen Veranstaltungen in den Dörfern der Umgebung besuchte. Mohan machte sich über die Spiritualität seiner Familie lustig. Er war der Ansicht, dass er nur zu seinem Unglück in eine solche Familie hineingeboren worden war.

„Eines Tages fand im Nachbardorf eine Tanzveranstaltung mit einer berühmten Tänzerin statt. Mohan sollte der Patron und Ehrengast sein. Er wurde als Sohn eines reichen Mannes begrüßt. Am selben Abend fand in demselben Dorf eine religiöse Debatte statt und Sasi ging sie sich anhören. Auf seinem Rückweg fielen heftige Niederschläge. Er rutschte in einen Straßengraben und verletzte sich schwer. Seine Freunde trugen ihn nach Hause. Es wurde ein Arzt gerufen, um ihn zu behandeln.

Nachdem Mohan sich mit der Tänzerin und ihrer Party amüsiert hatte, machte er sich auf den Heimweg und rutschte an derselben Stelle aus. Mohan fiel jedoch nicht hin. Sein Fuß stieß gegen einen großen Stein. Als er genauer hinsah, erkannte er, dass es sich um einen Barren Gold handelte. Frohlockend kam er nach Hause und zeigte ihn allen. Als er den erbärmlichen Zustand seines Bruders sah, verspottete er ihn und sagte: „Wozu ist deine Religion schon nütze? Du gingst, um dir eine Vorlesung der Schriften anzuhören und auf dem Heimweg bist du schlimm verunglückt. Schau mich an. Ich hab mich amüsiert und wurde mit einem Barren wertvollen Goldes belohnt. Wann gibst du endlich deine altmodische Lebensart auf? Gäbe es einen Gott, so hätte er mich bestimmt bestraft und dich belohnt, aber was sehen wir?" Darauf folgte eine Diskussion unter den Anwesenden, die jedoch zu keinem Schluss führte.

„Am nächsten Tag hielt sich ein *Mahatma* im Dorf auf, der auf der Durchreise war. Der Vater der Jungen lud ihn in ihr Haus ein. Er berichtete dem *Mahatma*, was geschehen war und was Mohan gesagt hatte. Die Frage lautete, warum sollte ein religiös gesinnter Junge verletzt und ein böse gesinnter Junge belohnt werden? Der *Mahatma* sagte: ‚In der Nacht des Vorfalls war Sasi der Tod bestimmt. Aufgrund seiner Hingabe und Unschuld wurde er nur verletzt. In derselben Nacht war es Mohan bestimmt, in das Amt eines Königs eingesetzt zu werden. Wegen seiner bösen Taten hat er jedoch nur einen Barren Gold bekommen. Wenn ihr mir nicht glaubt, seht euch die Horoskope der beiden an.‘ Als die Horoskope zu Rate gezogen wurden, stellte sich heraus, dass die Worte des Heiligen zutrafen.“

Manchmal kamen an Bhava Darshan-Tagen mehr als tausend Menschen zum Ashram, um Amma zu sehen. Amma saß von morgens bis in den Nachmittag in ihrer Hütte und empfing jeden. Anschließend gab sie nachts erneut jedem Darshan, einmal während des Krishna Bhava und erneut während des Devi Bhava. In jenen Tagen dauerte der Krishna Bhava von sieben Uhr abends bis Mitternacht. Danach kam Amma ins Freie und setzte sich eine halbe Stunde lang zu den Devotees, bevor sie im Devi Bhava ihren Darshan gab, manchmal bis sechs oder sieben Uhr morgens. Danach unterhielt sie sich mit den Devotees und setzte sich bis elf Uhr zu ihnen. Anschließend kamen nach und nach die jungen Männer, aus denen später Brahmacharis wurden, und Amma verbrachte den Rest des Tages mit ihnen. Nachts wurde sie normalerweise eingeladen, um in den Häusern von Devotees, die in den Dörfern der Umgebung wohnten, eine Puja (Anbetung) durchzuführen. Normalerweise begann die Puja gegen Mitternacht und dauerte bis drei oder vier Uhr morgens. Sobald sie vorüber war, setzte Amma sich zu den Devotees, bis die Sonne aufging, bevor sie zum Ashram zurückkam. Anschließend wiederholte sich dieselbe Ereignisabfolge. Manchmal ging das zehn Tage so weiter. Keinem von uns war es möglich, Ammas Tempo mitzuhalten, da wir doch alle Schlaf benötigten. Wir waren der Ansicht, dass auch Amma Schlaf benötigte und versuchten verschiedene Tricks, um sie zu verlocken, sich eine Ruhepause zu gönnen. Wir besaßen einen lauten alten Ventilator, dessen rotierende Blätter alle anderen Geräusche überdröhnte. Er wurde zu einem wirkungsvollen Mittel, Amma von ihrer Umgebung zu isolieren. Selbst wenn sie sich hingelegt hatte, sprang sie auf, sobald sie eine menschliche Stimme hörte, um zu sehen, ob es jemand war, der gekommen war, sie zu besuchen. Die Schriften sagen, dass das kleine Selbst im Zustand der Selbstverwirklichung aufhört zu existieren und der Ruhm einer selbstlosen Existenz aufleuchtet. Ammas Leben ist ein hervorragendes Beispiel für diese Aussage. Wer es nicht selber gesehen hat, kann es kaum glauben. An bestimmten Tagen, wenn unerwartet viele Besucher erschienen, gaben die Ashrambewohner ihnen ihr eigenes Essen. Was tat Amma in solchen Fällen? Sie nahm einen großen Topf, ging im Dorf von Tür zu Tür und bat um übrig gebliebenen Reis, um uns zu essen zu geben. Sie sagte: „Ein Sannyasi sollte keine Schüchternheit zeigen. Noch sollte eine Mutter sich schämen, um ihrer Kinder willen zu betteln." Durch solche Taten zeigt Amma uns nicht nur, was wahre Losgelöstheit ist, sondern auch was wahre Liebe ist. Wenn das alltägliche Familienleben auf eine selbstlose Art geführt wird, lässt sich auch dort spiritueller Fortschritt erzielen. Es gibt eine Geschichte, die dies gut veranschaulicht.

Einst herrschte eine schwere Hungersnot. Eine fünfköpfige Familie verließ ihre Heimat, um an einem anderen Ort ein Auskommen zu finden. Der Vater nahm viele Härten und Entbehrungen auf sich, um seine Familie zu ernähren. An vielen Tagen musste er hungern. Infolgedessen starb er nach kurzer Zeit. Nun musste die Mutter die Versorgung der Kinder übernehmen. Auch sie nahm äußerste Entbehrungen auf sich und wurde so sehr geschwächt, dass sie nicht mehr laufen konnte. Beim Anblick ihres Zustandes sagte ihr junger Sohn zu ihr: „Mutter, ruhe dich bitte aus. Ich geh für uns alle betteln." Ihr war sehr elend zumute bei dem Gedanken, dass ihr Sohn ein Leben als Bettler führen musste, um ihre Nahrung zu beschaffen, aber welche Wahl blieb ihr schon? Er blieb viele Tage lang ohne Mahlzeit, damit der Rest der Familie essen konnte. Einige Tage verstrichen. Der Junge wurde so schwach, dass auch er kaum noch laufen konnte. Irgendwie erreichte er ein Haus und bat um ein wenig Geld. Der Eigentümer des Hauses saß auf der Veranda und bot dem Jungen stattdessen etwas zu essen an. Da brach der Junge zusammen. Der Mann hob ihn auf und setzte ihn auf seinen Schoss. Der Junge murmelte etwas. Der Mann legte sein Ohr an den Mund des Jungen und lauschte angestrengt. Der Junge sagte: „Geben Sie die Nahrung, die Sie mir geben wollen, bitte zuerst meiner Mutter." Nachdem der Junge dies gesprochen hatte, fiel er in Ohnmacht.

Diese Qualität familiärer Liebe gibt es heutzutage nicht mehr. Welch edle Zuneigung doch diese Seelen in selbstloser Liebe verband. Wenn das Familienleben auf diese Art geführt wird, reinigt es den Geist der Familienmitglieder und führt auf den Weg zur Befreiung.

Im Geiste vieler Menschen gibt es, besonders in Indien, eine Fehlvorstellung, dass nur ein Mönch Gott verwirklichen kann. Im Laufe der Jahre bin ich jedoch einigen verheirateten Devotees begegnet, die viel weiter fortgeschritten waren als viele der Sannyasis, die ich kennen lernte. Als ich einmal Hyderabad im Staat Andhra Pradesh besuchte, kam ich in engen Kontakt mit einem dort verheirateten Devotee. Er hatte sein spirituelles Leben in seinen Mitvierzigern begonnen. Als er in seinen späten Siebzigern starb, hatte er Gott verwirklicht. Er hatte es jedoch nicht einfach dabei, aber wer hat das schon? Jeden Morgen stand er früh auf, betete zu Gott, verrichtete sein Mantra Japa (Wiederholung des Namen Gottes) und las in den Schriften. Auch am Abend, als er von der Arbeit zurückkehrte, tat er das Gleiche. Während des Tages wiederholte er den Namen Gottes ständig. Wenn er einen Heiligen finden konnte, der in der Stadt lebte, lud er ihn in sein Haus ein, quartierte ihn dort ein, so lange er bleiben wollte und behandelte ihn die ganze Zeit über wie einen König. Zusätzlich veranstaltete er religiöse Feiern in seinem Haus, welche manchmal eine ganze Woche dauerten. Seine Hingabe an den Willen Gottes war ebenfalls beispielhaft. Eines Tages begleitete ich ihn zu einem Krankenhaus, um einen anderen Devotee zu besuchen, der krank war. Als er auf einem Stuhl am Bett des Devotees saß, kam eine Krankenschwester herein, die ein Metallgestell mit Vorhang vor sich herschob. Irgendwie kippte diese Vorrichtung um und fiel auf ihn. Dabei schlug ihm das Gestell auf den Kopf. Er fiel auf den Boden und war einen Augenblick lang wie betäubt. Ich war besorgt, er könnte ernsthaft verletzt worden sein, aber im nächsten Augenblick stand er auf und sagte lachend: „Vielen Dank, oh Gott, vielen Dank." Er litt unter einer Reihe körperlicher Probleme, die es ihm fast unmöglich machten zu reisen, aber wenn die Pflicht ihn rief, ging er ohne zu zögern da hin, wo er gebraucht wurde. Er hatte seinen Weg als reicher Mann begonnen, aber auf Grund der Gier seiner Verwandten hatte er alles verloren. Sie sandten alle ihre Kinder zu ihm, um sie auf seine Kosten erziehen und ernähren zu lassen. Er akzeptierte alles als den Willen Gottes für seine spirituelle Entwicklung und gab sich bedingungslos hin. Wenn ein verheirateter Mensch seinen Geist durch Mantra Japa, das Studium der Schriften, Gebete, Verzicht, die Gesellschaft von Heiligen und Weisen, Demut und Hingabe an den Willen Gottes ständig mit dem Gedanken an Gott beschäftigt, kann er ganz gewiss Verwirklichung erlangen. Unabhängig vom Platz, den ein Mensch im Leben einnimmt, ist eine intensive Bemühung erforderlich. Normalerweise wird der Mensch jedoch von den vielen attraktiven Objekten der Welt abgelenkt und bleibt dem Materiellen verhaftet. So stark ist die Macht der Maya, der universalen Illusion des Herrn.

Es war einmal ein sehr tugendhafter König, der jedoch keine Kinder hatte. Im fortgeschrittenen Alter wurde sein Interesse an spirituellen Tätigkeiten stärker als sein Interesse an weltlichen Angelegenheiten. Er verbrachte sehr viel Zeit mit dem Studium der Schriften, Japa, Meditation und Satsang (heilige Gesellschaft). Die Minister der Regierung waren besorgt, es werde keinen geeigneten Erben für den Thron geben, wenn der König sterben würde, bevor ein Nachfolger ernannt war. Daher wandten sie sich an ihn und brachten ihre Sorgen zum Ausdruck.

Der König sagte ihnen: „Macht euch keine Sorgen. Ich werde einen würdigen Nachfolger auswählen." Daraufhin bat der König sie, einen Vergnügungsplatz voller wunderbarer Stände unterschiedlichster Art zu errichten, die so verlockend und verführerisch seien, dass nur der unerschütterlichste, losgelösteste und standhafteste Mensch ihnen widerstehen könne. Sie sorgten für Spielbuden, Theaterbühnen, künstliche Teiche und Parks, Bäckereien und andere Orte für Amüsement und Vergnügen. Der König ließ daraufhin verlauten, dass er sich vorbereite, einen Erben auszuwählen. Wer immer den König in Mitten des Vergnügungsplatzes finden könne, würde als nächster König ausgewählt werden.

Tausende von Menschen kamen. Bis auf einige wenige waren alle so sehr von den verlockenden Anblicken, der Musik und dem köstlichen Essen angezogen, dass sie alles über den Zweck ihres Dortseins vergaßen und in ihren Vergnügungen frönten. Die wenigen, die diesen Versuchungen nicht zum Opfer fielen, versuchten den König zu finden, aber nach einer Weile fanden auch sie, dass die erforderliche Bemühung zu anstrengend war und sie ihre Zeit besser mit den Vergnügungen des Platzes verbrachten. Vier Tage vergingen und noch niemand hatte den König gefunden. Am fünften Tag betrat ein intelligenter junger Mann den Vergnügungsplatz. Obwohl er den Platz bewunderte, gestattete er es sich nicht, sich ablenken zu lassen oder den Blick auf sein Ziel zu verlieren und machte sich geradewegs auf zum Tempel in der Mitte des Platzes. Er betrat den Tempel, konnte den König jedoch nicht finden. Dann sah er genauer hin und fand eine kleine Tür an der Seite des Tempels. Er betrat den Durchgang und gelangte an das andere Ende. Dort befand sich eine weitere Tür, die er öffnete. Plötzlich strömte ein strahlendes Licht aus der innersten Kammer hervor und dort in der Mitte des Raums, auf dem Thron sitzend, befand sich der König. Der junge Mann verneigte sich vor dem Herrscher. Dieser saß da und lächelte. Schließlich hatte er einen würdigen Thronerben gefunden.

Diese Welt mit ihren vielen Attraktionen ist der Vergnügungsplatz und Gott ist der König. Er hat uns auf diese Erde geschickt, nicht nur um uns der Dinge dieser Welt zu erfreuen, sondern auch um den Herrn zu finden, der sich in der Materie verbirgt. Obwohl wir seine Kinder und die Erben seines Königreichs sind, können wir dieses nur gewinnen, wenn wir Ihn mit Standhaftigkeit, Geduld und Unerschütterlichkeit suchen, ohne unseren Sinnen zu erlauben, uns vom Ziel abzubringen. Wir können uns der Dinge, denen wir begegnen, ohne Anhaftung erfreuen und dadurch den Schleier der Illusion durchdringen, der Gott vor unseren Augen verbirgt. Ob ein Mensch nun Mönch ist oder ein Familienleben führt, die Welt und ihre Ablenkungen sind immer da und müssen überwunden werden, damit Erfolg im spirituellen Leben gesucht wird.

Im April 1985 wurde der Bau eines Gästehauses und eines Tempels zu einer dringenden Notwendigkeit. Schon seit langer Zeit gab es einen ständigen Besucherstrom zum Ashram. Da es keine Unterkünfte für die Besucher gab, räumten die Brahmacharis ihre Hütten und schliefen im Freien. Dies wäre kein Problem gewesen, wenn es nur ab und zu vorgekommen wäre, aber es war zu einem Dauerzustand geworden und stellte daher eine Störung ihrer spirituellen Praxis dar. Darüber hinaus konnte der kleine Bhava Darshan-Tempel nicht alle Devotees gleichzeitig aufnehmen. Amma wünschte, dass alle während des Devi Bhavas bei ihr sitzen konnten (zu dieser Zeit hatte sie den Krishna Bhava bereits eingestellt). Dies war nur möglich, wenn der Darshan in einem großen Raum stattfinden konnte. Daher wurde beschlossen, ein Gebäude zu errichten, das sowohl Räume für die Besucher als auch einen Tempel für den Bhava Darshan enthielt. Ein wohlhabender Devotee kaufte das Land vor dem bestehenden Ashram. Auf diesem Grundstück sollte das Gebäude errichtet werden. Amma bat mich und einen anderen ihrer Devotees, der Architekt war, unabhängig voneinander grobe Entwürfe zu zeichnen. Als wir uns nach ein paar Wochen zusammensetzten, stellten wir zu unserer großen Überraschung fest, dass wir beide über genau denselben Plan verfügten. Wir kamen zu dem Schluss, dass dies Ammas Plan war und dass wir nur ihre Instrumente waren. Jetzt bestand das einzige Problem im Geld. Woher sollten wir die Mittel bekommen, die wir für den Bau eines solch großen Gebäudes benötigten? Die Gesamtfläche war beinahe dreitausend Quadratmeter groß. Amma sagte uns, wir bräuchten niemanden um etwas zu bitten. Wenn Gott das Gebäude bauen wolle, würde er alles Nötige dafür bereitstellen. Kurz darauf boten vier oder fünf von Ammas westlichen Devotees Spenden an, so dass die Arbeit beginnen konnte. Nach einiger Zeit gingen uns jedoch die Mittel aus. Die beiden Häuser, die ich in Tiruvannamalai gebaut hatte, standen leer. Ich bot an, sie zu verkaufen, aber Amma war nicht einverstanden. Vielleicht prüfte sie mich, um zu sehen, ob ich noch irgendeine Anhaftung an meinen früheren Aufenthalt hatte. Aber schon seit langer Zeit dachte ich nicht mehr an Tiruvannamalai und mein Leben dort, da ich mich vollständig dem Dienst an Amma verschrieben hatte. Ich ließ ihr keine Ruhe mehr, bis sie mir erlaubte, die Häuser zu verkaufen. Schließlich war sie einverstanden. Auf diese und ähnliche Weise fuhren wir irgendwie immer wieder mit dem Bau fort.

Amma war der Ansicht, sie und die Ashrambewohner und –besucher sollten an den Bauarbeiten teilnehmen. Sie sagte, dass wir durch diese Arbeiten mit mehr Mitgefühl auf die Leiden der Menschen blicken würden, die ein hartes Leben führen müssen. Solch schwere Arbeiten seien auch gut für unsere Gesundheit und wir könnten zudem etwas Geld sparen. Da diese Arbeiten für einen spirituellen Zweck seien, handle es sich bei ihnen auch um Karma Yoga (wunschlose Handlungen zum Gefallen Gottes). Daher schleppte Amma zusammen mit allen anderen ganze Erdladungen aus der Baugrube. Danach trugen wir alle Steine, Sand, Zement, Ziegel, Holz und andere Baumaterialien zur Baustelle und nahmen auch an den Betonierungsarbeiten teil. Ich frage mich, wie viele andere selbstverwirklichte Weise in dieser Welt einen guten Teil ihrer Zeit mit schwerer Arbeit wie dieser verbracht haben, um ein Beispiel für andere Menschen zu setzen.

Ebenfalls zu dieser Zeit begann Amma, auf Einladung ihrer vielen Devotees durch Indien zu reisen. Sie besuchte alle großen Städte Indiens wie Bombay, Neu Delhi, Kalkutta, Madras sowie viele kleinere Städte und Dörfer in Kerala. An allen Orten war der Empfang überwältigend. Häufig kamen Zehntausende von Menschen, um sie zu sehen. Amma saß manchmal sechs oder acht Stunden am Stück und gab Darshan, bis sie auch den Letzten gesehen hatte. Aufgrund dieser häufigen Reisen gründeten Devotees an den verschiedenen Orten, die Amma besuchte, Zweig-Ashrams, damit Ammas Programme dort abgehalten werden konnten. Den Rest des Jahres wurden sie zu einer Quelle des Trostes für jene, die nicht nach Vallickavu kommen konnten, um Amma zu sehen.

KAPITEL 7

Reisen ins Ausland

Eines Tages erhielt ich einen Brief von Earl. Er schrieb mir, es sei ihm ein paar Jahre lang nicht möglich, nach Indien zu kommen, da er sich mitten in seinem Studium befinde. Er fragte, ob Amma nicht in Erwägung ziehen könnte, stattdessen nach Amerika zu kommen. Er meinte, das Geld, das er für seinen Flug würde ausgeben müssen, könnte für Ammas Hin- und Rückflug in die Vereinigten Staaten verwendet werden. Ich nahm den Brief, ging zu Amma und las ihn ihr vor. Sie sagte: „Schreib ihm, dass Amma kommen wird. Du bereitest alles vor." Damals lebten nur zwei Amerikaner im Ashram. Ich war der eine und bei dem Anderen handelte es sich um eine junge Frau, die seit einigen Monaten bei uns lebte. Ich überdachte die Angelegenheit und beschloss, dass ich nach achtzehn Jahren in Indien nicht in der Lage war, Ammas Auslandstour vorzubereiten. Ich fragte daher die junge Frau, ob sie bereit wäre, es zu versuchen. Sie war einverstanden und Amma billigte dies ebenfalls. Nachdem wir die Angelegenheit mit Amma besprochen hatten, wurde beschlossen, dass Amma ihre Rückreise nach Indien über Europa legen könnte, da sie sowieso um die halbe Welt reisen musste. Innerhalb weniger Tage reiste die junge Frau in die Staaten ab. Sie bereiste Amerika und einige europäische Länder, nahm Kontakt zu so vielen Menschen auf wie sie nur konnte, erhielt positive Reaktionen auf den geplanten Besuch von Amma und kehrte nach Indien zurück, wo sie Amma und mir alles berichtete. Amma bat sie dann, noch einmal loszureisen und alle Vorbereitungen zu treffen, was sie auch tat.

Es wurde beschlossen, Amma würde zuerst nach Singapur, danach nach San Francisco, Seattle, Santa Fe, Chicago, Madison, Washington D.C., Boston und New York fliegen. Von dort aus würde sie nach Frankreich, Österreich, Deutschland und in die Schweiz reisen und dann nach Indien zurückkehren. Die gesamte Tour würde drei Monate dauern. Ich fragte Amma, ob die Ashrambewohner eine derart lange Abwesenheit Ammas ertragen würden. Sie erwiderte, Ammas Abwesenheit gäbe ihnen eine Gelegenheit, stärker nach innen gerichtete spirituelle Übungen zu verrichten und ein wirkliches Verlangen nach Gott zu entwickeln. Weil das Leben mit Amma mit einem anhaltenden Fest zu vergleichen sei, neigten die Ashrambewohner sogar dazu, zu vergessen, dass der einzige Zweck ihres Aufenthalts bei Amma Gottverwirklichung ist. Die Frage stellt sich, wie es möglich sein kann, dass ein Mensch den wirklichen Zweck seines Aufenthalts bei Amma vergisst.

In der Alten Zeit inkarnierte der Herr in Nordindien als Sri Krishna. Seine Lebensgeschichte wird in der heiligen Schrift, Srimad Bhagavatam, erzählt. Darin wird berichtet, dass der Zweck der Inkarnation des Herrn darin bestand, das Böse zu vernichten und das Gute zu schützen und zu inspirieren. Um Objekt der Hingabe für die damalige und spätere Generationen zu werden, nahm der Herr eine äußerst charmante Persönlichkeit an, obwohl er in seinem Wesen jenseits aller Form oder Qualität ist. Dies ist eines der herausragenden Merkmale der alten Religion Indiens, denn eine ihrer Eigenschaften besteht darin, dass sich der höchste Gott in regelmäßigen Abständen verkörpert, wann immer die göttliche Ordnung im Zerfall begriffen ist. Wenn Er sich verkörpert, erzeugt Er eine Flutwelle der Hingabe und Spiritualität, die sich über die ganze Welt ausbreitet. Er pflanzt in die Herzen der Menschen eine unwiderstehliche Faszination von Ihm allein, so dass die Menschen sich mühelos zu Seiner göttlichen Gegenwart hingezogen fühlen und nur noch dort bleiben wollen. Die Gopis, Melkerinnen, die im selben Dorf wie Krishna lebten, fühlten diese enorme Anziehung vom Zeitpunkt seiner Geburt an. Egal was sie taten, sie konnten nur an Krishna denken. Selbst wenn sie durch die Straßen gingen und ihre Waren verkauften, riefen sie: „Krishna! Kesava! Narayana!" (Namen Krishnas) anstatt zu rufen „Milch! Butter! Joghurt zu verkaufen!" Von dem Augenblick, an dem Krishna das Dorf verließ, um die Kühe weiden zu lassen, bis zu dem Zeitpunkt, an dem er abends zurückkam, verweilten die Gedanken der Gopis bei Ihm. Sie meditierten nicht und verrichteten auch keine anderen spirituellen Übungen und erreichten dennoch den höchsten Zustand der Identifikation mit Gott. Wie war dies möglich? Das Bhagavatam sagt, dass wir Gott verwirklichen können, indem wir ständig an Ihn denken, egal welche Haltung wir Ihm gegenüber einnehmen. Wie können Ihn als unser eigenes Kind lieben, als unseren Ehemann, unseren Geliebten, unseren Freund, unseren Verwandten oder wir können Ihn als unseren Erzfeind hassen, oder Angst vor Ihm haben. Auf alle diese Arten können wir Ihn durch ständige Erinnerung verwirklichen, denn das ist das Kriterium für Gottverwirklichung. Eine ständige Erinnerung an sich ist Meditation, denn worin besteht Meditation, wenn nicht in einer konzentrierten Erinnerung an eine Sache unter Ausschluss von allem anderen. Natürlich denkt niemand gerne im Hass oder in Angst an Gott, weil es schmerzhaft ist, ein Feind Gottes zu sein. Zum Erlangen der Verwirklichung reicht es tatsächlich nicht aus, bloß ein paar Mal am Tag zu meditieren und Gott für den Rest der Zeit zu vergessen. Die ständige Erinnerung zu jeder Zeit ist die Grundvoraussetzung für ein erfolgreiches spirituelles Leben. Daher muss der Gedanke an Gott alle unsere Tagesaktivitäten durchdringen.

Das Leben mit Amma ist wie das Leben mit Krishna. Die Gemüter ihrer Devotees sind auf unerklärliche Weise zu ihr hingezogen. In ihrer Gegenwart fühlt der Mensch ein einzigartiges Glück. Dennoch sagt Amma, dass die ständige Aufrechterhaltung dieses Gefühls spiritueller Übungen in der Form von Mantra Japa, Meditation und Selbstkontrolle bedarf. Während ein Mensch in Ammas Gegenwart möglicherweise spontanen Frieden und Glück erfährt, denkt er vielleicht nicht daran, wie es in ihrer Abwesenheit sein wird. Aus diesem Grunde dachte Amma, dass eine dreimonatige Trennung, sei sie noch so unangenehm, gut für das spirituelle Wachstum ihrer Kinder sein würde. Offensichtlich hatten sie ein hinreichendes Maß an Reife erreicht, um bereit zu sein, eine solche Gelegenheit zu nutzen. Tatsächlich haben viele von Ammas Devotees die Erfahrung gemacht, dass ihre Konzentration und Hingabe weit intensiver sind, wenn sie sich nicht weit in ihrer physischen Gegenwart befinden. Trennung ist tatsächlich ein sehr wirkungsvolles Mittel zur Steigerung der Sehnsucht. Im Leben der Gopis ist dies genau die Art, in der Krishna ihre Verwirklichung bewirkte.

In Vollmondnächten blies Krishna auf seiner Flöte als Signal für alle Gopis, in den Wald zu laufen, um ihn zum berühmten *Rasa Lila* (Tanz der Glückseligkeit) zu treffen. Dieser Tanz steht symbolisch für die göttliche Glückseligkeit, welcher die Seele in der Vereinigung mit Gott erfährt. Die Gopis verließen ihre Häuser und Familien und kamen in den Wald gelaufen, wo sie glückselig mit ihrem geliebten Krishna tanzten. Nachdem die Gopis sich mit dem Herrn getroffen hatten, wurden sie ein klein wenig stolz auf ihr gutes Schicksal. Im selben Augenblick verschwand Krishna. Sofort wurden sie verrückt vor Sehnsucht, ihn erneut zu sehen und zogen in einer wilden Suche durch den Wald. Als ihre Verrücktheit den Höhepunkt erreichte, erschien der Herr erneut in ihrer Mitte und linderte ihre Agonie. Sie fragten ihn: „Einige lieben in Erwiderung jene, die sie lieben, während andere genau das Gegenteil tun. Sie lieben sogar jene, die sie nicht lieben. Wieder andere lieben niemanden. Bitte gib uns eine deutliche Erklärung, o Herr." In anderen Worten, die Gopis warfen dem Herrn Gleichgültigkeit ihnen gegenüber vor, obwohl sie überflossen vor Liebe zu ihm. Sie wollten wissen, warum er so gefühllos handelte.

Krishna erwiderte: „

Menschen, die einander um des gegenseitigen Nutzens willen lieben, lieben in Wirklichkeit nur ihr eigenes Selbst und niemanden sonst, da ihr Bestreben und ihre Taten ausschließlich von Eigeninteresse angetrieben werden. Weder Wohlwollen noch Tugend spielen bei ihnen eine Rolle, denn eine solche Liebe hat ein rein egoistisches Motiv und sonst nichts. Menschen, die tatsächlich selbst jene lieben, die ihre Liebe nicht erwidern, sind mitfühlend und liebend wie die eigenen Eltern. Hier sind makellose Tugend und Wohlwollen am Werk, ihr bezaubernden Mädchen. Manche Menschen lieben tatsächlich nicht einmal jene, die sie lieben, und noch viel weniger jene, die sie nicht lieben. Bei ihnen handelt es sich entweder um Weise, die sich ihres eigenen Selbst erfreuen und keine Dualität wahrnehmen oder um jene, die ihr Streben verwirklicht haben und daher frei sind vom Verlangen nach Vergnügungen, obwohl sie sich äußerer Objekte bewusst sind. Oder aber es sind Dummköpfe, die unfähig sind, Dankbarkeit für eine gute Tat zu empfinden, die für sie vollbracht wurde; oder weiter um undankbare Menschen, die Feinseligkeit für ihre eigenen Wohltäter empfinden, obwohl sie sich ihrer Dienste bewusst sind. Ich, meinerseits, meine Lieben, falle in keine dieser Kategorien, weil ich sogar die Liebe jener Menschen, die mich lieben, nicht sichtbar erwidere. Sie sollen von mir niemals in der gleichen Weise denken, wie ein mittelloser Mensch den Verlust eines Schatzes, den er gefunden hat, betrauert. Ein solcher bleibt im Gedanken an den Verlust versunken und reagiert auf nichts anderes mehr vernünftig. Tatsächlich blieb ich, um eure ständige Hingabe an mich zu gewährleisten, ihr Schönen, für einige Zeit euren Augen fern, obwohl ich euch unsichtbar liebe und mit großer Freude euren Liebesbekundungen lausche, euch, die ihr um meinetwillen alle weltlichen Anstandsformen sowie die Gebote der Schriften nicht beachtet und eure Familien verlassen habt. Daher, ihr Geliebten, solltet ihr an mir, eurem Schatz, keinen Fehler finden. Ich kann euch niemals meine Schuld zurückzahlen. Ihr seid in eurer Beziehung zu mir vollkommen frei von Makel und in eurem Geist auf mich fixiert. Auch habt ihr vollständig die Fesseln durchtrennt, die euch an euer Heim banden und die sich nicht so leicht zerbrechen lassen."

Srimad Bhagavatam *X, 32, v.16-22*

Aus diesen Worten des Herrn können wir ersehen, wie die physische Trennung von einem göttlichen Wesen zu unserer Reinigung und zum unwiderruflichen Fixieren unseres Geistes auf Gott dient. Als Krishna den Ort Brindavan, den Schauplatz Seiner Kindheit, verließ, sagte er den trauernden Gopis, er würde bald zurückkommen. Tatsächlich jedoch kehrte er niemals zurück. Erst viele Jahre später traf er sie in Kurukshetra wieder, wo sich Menschen aus ganz Indien während einer Sonnenfinsternis versammelten. Zu diesem Zeitpunkt waren die Gopis so voll von dem Gedanken an Krishna und so vollkommen hingegeben an seinen Willen, dass ihre Individualität mit seinem Wesen verschmolzen war. Ihre stürmische Sehnsucht und Hingabe war dem vollkommenen Frieden der Einheit mit Gott gewichen. Diese ist am Ende die Frucht der Hingabe an Gott. Was für Krishna und die Gopis galt, gilt für jede göttliche Seele und ihre Devotees. Aus diesen oben genannten Gründen war Amma der Ansicht, dass eine dreimonatige Trennung gut für ihre Kinder sein würde, die sich bisher ihrer ständige Gesellschaft erfreut hatten, einige von ihnen seit vielen, vielen Jahren.

Es wurde beschlossen, einige von uns sollten zu einer Tourvorbereitung nach Amerika reisen, um Amma den Menschen vorzustellen, bevor sie selber eintreffen würde. Daher machten sich zwei andere Brahmacharis und ich am 22. März 1987 etwa zwei Monate vor Amma auf den Weg. Wir reisten nach Singapur. Dort blieben wir drei Tage für Einführungsprogramme und reisten dann weiter nach San Francisco. Dies war das erste Mal, dass die Brahmacharis Indien verließen und es war eine ganz neue Erfahrung für sie. Ich wurde ihr „Guru" für das Leben im Westen, obwohl ich mich selbst in einem Zustand des kulturellen Schocks befand. So wie Menschen aus dem Westen schockiert sind, wenn sie nach Indien reisen und einige Zeit benötigen, um sich anzupassen, fühlen auch Menschen aus Indien dasselbe, wenn sie in den Westen kommen. Obwohl sich Indien und der Westen auf derselben Erde befinden, klaffen diese Welten auseinander. Wir wohnten alle in Oakland im Haus meines Bruders, der zu dieser Zeit in Berkeley für seinen Juraabschluss studierte. Begleitet von zwei anderen Devotees, reisten wir in einem zerbeulten alten VW-Bus zu allen Orten, die Amma besuchen sollte. Wir sprachen über Amma und sangen an jedem Ort spirituelle Lieder. Wir waren überrascht, so viele Menschen anzutreffen, die zu weinen begannen, wenn sie uns über Amma reden hörten oder dem Gesang lauschten. Es schien, als hätte Amma bereits viele Kinder in Amerika. Wir reisten den ganzen Weg nach New York und kehrten anschließend nach San Francisco zurück, um Amma in Empfang zu nehmen.

Nach unserer Rückkehr in das Haus meines Bruders riefen wir in Singapur an, um herauszufinden, ob Amma tatsächlich dort angekommen war, denn irgendwie konnten wir nicht glauben, dass sie Indien verlassen würde, obwohl dies tatsächlich ihr Plan war. Wie würden die Ashrambewohner ihre Abwesenheit überleben? Welchen Anblick muss es bei ihrer Abreise gegeben haben? Vielleicht hatte sie beim Anblick ihres Kummers die Reise abgeblasen. In diesem Fall wäre es besser, wir kehrten nach Indien zurück. Das waren damals unsere Gedanken. Aber unsere Sorge löste sich in Nichts auf, als Gayatri den Hörer abnahm und sagte, alle seien wohlbehalten angekommen. Im selben Augenblick nahm Amma den Hörer und rief: „Kinder!" Wir fielen alle drei zu Boden. Die beiden Brahmacharis brachen in Tränen aus. Einen Augenblick später nahmen sie den Hörer und fragten: „Amma, du kommst doch her, oder?" Amma versicherte es ihnen und, nachdem sie eine Weile mit ihnen gesprochen hatte, verabschiedete sie sich. Die Brahmacharis waren fast zwei Monate lang von Amma weg gewesen. Das hatte eine große emotionale Belastung für sie dargestellt. Als sie Ammas liebevolle Stimme hörten, brach der Damm ihrer Herzen.

Zwei Tage später traf Amma am 18. Mai 1987 am Flughafen in San Francisco ein, wo sich eine große Menschenmenge versammelt hatte, um sie zu begrüßen. Amma war wie ein Kind, schaute sich alles an, winkte allen zu und gab allen, die in ihre Nähe kamen, liebevolle Umarmungen, selbst Menschen, die gar nicht gekommen waren, um sie zu sehen! Wir fuhren zusammen in einem gemieteten Bus zu Earls Haus und berichteten Amma über alles, was sich während unserer Tourvorbereitung ereignet hatte. Sie erzählte uns ebenfalls, was während unserer Abwesenheit im Ashram geschehen war. Nach unserer Ankunft am Haus setzte sich Amma sofort hin, um Darshan zu geben. Wir waren äußerst besorgt, weil Amma mehr als sechzehn Stunden lang in einem Flugzeug gesessen hatte und sicher erschöpft sein musste. Jetzt setzte sie sich für weitere zwei bis drei Stunden hin, um ihre Kinder im Westen kennen zu lernen. Wir protestierten, aber Amma wollte nichts davon wissen. Sie sagte: „Diese Kinder haben lange gewartet, um mich zu sehen. Was macht es schon, wenn ich mit dem Ausruhen noch ein wenig warte? Ich bin nicht hergekommen, um es bequem zu haben. Ich bin gekommen, um den Menschen zu dienen."

Ammas Morgen-Darshans und Abendprogramme waren gut besucht. Der Morgen-Darshan fand in Earls Haus statt, während die Abendprogramme in verschiedenen Kirchen und Hallen in San Francisco, Berkeley und Oakland stattfanden. Amma verbrachte auch ein paar Tage in Santa Cruz und Carmel. Am Abend wurde im Allgemeinen eine kurze Ansprache gehalten, gefolgt von den spirituellen Gesängen, die von Amma geleitet wurden. Anschließend fand bis Mitternacht der Darshan statt. Der erste Devi Bhava Darshan in der westlichen Welt fand in Earls Haus statt. Er war für alle eine begeisternde Erfahrung. Die Devotees aus dem Westen wussten nicht, was auf sie zukam, und wir wussten es auch nicht! Earls Haus füllte sich und die Menge quoll über bis in die Straßen. Alle wurden in den an die Devi Bhava-Halle angrenzenden Raum gequetscht. Die Menschen kletterten buchstäblich übereinander, um zu sehen, was vor sich ging. Es sah aus wie ein Irrenhaus. Die Menschen hatten gehört, Amma würde in eine Art Trance gehen und niemand wollte das verpassen. Bevor der Darshan begann, sangen, oder vielmehr schrien alle den göttlichen Namen.

Ammas Ankunft im Flughafen von San Francisco 1987

Schließlich öffneten sich die Türen zum „Tempel" und es herrschte atemlose Stille. Der Blick auf den Gesichtern der Menschen lässt sich nicht beschreiben. Sie tranken Amma mit ihren Augen wie Menschen, die am Verdursten waren. Nie zuvor hatten sie solchen Glanz und solche Majestät gesehen, als wäre die Königin des Universums herabgestiegen, um die Menschen mit ihrem herrlichen Anblick zu beehren. Der mit Brokat geschmückte Seidensari, den sie trug, schimmerte von den Schwingungen ihrer göttlichen Energie. Die Edelsteine auf ihrer Krone sandten Lichtstrahlen aus wie das Aufgehen Tausender von Sonnen. Die Menschen stellten sich einer nach dem Anderen in die Reihe, um den Darshan der Göttin zu erhalten, die auf die Erde gekommen war, während die Luft erfüllt war von Gesang. Der Darshan währte bis drei oder vier Uhr am nächsten Morgen. Als ich anschließend das Zimmer reinigte, stellte ich fest, dass aufgrund des Drucks der ins Innere gepackten Menge viele der Steinplattenwände Risse bekommen hatten. Zum Glück war das Gebäude nicht zusammengebrochen! Offensichtlich war Amma mit einem Knall nach Amerika gekommen!

Während der Tour kochte Gayatri tagsüber für uns alle das Mittagessen und bewahrte einen Teil davon für unsere Abendmahlzeit auf, weil es nachts, wenn wir von den Abendprogrammen zurückkehrten, stets zu spät zum Kochen war. Als wir in Earls Haus wohnten entdeckten einige der Devotees, angezogen von den Wohlgerüchen in der Küche, wie schmackhaft indische Nahrung ist und machten sich leider über unser Abendessen her. Als wir nach Mitternacht zurückkamen, stellten wir zu unserer Überraschung fest, dass jemand „von unserem Tellerchen gegessen hatte". Um den Tag noch zu retten, ging ich in den örtlichen Safeway-Supermarkt und kaufte zwei Laibe Brot und Marmelade. Wir bedienten uns. Während des Essens kam Amma herein und fragte, warum wir Brot anstatt Reis aßen. Ich erklärte ihr, was geschehen war.

„Wie viel haben dieses Brot und diese Marmelade gekostet?" fragte Amma.

„Etwa vier Dollar", sagte ich.

„Vier Dollar! In Indien sind das fast fünfzig Rupien. Weißt du, wie viele Menschen für fünfzig Rupien ernährt werden können? Hättest du für vier Dollar Reis und Gemüse gekauft und eine halbe Stunde extra aufs Kochen verwendet, hättet ihr auch für morgen noch etwas übergehabt. Nur weil ihr euch in Amerika befindet, heißt das nicht, dass ihr aufhören solltet, in Rupien zu rechnen."

Amma war in ihrer Kindheit äußerster Armut ausgesetzt gewesen. Sie wurde von ihrer Familie als Dienerin behandelt. Sie hatte häufig viele Tage lang nichts zu Essen und bekam Kleider der billigsten Sorte. Sie behalf sich mit allem, was verfügbar war und nähte ihre zerrissenen Kleider immer wieder neu zusammen. Selbst als der Ashram entstand, blieb sie äußerst sparsam. Sie versuchte uns tief einzuprägen, dass uns alles von Gott gegeben wird und daher wertvoll ist und die größte Sorgfalt verdient. Sie wollte nicht ihre Prinzipien ändern, nur weil sie in den reichen Westen gekommen war, noch wird sie dies jemals tun.

Viele erleuchtende Gespräche fanden während Ammas Tour statt. Während eines Tages-Satsangs fragte jemand: „Amma, die Schriften sagen, dass ich der Atman (das Selbst) bin. Wenn das so ist, warum sollte ich meditieren und andere vorbereitende Reinigungen vornehmen, anstatt einfach in diese Wirklichkeit einzutauchen?"

Amma erwiderte: „Kind, wenn du dies tun könntest, warum stellst du dann diese Frage? Obwohl du gehört hast, dass du der Atman bist, kannst du nicht sagen, dass du dich deines Selbst erfreuen kannst, noch kannst du alles als dein Selbst sehen. Erst musst du die Samen pflanzen und die Pflanzen großziehen, dann kannst du dich der Blüten erfreuen.

„Wenn du niemals wirklich deinen Vater gesehen hast, wirst du nicht damit zufrieden sein, bloß seinen Namen zu hören. Du musst ihn tatsächlich sehen. In ähnlicher Weise wirst du erst glücklich sein, wenn du deine Mutter besucht und gesehen hast, da du sie vermisst, weil sie sich an einem fernen Ort aufhält. Ein Mensch erlangt die Glückseligkeit erst durch die direkte Erfahrung des Atman, nicht durch das bloße intellektuelle Wissen, dass es ihn gibt. Gegenwärtig verfügen wir nur über eine intellektuelle Überzeugung, dass die Wahrheit existiert. Unser Verstand springt ruhelos wie ein Affe hierhin und dorthin. Mit einem solchen Verstand ist es schwierig, das Ewige zu erreichen. Wenn eine Katze den Geschmack von einem Fisch bekommt, hat sie keine Ruhe, bis der Fisch aufgegessen ist. In ähnlicher Weise wird unser Verstand unkontrollierbar wie der ruhelose Affe oder die hungrige Katze, wenn er mit der Welt in Berührung kommt.

„Obwohl wir vielleicht wissen, dass sich die höchste Wirklichkeit in uns befindet, handeln wir immer noch so, als könne Glück aus der materiellen Welt gewonnen werden. Auf Grund dieses Hingezogenseins zu den Objekten der Welt sind wir nicht in der Lage, großen Fortschritt in Richtung Verwirklichung zu machen. Nehmen wir einmal an, ihr stellt ein Tintenfass auf die rechte Seite eures Schreibtischs und benutzt es zehn Tage lang. Selbst wenn ihr es danach auf die linke Seite schiebt, wird sich eure Hand am elften Tag automatisch zur rechten Seite hinbewegen. Alte Gewohnheiten ziehen uns herunter und erlauben uns nicht, spirituellen Fortschritt zu machen.

„Kinder, um den Geist zu schulen, damit er aufhört von Gegenstand zu Gegenstand zu hüpfen, müssen wir neue Gewohnheiten wie z.B. Meditation und Mantra Japa kultivieren. Wenn wir das tun, gewinnen wir Konzentration. Wenn wir einen Fluss eindämmen und das Wasser kanalisieren, können wir Elektrizität erzeugen. In vergleichbarer Weise besteht die Wirkung spiritueller Übung darin, den Geist auf einen Punkt zu lenken und ihn dadurch fein und kraftvoll werden zu lassen. Ohne zuerst diesen Zustand der Konzentration zu erreichen, ist die Verwirklichung unmöglich. Selbst wenn wir im Tagesverlauf unsere verschiedenen Aktivitäten verrichten, sollte das Japa innerlich weitergehen. Auf Grund der ständigen guten Gedanken findet eine Reinigung von Blut, Verstand, Intellekt, Gedächtniskraft und der allgemeinen Gesundheit statt. Aus dem gleichen Grunde zerstören schlechte Gedanken diese Dinge.

„Gegenwärtig sind wir sehr blass, wie Lichter in der Nacht, aber durch Sadhana können wir hell werden, spirituell hell. Das bloße Aufzeichnen einer Glühbirne wird uns kein Licht bringen. Einfach zu sagen: „Ich bin Atman" ist nicht dasselbe wie die direkte Erfahrung davon. Es bedarf der Bemühung. Die Kühle des Windes, die Strahlen des Mondes, die Weite des Weltraums – all diese sind von Gott durchdrungen. Das Ziel der menschlichen Geburt besteht darin, diese Wahrheit zu kennen und zu erfahren. Strebt danach."

Amma reiste weiter nach Seattle, kehrte dann in die Bucht von San Francisco zurück und verbrachte anschließend ein paar Tag am Mt. Shasta. Als der Berg auf dem Weg nach Norden vom Auto aus in Sicht kam, verharrte Ammas Blick aufmerksam auf ihm. Niemand hatte ihr gesagt, dass es sich bei diesem im Moment von einer einzelnen, pilzförmigen Wolke verhangenen Berg um den Mt. Shasta handelte. Ammas Blick blieb auf ihm haften und schließlich fragte sie uns, ob dies Mt. Shasta sei, worauf wir bejahten. Sie blickte den Berg weiter an, bis wir unseren Veranstaltungsort auf den Hängen des Berges erreichten. Der Anblick mit den schneebedeckten Bergen im Hintergrund, den mit Gras bewachsenen Hängen unter uns und den ruhenden Vulkangipfeln um uns herum war zauberhaft. Es gab keinen Strom an dem Ort, an dem wir wohnten, aber wir empfanden keine Unannehmlichkeit darin, da wir glücklich über die natürliche Umgebung waren. Nachdem Amma sich in ihrem Zimmer eingerichtet hatte, fragte sie die örtlichen Veranstalter, ob der Berg regelmäßig angebetet werde. Sie sagten, so weit sie wüssten, wurde der Berg früher von den eingeborenen Indianern angebetet, aber gegenwärtig betrachteten die Menschen ihn nur als einen heiligen Ort und Sitz göttlicher Wesen. Amma sagte dann: „Auf der Fahrt hierher wurde ich angezogen vom Anblick der Wolke über dem Berg. Ich konnte meine Augen nicht davon lösen. Sodann sah ich eine lebendige Gegenwart im Innern der Wolke, die Shiva glich, mit drei Streifen heiliger Asche auf der Stirn. Ich dachte, dieser Berg werde vielleicht von alters her als eine Form Gottes angebetet."

Mit Amma auf den mit Gras bewachsenen Hängen zu sitzen, steigerte die mystische Wirkung der Atmosphäre, die alle in einen Zustand glücklichen Friedens versetzte. Am letzten Tag an diesem idyllischen Schauplatz wollten wir Amma den Berg hinaufführen, um den Schnee zu sehen, da sie in Indien nie Schnee gesehen hatte, aber Amma bestand darauf, bis zum letzten Augenblick *Darshan* zu geben. Danach war keine Zeit mehr außer zur Rückkehr nach Oakland. Ich habe stets die Erfahrung gemacht, dass Amma, wann immer wir versuchen, sie auf weltliche Weise glücklich zu machen, unsere Pläne auf irgendeine Art vereiteln und die Zeit für rein spirituelle Zwecke nutzen wird. Was könnte schon ein Wesen glücklich machen, das in der Glückseligkeit der Gottverwirklichung verankert ist? Schließlich ist das wenige Glück, das wir aus den Sinnesobjekten beziehen, nur eine verschwindend geringe Widerspiegelung der Glückseligkeit Gottes. Der Mond sieht in der Nacht möglicherweise schön aus und ein unwissendes Kind mag denken, er scheine durch sein eigenes Licht. Bis die Sonne der Selbstverwirklichung aufgeht, scheint der Mond des menschlichen Geistes mit seinem eigenen Licht zu leuchten und das Glück, das der Geist erfährt, scheint über eine unabhängige Existenz zu verfügen. Amma versuchte uns dadurch zu lehren, nicht außerhalb unseres wahren Selbst nach Glück zu suchen. Wenn die Weisen schon kein Beispiel für die Unwissenden geben, wer dann?

Von Mt. Shasta aus reisten wir weiter nach Santa Fé und Taos. An allen Orten war das Programm dasselbe wie in den Städten in der Gegend von San Francisco. Der *Devi Bhava* Darshan fand in den Häusern der Gastgeber in den einzelnen Städten statt. Dies war wegen der anwachsenden Menschenmengen in den kommenden Jahren jedoch nicht mehr möglich. Schließlich wurden für diesen Zweck nur noch große Hallen verwendet. In der Nacht ihrer Ankunft in Santa Fe konnte Amma kein Auge zutun. Am Morgen erzählte sie uns, sie hätte die ganze Nacht damit verbracht, merkwürdig aussehenden, feinstofflichen Wesen, die in der Nachbarschaft wohnten, Darshan zu geben. Als sie gefragt wurde, wie diese Wesen denn aussähen, erwiderte Amma, sie verfügten über den Torso eines Tieres und die Beine eines Menschen. Sie sagte, sie habe solche Wesen nie zuvor gesehen. Durch einen seltsamen Zufall befand sich in einem der Räume des Hauses, in welchem wir wohnten, eine Reihe von Statuetten, die genau auf Ammas Beschreibung passten. Als wir den Eigentümer des Hauses fragten, wer sie seien, sagte er, es handle sich dabei um die Bilder der Gottheiten, kachinas genannt, die von den örtlichen eingeborenen nordamerikanischen Indianerstämmen angebetet werden. Daraus folgerten wir, dass derartige Wesen wirklich existieren und von Menschen gesehen werden können, die das entsprechende Bewusstsein dafür haben. Offensichtlich erkannten sie, wer Amma ist und scharten sich um sie, um ihren Segen zu bekommen.

Eines Tages fand während des Morgen-Satsangs eine interessante Unterhaltung zwischen Amma und einem aufrichtigen Sucher statt. Alle Sucher machen die Erfahrung, dass ihr Geist an einem Punkt ihres Sadhanas von ihrem Ziel der Gott- oder Selbstverwirklichung durch sexuelle Wünsche abgelenkt wird. Eine Person bat Amma um ihre Führung in dieser Angelegenheit. Sie sagte: „Amma, was sollte ich wegen meiner sexuellen Begierde tun?"

Amma erwiderte: „Kind, es gibt eine natürliche Anziehung zwischen Männern und Frauen, zwischen männlich und weiblich, die in allen Lebewesen vorhanden ist. Diese subtile Anziehungskraft wird da sein, bis die Wahrheit verwirklicht ist, selbst wenn ein Verzicht auf alle weltlichen Vergnügungen und Freuden geleistet wurde. Manchmal findet sich die sexuelle Begierde eines Sechzehnjährigen in einem hundert Jahre alten Mann. Da ihr dieses Vasana aus früheren Geburten übernommen habt, ist es schwer zu überwinden. Selbst unser Körper ist ein Produkt der sexuellen Begierde unserer Eltern. Du wurdest gezeugt infolge ihres intensiven Wunsches, ihre Begierde zu befriedigen. Daher wird die sexuelle Begierde bis zur Befreiung auch weiterhin ein Hindernis darstellen.

„Sei aber ohne Furcht. Suche ständige Zuflucht zu den Füßen des Herrn. Bete aufrichtig und aus ganzem Herzen zu deinem Geliebten: ,Wo bist du? Bitte, erlaube meinem Geist nicht, seine Zeit mit solchen Gedanken zu verschwenden. Lass dieselbe Energie, die auf diese Weise verschwendet wird, für das Wohl der Welt verwendet werden. Oh Geliebter, bitte komm und rette mich.' Wenn wir fortfahren, in dieser Weise zu beten, werden wir nach und nach Fortschritte machen."

Der Mann fragte: „Amma, wenn die Kontrolle unserer sexuellen Tendenzen so schwierig ist, welche Hoffnung haben dann wir, die wir so sehr an die Welt verhaftet sind?"

Kind, wenn der starke Wunsch nach Gottverwirklichung Wurzeln in deinem Herzen schlägt", sagte Amma, „wird kein Platz mehr für weltliche Wünsche übrig sein. Wenn ein Mädchen einen gut aussehenden und liebevollen Freund bekommt, kann ihr Geist an keinen anderen Mann mehr denken. In derselben Weise wird dein Geist sich mit nichts anderem mehr beschäftigen, wenn er voll von Gott ist. Wenn du Fieber hast, schmeckt Süßes bitter. In ähnlicher Weise verschwindet der Geschmack an der Welt, wenn du vor Sehnsucht nach Gott brennst.

„Denke nicht, ‚Wie soll ich denn jemals diesen Zustand erreichen? Ich kann niemals Befreiung erlangen.' Durch unsere Gebete und unser Sadhana können wir das Ziel langsam erreichen. Denke stets daran, dass das vorübergehende Glück, das Sex dir gibt, in Kummer eingehüllt ist. Wenn ein Schlauch ein Loch hat, sinkt der Wasserdruck. Wenn ein Topf ein Loch hat, fließt das Wasser heraus, egal wie viel Wasser du hineingießt. In ähnlicher Weise ist die Energie, die durch Sadhana aufgebaut wird, nicht in Menschen zu finden, die exzessiv in Sex schwelgen. Wenn Wasser erhitzt wird, wird es kraftvoll genug, um eine Dampfmaschine anzutreiben. In derselben Weise wird der Geist durch Selbstkontrolle gereinigt und mächtig genug, um Gott zu verwirklichen.

„Kind, durch das Kultivieren eines guten Charakters, guter Gedanken und durch die Gesellschaft von Heiligen und Weisen können wir drei viertel unserer negativen Tendenzen beseitigen. Dennoch werden alle negativen Tendenzen erst nach dem Erlangen der Verwirklichung zerstört. Schreite daher auf deinem Weg zum Ziel voran, ohne ängstlich,
niedergeschlagen oder zu grüblerisch zu sein.

Von Santa Fe reisten wir nach Madison, Chicago und anschließend weiter nach Boston, wo im Cambridge Zen Center, der Theosophical Society und der Harvard Divinity School gut besuchte Programme stattfanden. Anschließend, nach Abschluss der Tage, die für New York festgesetzt waren, reiste Amma für ein paar Programmtage zu einem Veranstaltungsort in Rhode Island. Während unseres Aufenthalts dort kam Ron, ein Vetter von mir, zu Besuch bei Amma. Er war ein wohlhabender Geschäftsmann und gleichzeitig ein ernsthafter spiritueller Sucher. Er bat Amma um ihren Rat für seine Zukunft. Sie riet ihm, seine Arbeit in der Welt als Dienst an seinen Angestellten fortzusetzen und zu versuchen, sexuelle Enthaltsamkeit zu wahren. Er fand diesen Rat sehr sinnvoll und war sehr glücklich, Ammas Worte zu hören. Wenige Tage später reisten wir weiter nach Europa.

Die Atmosphäre in Europa war deutlich anders als die in Amerika. Alle Orte waren durchdrungen von einem Sinn für die Tradition der Alten Welt. Dies war ein angenehmer Wechsel gegenüber dem modernen Amerika, brachte jedoch einige Unannehmlichkeiten mit sich. Auf Grund des Mangels an Einkaufszentren mussten wir sehr viel Zeit auf der Suche selbst nach den einfachsten Notwendigkeiten verbringen. Des Weiteren mussten wir stets Übersetzer hinzuziehen, da englisch die einzige Sprache war, die wir kannten. Die europäischen Devotees waren auch ein wenig reservierter als die in Amerika, obwohl in späteren Jahren die Anzahl der Menschen, die zu Amma kamen, viel größer werden sollte als in Amerika. Bei zwei der denkwürdigsten Orte, die Amma besuchte, handelte es um einen Retreat-Ort in einem entlegenen Dorf in Österreich und einen Ashram in den Schweizer Alpen. Obwohl das Wetter äußerst kalt war, manchmal um den Gefrierpunkt, saß Amma, nur mit einem Sari bekleidet, häufig im Freien und betrachtete die malerischen grünen Berge, während sie das Lied Srishtiyum Niye an die göttliche Mutter sang ...

Du bist die Schöpfung und die Schöpferin
Du bist die Lebenskraft und die Wahrheit
O Göttin... O Göttin... O Göttin.

Du bist die Schöpferin des Universums
Und du bist der Anfang und das Ende.

Du bist die Essenz der individuelle Seele
Und du bist auch die fünf Elemente.

Während des Devi Bhava in Österreich war ich verärgert, einen Mann und eine Frau zu finden, die in zehn oder zwölf Metern Entfernung von Amma zusammen in der Halle auf dem Boden lagen. Während der gesamten Tour hatte es ähnliche Vorfälle gegeben. Es war nicht ungewöhnlich, Menschen zu sehen, die sich umarmten, küssten oder gegenseitig massierten. Häufig waren die Menschen auch alles andere als bescheiden gekleidet und lachten und sprachen sehr laut in Ammas Gegenwart. Alle diese Dinge erzeugten eine ehrfurchtslose und allzu zwanglose Atmosphäre. Da ich an die spirituell kultivierten Sitten des Orients gewöhnt war (wo die meisten Menschen wissen, welches Benehmen sich in Gotteshäusern oder in der Gegenwart eines Mahatmas gehört), regte mich dieses Verhalten auf. Amma verbot mir jedoch, irgendjemandem irgendetwas zu sagen. Sie war in ihrer Mitte schließlich ein Neuankömmling. Sie konnten ja auch nichts dafür, denn wie kann man Menschen in einer Situation, die sie nie zuvor erlebt haben, einen Vorwurf machen, dass sie nicht wissen, wie man sich angemessen verhält? Dennoch bat ich einen der Devotees, als ich dieses Paar auf dem Boden liegen sah, es zu bitten aufzustehen und ein wenig mehr Achtung vor Ammas heiliger Gegenwart zu zeigen. Der Devotee ging hinüber zu den beiden, setzte sich neben sie hin und stellte ihnen eine Frage: „Darf ich euch etwas fragen? Wenn die Königin von England dort oben auf der Bühne säße, würdet ihr beiden dann so hier liegen?" Das Paar war sichtlich überrascht, dies zu hören und sagte: „Natürlich nicht." „Wie könnt ihr dann hier so vor der heiligen Mutter liegen? Sie ist die Königin des Universums." Ich brauche nicht zu erwähnen, dass sie sofort aufstanden.

Amma verbrachte etwa zehn Tage an einem schönen Ashramplatz in den Schweizer Alpen, der von schneebedeckten Bergen umgeben war, mit einem großartigen Blick auf zwei smaragdgrüne Seen, die im Tal unterhalb des Ashrams leuchteten. Große Scharen von Devotees aus ganz Europa kamen während des Retreats. Es war eine denkwürdige Veranstaltung für alle. Während eines der morgendlichen Darshans fragte jemand Amma: „Amma, wie kann ich der Welt helfen? Ist es für die Welt von irgendwelchem Nutzen, wenn ich mein eigenes Sadhana verrichte?"

Amma erwiderte: „Jedes Sadhana, das du verrichtest, kommt der ganzen Welt zugute. Die Schwingungen vom Rezitieren deines Mantras und deine Meditation reinigen deinen eigenen Geist sowie die Atmosphäre um dich herum. Unwissentlich wirst du unter den Menschen, mit denen du in Berührung kommst, Frieden und Ruhe verbreiten. Wenn du besorgt bist um das Wohlergehen der Welt, dann verrichte dein Sadhana aufrichtig. Werde wie der Leuchtturm, der die Schiffe leitet. Leuchte das Licht Gottes in die Welt.

„Manchmal kommen die Menschen zu Amma und sagen: ‚Sieh, es gab diesen und jenen Regierungsskandal. Es gab einen so großen Börsenkrach.' Kinder, nichts in dieser Welt ist ewig. Wenn wir äußeren Dingen anhaften, werden wir im Endeffekt nur Kummer erleiden. Dieser führt uns zu Gott. Das kosmische Bewusstsein, das wir Gott nennen, durchdringt die ganze Schöpfung. Aber ein intellektuelles Verständnis davon bringt uns keinen Geistesfrieden. Diesen müssen wir durch Erfahrung gewinnen. Das Verschmelzen mit dem reinen Bewusstsein – das ist notwendig.

„Es gibt keine Abkürzung zu Gott. Sadhana muss regelmäßig und mit Hingabe ausgeübt werden. Durch unsere eigenen

Bemühungen können wir die Gnade Gottes erfahren, die unablässig über uns ausgeschüttet wird. Daher nutze jede frei Zeit, die dir gegeben ist, um Gott zu suchen. Wenn du in deinem eigenen Herzen Frieden schaffst, indem du Sadhana verrichtest, dann wird dies eine positive Auswirkung auf deine Familie, deine Arbeit und so weiter haben. Dieser Frieden und diese Liebe Gottes wird aus deinem Herzen überfließen und andere ermutigen, den rechten Weg zu gehen.

„Es ist nicht nötig, den Menschen zu predigen. Führe dein Leben, indem du es an der Wahrheit misst, dann werden viele Menschen davon profitieren. Durch dein Sadhana wirst du die ewigen Tugenden in deinem Charakter kultivieren. Unsere Übung sollte zur Entwicklung von Geduld, Nachsicht, Großzügigkeit, Mitgefühl und anderen Tugenden in uns führen. Sonst gibt es keinen Nutzen. Wenn wir eine Stunde lang in Meditation sitzen und fünf Minuten später wütend werden, geht der ganze Nutzen der Meditation verloren. Die Menschen profitieren von jemandem, der im Einklang mit der Wahrheit lebt, nicht von jemandem, der die Wahrheit bloß predigt.

„Amma möchte nicht so viel sagen, weil die meisten von euch viele Bücher gelesen und viele Vorträge über Spiritualität gehört haben. Jetzt müsst ihr Erfahrungen gewinnen. Macht die Wahrheit zu eurer eigenen Erfahrung. Das ist es, was getan werden muss."

Von der Schweiz aus flogen wir alle nach Male, einer kleinen Insel im Indischen Ozean. Wir dachten, dass Amma nach den Anstrengungen der dreimonatigen Tour vielleicht einen Tag Ruhe benötigte, bevor sie zum hektischen Leben in Indien zurückkehrte. Wir hatten gehört, Male sei ein paradiesischer Ort. Das war er auch tatsächlich. Aber wir mussten zuerst durch die Hölle gehen, um in dieses Paradies zu gelangen, denn die Einwanderungs- und Zollbeamten bestanden darauf, jeden einzelnen unserer Koffer auseinander zu nehmen, was bedeutete, zwei oder drei Stunden im Lärm und Stimmengewirr des Flughafens zu sitzen. Welch plötzlicher Schock nach den störungsfreien Formalitäten der westlichen Länder. Es war, als wären wir von einem Kühlschrank in ein Feuer geworfen worden. Als wir schließlich aus dem Flughafen herauskamen, gingen wir zur Bootsanlegestelle und nahmen ein Fährboot zu einer der Inseln, welche etwa eine Stunde von der Hauptinsel entfernt lag. Die Inselfläche kann kaum größer als viertausend Quadratmeter gewesen sein, auf denen ein paar Räume errichtet worden waren. Der ganze Ort erinnerte an eine Szene aus einem südpazifischen Abenteuerfilm. Abgesehen vom Hotelpersonal waren wir die einzigen Menschen dort. Es war tatsächlich ein kleines Paradies mit seinem weißen Sand und seinen kristallklaren Lagunen und leuchtend roten, blauen, grünen und gelben Fischen, die überall umher schwammen. In jener Nacht saß Amma mit uns allen unter einem Sternen übersäten Himmel, der vom Vollmond beleuchtet wurde. Wir sangen einige neue Lieder, die während der Tour komponiert worden waren. Es war wirklich fast der Himmel auf Erden.

Am nächsten Morgen, als wir ins Boot stiegen und uns auf den Weg zur Hauptinsel machten, wurde die See schon bald sehr rau. Ich glaube, vielen von uns kam der Gedanke, wir würden schon bald alle in einem tiefen Abgrund versinken. Schließlich erreichten wir die Insel und waren „begeistert", dass die Zollbeamten alle unsere Koffer noch einmal öffnen wollten, bevor sie sich von uns verabschiedeten. Wir waren ziemlich erleichtert, dieses höllische Paradies zu verlassen und sehr glücklich, als wir Indien eineinhalb Stunden später erreichten. In Trivandrum wartete eine große Menschenmenge, um Amma in Empfang zu nehmen. Sie wurde in eine Vortragshalle in der Stadt geführt, wo ihr ein offizieller Empfang bereitet wurde. Anschließend machte sie zusammen mit all den Ashrambewohnern, die sich so viele

Tage lang danach gesehnt hatten, sie zu sehen, im Ashrambus die dreistündige Rückreise nach Vallickavu. Selbst die einheimischen Dorfbewohner, die Amma im Allgemeinen seit den frühen Tagen ihres Sadhanas ablehnend gegenüberstehen, waren froh, sie zu sehen und gaben ihr einen Empfang im großen Stil. Amma ließ sich nicht von der allgemeinen Aufregung aufhalten und drehte sofort nach ihrer Rückkehr eine Runde durch den ganzen Ashram, untersuchte alle Änderungen, die stattgefunden hatten und räumte eigenhändig alle unordentlichen Bereiche auf. Alle waren außer sich vor Freude, sie zurück zu haben. Sie schienen wie tote Körper, die zum Leben erweckt worden waren!

Etwas später im selben Jahr nahm Amma die Einladung ihrer Devotees auf Reunion und Mauritius an, zwei kleinen Inseln im Indischen Ozean östlich von Madagaskar. Am 17. Dezember 1987 reisten Amma und eine Gruppe von *Brahmacharis* ab. Ein Schüler von Amma namens Prematma Chaitanya (jetzt Swami Premananda Puri) hatte für Amma auf Reunion einen schönen kleinen Ashram gebaut. Sie wurde von einer großen Menschenmenge begrüßt. Viele der Menschen weinten vor Freude, als sie Amma sahen. Mehr als tausend Menschen aller Religionen nahmen an allen Programmen Ammas teil, welche in verschiedenen Teilen der Insel stattfanden. Es waren Augenblicke wunderbarer religiöser Harmonie. Es war vielleicht das erste Mal in der Geschichte der Moschee von Reunion, dass ein nichtmoslemischer spiritueller Führer vom Sufi-Meister des Ortes eingeladen und begrüßt wurde. Dieser Sufi hatte eine mystische Erfahrung gehabt, als er einmal Ammas Reunion-Ashram besuchte. Als er in der Meditationshalle vor dem schönen Bild Ammas stand, sah er, wie Amma aus dem Bild heraustrat und in Fleisch und Blut vor ihm stand, woraufhin er sich sofort vor ihr auf den Boden verneigte. Als er aus der Halle kam, sagte er zu Prematma: „Heute habe ich eine wirkliche Mutter gesehen." Später erklärte er seiner Gemeinde in der Moschee: „Es ist äußerst selten, einer selbstverwirklichten Seele zu begegnen. Und selbst wenn ein Mensch einer solchen begegnet, ist es noch schwieriger, sie zu erkennen, denn sie geben sich nicht so leicht zu erkennen. Eine Frau, die so heilig ist wie der Prophet Mohammed, wird schon bald unsere Insel besuchen. Wenn ihr alle einverstanden seid, können wir sie am Flughafen begrüßen und sie einladen, die Moschee zu besuchen." Alle waren freudig einverstanden, also fand dieser Empfang statt. Amma gab allen Menschen dort *Darshan*. Viele Menschen brachen in Tränen aus. Alle waren traurig, als Amma abreiste, denn die oberflächlichen Unterscheidungen in Kasten und Konfessionen waren vor ihrer reinen Liebe verschwunden.

Von Reunion aus reiste Amma nach Mauritius, wo sie eingeladen worden war, den Generalgouverneur in seinem Amtssitz zu besuchen. Sie beantwortete seine vielen Fragen bezüglich Spiritualität und Dienst am Nächsten. Während ihres dreitägigen Aufenthalts auf Mauritius wurde sie in vielen Ashrams und Tempeln der Insel empfangen und kehrte schließlich in der ersten Januarwoche nach Indien zurück.

Vor vielen Jahren, als Amma gerade begonnen hatte, Krishna Bhava Darshan zu geben und es noch sehr wenige Devotees gab, sagte sie ihrem Vater in einer Bhava Darshan-Nacht, dass sie viele Male um die Welt reisen würde und dass Menschen aus verschiedenen Ländern kommen würden, um sie in Vallickavu zu sehen. Natürlich konnte er kein Wort von dem glauben, was sie sagte. Bis dahin war Amma wie eine Dienerin gewesen. Sie hatte keinerlei eigenen Besitz und hatte nichts Nennenswertes für die Zukunft zu erwarten. Wer hätte sich damals vorstellen können, dass ein unbekanntes Dorfmädchen Tausenden von Menschen aus allen sozialen Schichten helfen und Trost spenden würde? Diese erste Welttour bestätigte die Wahrheit von Ammas Worten. Da ihr Wissen um die Zukunft eher aus der Intuition als aus Vernunft geboren wird, ist es unfehlbar. Man sollte sich nicht von ihrem bescheidenen Äußeren täuschen lassen. Wirkliche Weise müssen keine Reklame für ihre Allwissenheit machen. Sie werden nur verstanden, wenn sie zulassen, verstanden zu werden.

KAPITEL 8

Computer-Lila

Schon bald nach der Welttour kam mein Vetter Ron für einen zweiwöchigen Aufenthalt zum Ashram. Es war ein großer Schritt für ihn, aus einem Leben der Bequemlichkeit zur spartanischen Atmosphäre des Ashrams. Er wurde jedoch mehr als belohnt durch den Geistesfrieden, den er empfand. Eines Tages zeigte ich ihm die Ashrambibliothek und fragte ihn, ob er eine alphabetische Liste aller dort vorhandenen Bücher erstellen könnte.

„Diese Arbeit wäre sehr leicht für einen Computer. Habt ihr hier keinen?" Ich fand Rons Frage sehr witzig. Es war, als hätte er einen Bettler gefragt, ob er über einen Rolls Royce verfüge. Was sollten wir mit einem Computer anstellen? Und woher hätten wir auch das Geld holen sollen, um einen zu kaufen? Ich sagte ihm, dass wir weder über einen Computer verfügten, noch dass ich mir vorstellen konnte, was wir damit tun sollten, wenn wir einen hätten.

„Nun, ihr könntet eine alphabetische Liste eurer Bibliothek nach Titel und Autor oder Thema erstellen. Ihr könntet eure Buchführung und Büroarbeit darauf verrichten oder ihn sogar verwenden, um eure englischen Bücher zu veröffentlichen", sagte Ron. Er bot dann an, einen Computer für den Ashram zu kaufen und bat mich, Amma zu fragen, ob sie einverstanden sei. Ich ging zu Amma und erzählte ihr unsere Unterhaltung. Sie fragte mich: „Was ist ein Computer und was kann er tun?" Ich sagte ihr, was Ron gesagt hatte.

„Wenn es ihn glücklich macht, uns einen Computer zu verschaffen, soll er meinetwegen einen kaufen, aber es wäre besser, das Geld für Bautätigkeiten auszugeben", erwiderte Amma. Ich ging dann und erzählte Ron die erste Hälfte des Satzes, ließ aber den Teil über die Bautätigkeit aus, weil ich das Gefühl hatte, ich sollte seinem Eifer, dem Ashram einen Computer zu verschaffen, keinen Dämpfer aufsetzen. Nachdem ich eine Weile darüber nachgedacht hatte, gefiel mir die Idee, im Ashram über einen Computer zu verfügen. Als mein eigener Enthusiasmus mich jedoch dazu verleitete, Ammas Worte Ron gegenüber abzukürzen, hatte ich wenig Ahnung, dass der Kauf eines Computers den Beginn einer sehr schmerzlichen Phase in meinem Leben kennzeichnete. Bis dahin hatte ich alle Technologie gewissenhaft gemieden, da ich sie als eine Ablenkung von meinem spirituellen Leben empfand. Selbst damals hatte ich jedoch nicht die Absicht, selber die Bedienung eines Computers zu erlernen. Als ich wieder zu Amma ging und sie fragte, wann wir in eine Großstadt fahren könnten, um einen Computer zu kaufen, war sie wenig glücklich über die ganze Angelegenheit und sagte uns, wir sollten gehen, wann immer wir wollten, was ihre Art war, uns mitzuteilen: „Ihr tut ja sowieso, was ihr wollt, warum fragt ihr mich also?" Dies ist eine äußerst gefährliche Situation, in die ein Mensch in seiner Beziehung zu Amma gelangen kann, denn wie ich bereits erwähnte, sie arbeitet auf der Ebene des intuitiven Wissens, nicht auf jener der Vernunft. Wenn ein Mensch ihren Anweisungen vorbehaltlos folgt, werden seine Leiden weit geringer sein als wenn er es nicht tut. Aber wenn ein Mensch bewusst gegen ihre Wünsche tut, was er will, kann er damit rechnen, dass endlose

Schwierigkeiten folgen werden. Wenn ein Mensch dem Pfad der Hingabe an Gottes Willen folgt, sind Gehorsam und Hingabe an den Willen des Gurus absolut notwendig. Aber häufig vergessen oder missachten wir den Willen des Gurus, da wir dazu neigen, das zu tun, was unserem Verstand am besten gefällt. Auf Grund dieser starken Neigung lernte ich eine bittere, aber lohnende Lektion.

Am folgenden Tag fuhren Ron, zwei andere Brahmacharis und ich auf der Suche nach einem Computer in die Großstadt Cochin. Schließlich fanden wir einen, der uns zusagte und bestellten ihn, denn es gab außer dem Vorführmodell keinen auf Lager. Die Verkäufer sagten uns, die Lieferung würde drei Wochen dauern. Bis dahin würden sie uns ihren Modellcomputer ausleihen. Also fuhren wir mit unserem neuen Rechner zurück zum Ashram. Jetzt stellte sich die Frage, wer die Bedienung des Computers erlernen sollte? Weil ich über einen Schreibtisch verfügte, stellten sie den Computer in mein Zimmer. Als Nächstes ging jemand zu Amma, um sie zu fragen, wer die Bedienung erlernen sollte. Sie schlug zwei Brahmacharis vor, die ein wenig mit der Computertechnik vertraut waren, bevor sie zum Ashram kamen. Sie hatten jedoch sehr wenig Zeit für diese Arbeit und kamen gewöhnlich nachts für nur ein bis zwei Stunden. Dann und wann holten sie meinen Rat ein, wenn sie irgendwelche Schwierigkeiten hatten, weil sie dachten drei Köpfe seien besser als zwei. An diesem Punkt kam mir eine tückische Idee in den Sinn. „Warum sollte ich nicht selber versuchen, es ein wenig zu erlernen? Er steht sowieso in meinem Zimmer. Wenn es mir gelingt, ein wenig davon zu erlernen, kann ich ihnen auch helfen." Solche Gedanken gingen mir durch den Kopf.

Es gibt eine Geschichte darüber, wie die bloße Nähe einer Sache das Sadhana eines Yogi verdarb. Es gab einmal einen Weisen, dessen asketische Übungen so intensiv waren, dass Indra, der

Göttervater, fürchtete, er könnte ihm eines Tages seinen Thron im Himmel wegnehmen. Indra dachte: „Ich muss einen Weg finden, um die Bußübungen dieses Heiligen zu vereiteln und ihn davon abzuhalten, in die himmlischen Welten aufzusteigen."

Indra hatte schon bald eine Idee. Er verkleidete sich als Jäger, stieg mit Pfeil und Bogen auf die Erde herab und näherte sich dem Ashram des Heiligen. Er verneigte sich vor dem Heiligen und sagte: „O Sadhu, ich bin ein Jäger und muss nun eine weite Fußreise antreten. Ich wäre Ihnen sehr dankbar, wenn Sie diesen schweren Pfeil und Bogen hier aufbewahren würden, bis ich zurückkehre, da es eine unnötige Bürde für mich wäre, sie zu tragen."

„Pfeil und Bogen?" rief der Heilige aus. „Es tut mir leid, mein Herr, aber es würde mir großen Schmerz bereiten, diese Dinge hier auch nur zu sehen, da sie verwendet werden, um Tiere zu töten."

„Swami, ich werde sie hinter Ihrem Hause aufbewahren und Sie werden sie nie zu Gesicht bekommen. Dann wird es keine Störung für Sie geben und ich werde um eine große Mühe leichter sein. Können Sie mir nicht diese Hilfe gewähren?"

Mitfühlend wie Sadhus nun einmal sind, gab der Heilige der Bitte des Jägers nach und Pfeile und Bogen wurden hinter der Hütte des Weisen zurückgelassen. Danach verabschiedete sich der Jäger und ging fort.

‚Zufällig' hatte der Rishi die Angewohnheit, nach seiner Meditation um sein Haus herumzugehen. Also sah er Pfeil und Bogen jeden Tag. Schließlich dachte er eines Tages: „Lass mich nur mal sehen, wie Pfeil und Bogen funktionieren. Es wird gewiss kein Schaden daraus entstehen." Er nahm den Bogen auf und legte einen Pfeil ein. Er war überrascht, wie schnell und weit der Pfeil flog. Danach konnte er der Versuchung nicht widerstehen, jeden Tag ein wenig mehr mit Pfeil und Bogen zu üben. Schließlich hatte er so viel Freude daran, dass er zum Jäger wurde. Somit wurde der Gegenstand, den er zuerst nicht einmal sehen wollte, zu einer Quelle großen Vergnügens für ihn und natürlich zu einem großen Hindernis für seinen spirituellen Fortschritt.

Da ich niemanden hatte, der mir etwas beibringen konnte, und keine Bücher, in denen ich hätte studieren können, begann ich, mit Hilfe von Versuch und Irrtum von der Pike auf zu lernen. Wie jeder, der einen Computer verwendet, weiß, kann es an einer Million Dinge liegen, wenn etwas nicht funktioniert. Als die beiden anderen Brahmacharis sahen, wie interessiert ich war, die Bedienung des Computers zu erlernen, kamen sie nicht mehr. Ich fragte sie, warum sie nicht mehr kämen. Sie antworteten, sie hätten keine Zeit. Jedenfalls trat jetzt folgendes Problem auf: Es war eine Menge Geld für den Computer ausgegeben worden und ich war einer der Anstifter dieser Investition. Niemand wollte lernen, damit zu arbeiten. Wem würde die Schuld für diesen unnötigen Kauf gegeben werden? Ich konnte mir leicht vorstellen, was Amma sagen würde: „Habe ich dich nicht gewarnt? Du lernst immer auf die harte Tour." Ich wurde daher sehr nervös und beschloss, dass auf Teufel komm raus wenigstens eine Person im Ashram den Computer beherrschen würde und am Ende war ich selbst diese Person. Das war jedoch leichter gesagt als getan. Ich verbrachte viele, viele schlaflose Nächte im Ringen mit dieser diabolischen Maschine. Bei zahllosen Gelegenheiten war ich sogar am Rande der Tränen, so frustrierend war dieser Versuch. Aber durch intensive Gebete und Beharrlichkeit erlangte ich schließlich ein mäßiges Können. Danach wuchs mein Arbeitspensum enorm an.

Bis zu diesem Zeitpunkt hatte ich mich mit dem Überspielen der Liederkassetten des Ashrams beschäftigt. Alle Kassettenrecorder waren in meinem Zimmer gestapelt, einer über dem Anderen. Ich nahm unablässig Tag und Nacht Kassetten auf, denn die Nachfrage nach den Kassetten war stets größer als das Angebot. Ursprünglich verkaufte der Ashram keine Fotos von

Amma oder Aufnahmen ihres Gesangs. Wann immer ein Devotee sich anbot, einige Fotos oder Kassetten zu vervielfältigen, akzeptierten wir dies und gaben die Stücke anschließend kostenlos an die Leute, die nachfragten. Als die Anfragen jedoch zu häufig wurden und zu viele Aufnahmen betrafen, blieb uns keine andere Wahl als die Kassetten und Fotografien zu minimalen Kosten zu verkaufen, um die Belieferung der Devotees zu sichern. Im Laufe der Jahre, als immer mehr Devotees zum Ashram kamen, stieg auch die Nachfrage nach den Kassetten. Da ich auf Grund meines beschwerlichen Rückens keine schwere körperliche Arbeit verrichten konnte, fiel der Job des Kopierens der Kassetten an mich. Es handelte sich um eine gleich bleibende Prozedur von vierundzwanzig Stunden Tag und Nacht. Nachts legte ich die Kassetten ein, schaltete die Geräte an, legte mich hin, nickte ein. Wenn ich das Klick der Kassettenrecorder hörte, stand ich auf, drehte die Kassetten um und ging wieder für eine halbe Stunde bis zum nächsten Klick schlafen. Dies ging einige Jahre so.

Mein anderer Job bestand darin, nachts Wasser in den Wassertank zu pumpen. Das Wasser kam nur nachts aus den städtischen Versorgungsleitungen. Da der Wasserdruck sehr niedrig war, bauten wir einen unterirdischen Tank, um durch eine Zuführung mittels Schwerkraft die maximale Wassermenge zu bekommen. Normalerweise war der Druck so niedrig, dass er das Wasser kaum dreißig Zentimeter über Bodenhöhe drückte. Daher musste ich das Wasser regelmäßig in den Hochtank pumpen, damit sich der Tank für das ankommende Wasser wieder füllen konnte. Das Verrichten dieser Arbeit bedeutete, dass ich, außer jede halbe Stunde für die Kassetten aufzustehen, zusätzlich alle zwei Stunden eine volle Stunde lang aufbleiben musste, um Wasser zu pumpen. Jetzt fiel auch die Computerarbeit auf meine Schultern.

Obwohl die Computerfirma versprochen hatte, unseren Computer binnen drei Wochen zu liefern, vergingen die Tage und Wochen, ohne dass wir etwas erhielten. Schließlich, nachdem sechs Monate vergangen waren, kam der Computer langsam Teil für Teil an. Schließlich war der ganze Computer da, aber dies war nicht das Ende unserer Schwierigkeiten. So wie sie Woche für Woche angekommen waren, fielen die Teile auch in derselben Geschwindigkeit aus, bis jedes einzelne Teil ersetzt werden musste. Sobald alles wieder funktionierte, wiederholte der Kreislauf sich erneut. Die Firma sagte uns, sie hätten niemals eine solche Erfahrung gemacht. Sie könnten ausgezeichnete Leistungen vorweisen, und könnten nicht verstehen, was in unserem Ashram los sei, das ihnen und uns beiden solche Kopfschmerzen bereitete. Ich zögerte, ihnen zu sagen, was ich als die Wahrheit kannte – dass Ammas Segen nicht auf diesem Computer lag. Ich dachte manchmal sogar, sie hätte das ganze Unternehmen vielleicht tatsächlich verflucht.

Eines Tages, als einer der Computertechniker kam, um einige Reparaturarbeiten vorzunehmen, äußerte er den Wunsch, Ammas Darshan zu bekommen. Nachdem er sich vor Amma verneigt hatte, stand er auf und sie sagte zu ihm: „Nealu hat das Gefühl, dass ich diesen Computer verflucht habe. Aber ich verfluche niemals irgendjemanden oder irgendetwas. Warum sollte ich das tun? Sie verrichten eine sehr gute Arbeit dabei, sich selber zu verfluchen." Danach verminderte sich die Intensität unserer Computerprobleme, hörte jedoch niemals völlig auf.

Sobald unser Computer einigermaßen funktionstüchtig war, wurde er so stark beansprucht, dass der Bedarf nach einem zweiten Computer auftrat. Zögernd ging ich zu Amma und erklärte ihr, dass es nicht an einer persönlichen Idee von mir läge, aber die gesamte Ashramarbeit nicht länger auf nur einem Rechner verrichtet werden könne. Sie war einverstanden, dass ich nach

Cochin fuhr und einen weiteren Computer kaufte. Am nächsten Morgen, als ich in ihr Zimmer ging, um ihr zu sagen, dass ich mich auf den Weg machte, fragte sie: „Wohin?" Ich erinnerte sie daran, dass sie einverstanden gewesen war, dass ich zum Kauf eines Computers nach Cochin fuhr, aber sie behauptete, sich an nichts dergleichen zu erinnern. Im Laufe der nächsten sechs Monate wiederholte diese Szene sich vier Mal, bis ich schließlich beschloss, das Thema nicht weiter anzusprechen. Schließlich war ich zum Ashram gekommen, um Gott zu verwirklichen, und nicht um meine Zeit damit zu verbringen, mir Sorgen um diese lästige Maschine zu machen. Ich beschloss an diesem Punkt, dass ich nichts mehr mit dem Computer zu tun haben wollte, eine Entscheidung, die ich in Zukunft tausend Mal traf und rückgängig machte. Nach und nach wurde mir klar, dass Amma beschlossen hatte, ich sollte die erste Person in der Geschichte werden, die Gott vor einem Computer verwirklicht! In alten Zeiten saßen spirituelle Sucher in Höhlen und meditierten, bis ihre Egos so sehr vermindert wurden, dass das Licht Gottes durch sie scheinen konnte. Vielleicht erreichen die Mönche im jetzigen Zeitalter dieselbe Reinheit des Geistes, indem sie sich vor einem Computer abmühen.

Der Guru gibt uns viele Chancen, um unsere „Leistungsbilanz" von Hingabe und Gehorsam zu verbessern. Nur wenig später bekam ich meine Chance. Eines Tages fand ich eine kleine Beule auf einem meiner Finger. Nachdem ich sie ein wenig gekratzt hatte, entzündete sie sich. Die Wunde wurde größer und größer, bis der halbe Finger triefte und brannte. Ich versuchte, ihn mit verschiedenen Arten von Salben und Antibiotika zu behandeln, jedoch vergeblich. Schließlich beschloss ich nach zehn Tagen stillen Leidens, den Finger Amma zu zeigen und sie um ihren Rat zu bitten, da die medizinische Wissenschaft mir nicht helfen konnte. Gleichzeitig zögerte ich ein wenig, Amma eine derart weltliche

Frage zu stellen, also hatte ich eine Idee. Ich wickelte ein Stück Stoff als Verband um meinen Finger, so groß wie ein Tennisball. Dann ging ich in ihr Zimmer und setzte mich hin, nachdem ich mich vor ihr verneigt hatte. Sie bemerkte natürlich meine Hand und fragte, wie ich erhofft hatte, was los sei. Feierlich enthüllte ich meinen Finger. Sie warf einen Blick darauf und sagte: „Oh, warum trägst du nicht Turmerikpulver auf die Wunde auf?" „Turmerikpulver", dachte ich, „wie könnte Turmerikpulver tun, was die Atombomben der modernen Medizin nicht geschafft haben?"

Aber im nächsten Augenblick erinnerte ich mich, dass Ammas Worte nicht leicht genommen werden sollten. Also verließ ich das Zimmer und ging geradewegs in die Ashramküche. Nachdem ich eine Zeit lang herumgesucht hatte, fiel mir schließlich eine Plastiktüte mit Turmerikpulver in die Hände, das offensichtlich zum Kochen verwendet wurde. Zuerst dachte ich: „Vielleicht haben die Leute ihre schmutzigen Hände hineingesteckt und es ist nicht sauber genug, um es auf eine Wunde aufzutragen." Dann wurde mir jedoch bewusst, dass Ammas Wille nicht von Reinlichkeit abhängt, um Früchte zu tragen. Also rieb ich etwas von dem Turmerik auf die Wunde und spürte eine sofortige Erleichterung des Brennens. Die Wunde verheilte innerhalb einer Woche vollständig. Als ich dies sah, dachte ich, ich hätte ein neues Wundermedikament entdeckt. Da ich auch in der Ashramapotheke und beim Behandeln von Wunden half, trug ich auf die nächste Wunde, die ich behandelte, Turmerikpulver auf und bedeckte sie mit einem Verband. Wie groß war meine Überraschung, als der Patient zwei Tage später mit einer schönen Infektion zurückkam, die noch schlimmer als vorher war. Offensichtlich war es nicht der Turmerik, der mich geheilt hatte, sondern Ammas allmächtiger Wille.

Kapitel 9

Brahmasthanam – Wohnsitz des Absoluten

Nicht lange nach ihrer Rückkehr aus dem Ausland beschloss Amma, in einem Dorf namens Kodungaloor etwa vier Stunden nördlich des Ashrams einen einzigartigen Tempel zu bauen und einzuweihen. Dieser Tempel heißt Brahmasthanam (Wohnsitz des Absoluten) und hat vier Türen, die sich jeweils in der Mitte der vier Außenwände befinden. Das im Zentrum aufgestellte Bildnis ist aus einem Stein gehauen und setzt sich aus Halbreliefs von vier verschiedenen Gottheiten zusammen, eines auf jeder Seite. Es handelt sich um Shiva, Devi, Ganesha (den Beseitiger von Hindernissen) und Rahu, der in der Form einer Schlange für einen der „Planeten" steht, die das menschliche Schicksal beeinflussen. (In der westlichen Astrologie ist Rahu der nördliche Mondknoten.) Ammas Konzeption des Brahmasthanam dient als eine unfehlbare Zuflucht für die vielen Menschen, die im Wirbel negativer planetarer Einflüsse gefangen sind. Die Idee eines solchen Tempels kam Amma, als sie die Ursache für das Leiden der Millionen von Menschen untersuchte, die auf der Suche nach Erleichterung ihrer vielen unerklärlichen

Übel zu ihr kamen. Amma fühlt, dass die Stellungen und Bewegungen der Planeten und anderer Himmelskörper einen direkten oder indirekten Einfluss auf das Leben der Menschen nehmen. Die negativen Einflüsse werden generell von den Stellungen und Bewegungen der Planeten Saturn, Mars und des schattenhaften Rahu verursacht. Sie beschloss, es müsse ein wirkungsvolles Mittel zur Überwindung der üblen Einflüsse geben. Daher führte sie in diesem Tempel eine Einweihungspuja durch, um die negativen Auswirkungen dieser Planeten und ihrer Transite aufzuheben.

Die persönliche Teilnahme an der Durchführung der Puja im Brahmasthanamtempel gewährleistet schnelle, positive Ergebnisse für die geplagten Menschen. Kein Akt der Anbetung bleibt ohne Ergebnis, wenn er ernsthaft und in der rechten Haltung ausgeführt wird. Es ist bekannt, dass die seit der ersten Gründung in Kodungaloor in Ammas Brahmasthanamtempeln durchgeführten Pujas die Atmosphäre reinigen. Ein zweiter Tempel wurde in Ammas Ashram in Madras errichtet. Im Mai 1990 führte das siebentägige Ritual, an dem über tausend Menschen teilnahmen, zu dem dringend benötigten Regen, der die Dürre in der Madras-Region linderte. Für die Reinigung des Geistes und die Ausdehnung der spirituellen Qualitäten im Leben eines Menschen reicht es nicht aus, nur in Tempel oder Kirchen zu gehen, seine Huldigungen zu erweisen und nach Hause zurückzukehren. Es ist notwendig, eine Form spiritueller Praxis zu verrichten und den Herrn durch eine Hingabe, die auf spirituellen Prinzipien beruht, im Herzen zu verankern. Um die Menschen dahin zu führen, hat Amma den Brahmasthanamtempel und seine entsprechenden Anbetungsformen entwickelt.

In alten Zeiten wurden Bildnisse von großen Meistern aufgestellt. Amma sagt: „Das Aufstellen heiliger Bildnisse sollte nicht von Menschen vorgenommen werden, die ihre eigene Lebenskraft nicht stabil halten können. Es muss von Menschen durchgeführt werden, die in der Lage sind, Prana Shakti (Lebensenergie) in das Bildnis einzuhauchen und ihm dadurch Leben (Chaitanya) zu verleihen. Das Chaitanya im Bildnis wird durch das regelmäßige Durchführen von Pujas wachsen und zunehmen, wenn es von einem solchen Weisen aufgestellt wurde."

Durch eine Untersuchung der Geschichte alter Tempel würde sich die vollkommene Richtigkeit von Ammas Aussagen bestätigen. Berühmte Tempel wie z.b. Tirupati Venkateswara und Guruvayoor Krishna sind Beispiele für Tempel, die von Weisen der Alten Zeit eingeweiht wurden. Sie ziehen jedes Jahr Millionen von Devotees an. Die von ihnen aufgestellten Bildnisse sind tatsächlich Spiegelungen des Glanzes des Höchsten, obwohl sie äußerlich wie Steine aussehen. Derartige Bildnisse sind von göttlicher Macht erfüllt und können den Segen spenden, um den die Devotees sie ersuchen. Es gibt viele solcher Bildnisse in Indien.

Einige Menschen mögen sich fragen, warum Tempel und Bildnisse von Gottheiten notwendig sind, da doch das Ziel der Selbstverwirklichung in der Erfahrung des Absoluten besteht, in dem es keine Dualität gibt. Dazu sagt Amma: „Die Menschen, die den Zustand nichtdualer Verwirklichung erreicht haben, sagen möglicherweise, dass niemand geboren wird und niemand stirbt, denn sie verfügen nicht über ein Körperbewusstsein. Tatsächlich werden sie weder geboren noch sterben sie. Haben jedoch alle Menschen diesen Zustand der Nichtdualität erreicht? Haben nicht die meisten Menschen ein Körperbewusstsein? Meistens sind ihre Gemüter schwach, da sie ausschließlich in weltliche Angelegenheiten versunken sind. Sie haben keine Erkenntnis ihrer angeborenen Vollkommenheit, werden daher von weltlichen Aktivitäten beeinflusst und kommen zu Schaden. Werden solche Menschen auf einem advaitischen (nichtdualistischen) Weg angeleitet, ist es schwierig für sie, sich plötzlich in ihrem täglichen Leben darauf zu beziehen und Fortschritte zu machen. Wir mögen ihnen raten:

‚Ihr seid nicht der Körper', aber die Menschen, die ihr Leben in der Welt führen, kennen seine Schwierigkeiten. Selbst wenn wir ihnen also sagen: ‚Ihr seid nicht der Körper, Verstand oder Intellekt', so ist dies nicht ihre Erfahrung. Obwohl sie vielleicht wissen, dass es eine Tatsache ist, sind sie in die Welt vertieft und können sich nicht plötzlich wandeln und dies zu einer Erfahrung ihres Alltagslebens machen. Advaita (Nichtdualität) ist die Wahrheit, aber dieser Rat sollte nicht abrupt erteilt werden. Es ist nicht richtig, einem Kind, das wegen einer Handverletzung weint, zu sagen: ‚Weine nicht. Es ist nur der Körper und du bist nicht der Körper.' Das Kind wird auch weiter vor Schmerz weinen. Dies ist der Zustand der Menschen, die in der Welt leben. Sie werden von planetaren Stellungen beeinflusst und müssen das Leid erfahren, das ihr schlechtes Karma ihnen bringt.

„Amma hat mindestens zehn Millionen Menschen gesehen. Selbst Personen, die über eigene Schiffe und Flugzeuge verfügen, haben Leid erfahren und kommen als Devotees auf der Suche nach Frieden. Amma weiß alles über das Leid, das sie auf Grund der schlechten Planetenstellungen erfahren. Diese Tempel wurden gebaut, um solchen Menschen Linderung zu verschaffen.

„Wie viele Menschen gibt es heutzutage im Land, die Vertrauen in Gott haben? Wirkliche Hingabe an Tempel lässt sich nicht finden. Viele versuchen sogar, die Tempel zu zerstören! Dennoch kann ein Wandel bewirkt werden, wenn ihnen die mit einer Tempelanbetung verbundenen Prinzipien auf überzeugende Weise erklärt werden. Wenn die Erklärung einleuchtend ist, lässt sich auch bei solchen Menschen Hingabe erwecken. Aus diesem Grunde hat Amma diese Tempel errichtet.

„Die Bedeutung des in Kodungaloor aufgestellten Bildnisses ist die ‚Einheit in der Vielfalt und die Vielfalt in der Einheit'. Werden unterschiedliche Materialien nicht als Asche eins, wenn sie im Feuer dargebracht und verbrannt werden? In ähnlicher

Weise wird die Vielfalt im Feuer des Wissens zur Einheit verringert. Die Einheit muss in den vier Gesichtern gesehen werden. Es gibt nur eine göttliche Macht, die in allen wohnt. Wenn wir einen Menschen betrachten, der Augen, Nase, Arme und Beine hat, sehen wir ihn nicht als diese unterschiedlichen Organe, sondern als eine einzige menschliche Form, die sich aus all diesen Teilen zusammensetzt. In ähnlicher Weise sollte ein Mensch die Gleichheit des einen Selbst sehen, das alle antreibt, obwohl jeder Körper eine getrennte Einheit darstellt. Darin besteht das Konzept der Brahmasthanam-Tempel.

„Durch das Drücken eines einzigen Schalters können wir jede beliebige Anzahl von elektrischen Birnen erleuchten. Hier im Brahmasthanamtempel wurden vier ‚Lichter' an einen ‚Schalter' angeschlossen, das ist alles. Durch einen einzigen Entschluss Ammas wurde die Lebensenergie in die vier Gottheiten eingehaucht. Das was ‚Lebensenergie' genannt wird, ist nur eins. Warum sollten die vier an vier verschiedenen Orten aufgestellt werden? Somit wurden alle vier in einen einzigen Stein gelegt. Es sollte ebenfalls in Erwägung gezogen werden, dass das Aufstellen dieser Gottheiten an getrennten Orten viel mehr Platz erfordern würde. Ist das Konzept nicht viel wichtiger als die Frage, wie oder wo das Aufstellen stattfindet?

„Kinder, Gott ist nicht in dem Stein. Ist er nicht in unseren eigenen Herzen? Ein Mensch schaut in einen Spiegel, um sich den Schmutz aus dem Gesicht zu entfernen. Wir selbst befinden uns nicht in dem Spiegel. Gott ist überall, aber um den menschlichen Geist zu reinigen und den Dreck daraus zu entfernen, wird ein Medium benötigt. Wir sollten eine Vorstellung in unserem Geist gewinnen. Das heilige Bildnis ist für diesen Zweck. Manche Menschen beten einen Berg als Gott an. Wichtig ist die Vorstellung oder Haltung eines jeden Menschen. In ähnlicher Weise sind dieser Tempel und das darin aufgestellte vierfache

Bildnis die Vorstellung von Amma. Es handelt sich vornehmlich um Shiva-Shakti. In alter Zeit gab es keine Tempel. Allein das Herz eines Menschen war der Tempel. Wie lange ist es jetzt her, dass Tempel entstanden? Nicht sehr lange. Um die Menschen gemäß ihrer Natur weiterzuführen, stellten die Mahatmas in unterschiedlichen Zeitaltern verschiedene göttliche Formen auf.

„Die Natur von Shiva ist der Zustand des Absoluten. Nur das Absolute (Brahman) verfügt über die Kapazität, alle Unreinheiten zu beseitigen. Allein Shiva nimmt die schlimmen Folgen der bösen Taten aller Lebewesen auf sich und schluckt sie. Shiva ist der Filter, der das böse Karma sowohl von Menschen als auch von Göttern aufnimmt. Es ist die Natur des Herrn, die Unreinheiten der Menschheit aufzunehmen und sie dadurch zu reinigen. Er wird nicht beeinträchtigt, ungeachtet der Menge an Unreinheit, die Er aufnimmt und Er selbst kann die Welt retten. Ganesha ist derjenige, der Hindernisse oder Störungen beseitigt. Durch das Beseitigen der Hindernisse wird Devi, die göttliche Energie (Kundalini Shakti), die am unteren Ende der Wirbelsäule (muladhara chakra) schläft, erweckt und erscheint in der Form einer Schlange, die sich nach oben bewegt, bis sie Shiva (den formlosen Zustand des Absoluten) erreicht. Dies ist das im Brahmasthanam enthaltene Prinzip. Ammas Ziel besteht nicht nur darin, die Menschen an die Anbetung des Bildnisses zu binden. Sie wünscht ihre Verwirklichung."

KAPITEL 10

Glaubensprüfungen

Ammas zweite Welttour begann im Mai 1988. Nachdem sie Ammas göttliche Liebe im Vorjahr erfahren oder davon gehört hatten, kamen jetzt sehr viel mehr Menschen zu ihr. An allen Orten waren die Hallen zum Platzen voll. In Singapur verneigte sich eine Frau vor Amma und als sie aufstand, fragte Amma sie: „Warum bist du am nächsten Tag nicht wiedergekommen?" Die Frau machte ein geschocktes Gesicht und war dann überglücklich. Sie erzählte uns später, dass Amma sie im vergangenen Jahr, als sie zu Amma gekommen war, gebeten hatte, am nächsten Tag wiederzukommen. Auf Grund unabwendbarer Umstände hatten sie jedoch nicht kommen können. Darin lag die Bedeutung von Ammas Frage. Die Frau war geschockt, dass Amma, die in der Zwischenzeit hunderttausende von Menschen gesehen haben musste, sich an einen solch unbedeutenden Vorfall erinnern konnte. Dies überzeugte sie von Ammas Göttlichkeit.

Es ist vielleicht angebracht, an dieser Stelle etwas über *Siddhis* (mystische Kräfte) zu erzählen. Um Amma herum finden viele Wunder statt. Sie offenbart ebenfalls eine präzise und unfehlbare Allwissenheit. Obwohl sie vorgibt, nichts zu wissen, ist es für ihre Devotees offensichtlich, dass sie nur so tut. Wie viele tausend Menschen haben ihre Allwissenheit erfahren! Und wie viele tausend Devotees haben ihre rettende Gnade erfahren, die sie aus ihren unlösbaren Problemen herauszog! Amma stellt ihre Macht nicht zur Schau. Dazu ist ihr Wesen viel zu fein. Dennoch leugnet sie nicht, dass Mahatmas das bewirken können und auch bewirken, was in unseren Augen wie Wunder aussieht. Auf die Frage über die Natur von Wundern und spirituellen Kräften erwiderte sie einmal:

„Wunder werden normalerweise Gottmenschen zugeschrieben. Es gibt eine allgemeine Vorstellung, dass Wunder nur von einem göttlichen Wesen bewirkt werden können, dass Wunder Teil eines solchen Menschen sind und zu seinem Gepäck gehören. Die Menschen glauben sogar, dass es sich bei einem Menschen, der keine Wunder vollbringt, nicht um eine große Seele handelt, obwohl ein solcher Mensch in Wirklichkeit möglicherweise selbstverwirklicht ist. In Wahrheit aber kann das, was unsere Vorstellung von einem Wunder darstellt, in der Gegenwart der wahrhaft Großen geschehen oder auch nicht, weil ihnen solche Dinge in Wirklichkeit ziemlich egal sind. Sie haben nichts zu gewinnen oder zu verlieren, indem sie Wunder vollbringen. Name oder Ruhm sind ihnen egal. Sie haben auch nicht den Wunsch, irgendjemandem zu gefallen oder zu missfallen. Wenn ein Wunder geschieht, ist das gut, und wenn keines geschieht, ist das auch gut. Im modernen Zeitalter hängt der Glaube der Menschen an Gott jedoch von den Wundern ab, die ein selbstverwirklichter Meister oder Gottmensch vollbringt. Leider gibt es auch so genannte Gurus, die die Menschen ausbeuten, indem sie scheinbare Wunder vollbringen.

„Die absolute Meisterschaft über den eigenen Geist ist gleichbedeutend mit der Meisterschaft über das Universum. Alles in der Schöpfung besteht aus den fünf Elementen: Feuer, Wasser, Erde, Luft und Raum. Sobald ein Mensch die Gottverwirklichung erlangt, hat er alle fünf Elemente unter seiner Kontrolle.

Sie werden zu seinen gehorsamen Dienern. Wenn er will, dass sich etwas in einen Berg verwandelt, wird es sich in einen Berg verwandeln. Wenn er eine andere Welt erschaffen will, so ist dies auch möglich. Um diese Fähigkeiten zu erlangen, ist es jedoch nicht erforderlich, den endgültigen Punkt der Verwirklichung zu erreichen. Diese Fähigkeiten können schon vorher erworben werden.

„Ein Mensch kann über Wunder vollbringende Kräfte verfügen. Solange er sich jedoch im Griff des Egos und des Gefühls von „Ich" und „Mein" befindet, sind solche Kräfte nutzlos, weil seine grundlegende Natur unverändert bleibt und er selbst niemanden ändern oder verwandeln kann. Ein solcher Mensch kann niemanden auf dem Weg zur Göttlichkeit begleiten. Ein Mensch, der seine Kräfte missbraucht, kann nur zerstören und der Gesellschaft schaden. Indem er seine Kräfte gegen die Naturgesetze verwendet, pflastert er sich unvermeidbar den Weg zu seiner eigenen Zerstörung.

„Durch das Vollbringen von Wundern durchkreuzt ein Mensch eigentlich die Naturgesetze. Natürlich steht es einer selbstverwirklichten Seele frei, dies zu tun, weil sie eins ist mit der kosmischen Energie. Sie tut es jedoch nur, wenn es absolut notwendig ist. Sie zieht es vor, dies so weit wie möglich zu unterlassen.

„Die Regierung erlässt mit Hilfe der Verwaltungsexperten die Gesetze eines Landes. Sie selbst muss sich an die Gesetze und Bestimmungen, die sie erlassen hat, halten. In ähnlicher Weise handelt es sich bei den wahren Meistern um jene, die die Naturgesetze geschaffen haben, aber um ein Beispiel zu geben, müssen sie sich selbst an die Regeln halten, ohne sie zu übertreten.

„Die Spiritualität ist nicht dazu da, dem Ego Nahrung zu geben. Spiritualität beseitigt das Ego. Sie lehrt einen Menschen, über sein Ego hinauszugehen. Jeder Mensch kann okkulte Kräfte entwickeln, wenn er bestimmte Praktiken ausführt, die von den

Schriften beschrieben werden. Wahre spirituelle Verwirklichung ist jedoch etwas, was über solche Dinge weit hinausgeht. Es handelt sich um den Zustand, in dem ein Mensch vollständig frei von allen Bindungen wird, von der Bindung an Körper, Geist und Intellekt. Es handelt sich um die innere Erfahrung der höchsten Wahrheit. Sobald ein Mensch diesen endgültigen Punkt erreicht hat, hegt er keine negativen Gefühle wie Wut, Hass oder Rachsucht mehr. In diesem Zustand ruht ein Mensch in tiefstem Frieden und göttlicher Liebe, unabhängig von Zeit oder Ort. Ungeachtet seines Aufenthaltsortes strahlt ein solcher Mensch Frieden und Liebe aus. Die göttliche Liebe, das Mitgefühl und der Frieden, die ein solcher Mensch ausstrahlt, wandelt den Geist der Menschen. Ein solcher Mensch kann Sterbliche in Unsterbliche verwandeln, Unwissende in Weise und einen Menschen in Gott. Das ist das wahre Wunder, das in der Gegenwart eines Mahatmas geschieht.

„In der Gegenwart eines Mahatmas können Wunder spontan geschehen. Es handelt sich einfach um einen integralen Ausdruck seiner Existenz. Durch den bloßen Blick oder Wunsch des Meisters verwandelt sich alles zu dem, was er will. Ein Mensch muss jedoch über die richtige Haltung und Einsicht verfügen, um die wirklichen Wunder wahrnehmen zu können, die um dem Meister herum geschehen.

„Ein Mensch, der eins mit dem höchsten Bewusstsein wurde, ist auch eins mit der gesamten Schöpfung. Er ist nicht mehr nur der Körper. Er ist die eine Lebenskraft, die in allem, was geschaffen wurde, leuchtet. Er ist das Bewusstsein, das allem, was ist, seine Schönheit und Lebendigkeit verleiht. Er ist das Selbst, das allem überall innewohnt.

„Es gibt eine Geschichte über den großen Weisen Vedavyasa und seinen Sohn Suka. Schon als Junge war Suka losgelöst von der Welt. Vedavyasa wollte, dass sein Sohn heirate und das normale

Leben eines Familienvaters führe. Aber Suka, der göttlich geboren worden war, neigte sehr dazu, ein Leben als Entsagender zu führen. Eines Tages gab er also alles auf und ging fort, um Sannyasin zu werden. Als Suka wegging, rief Vedavyasa den Namen seines Sohnes. Es war die Natur, die auf seinen Ruf antwortete – die Bäume, die Pflanzen, die Berge, Täler, Vögel und Tiere – sie alle antworteten ihm. Aber was genau heißt das?

„Als Vedavyasa seinen Sohn rief, antwortete die Natur, weil Suka das reine Bewusstsein war, das der gesamten Natur innewohnt. Vedavyasa rief Suka, aber Suka war nicht der Körper und daher hatte er weder Namen noch Form. Er war jenseits von Namen und Form. Er existierte innerhalb von allem. Die Körper aller Geschöpfe waren seine. Er war in jedem Körper enthalten und daher antwortete alles. Dies ist die Bedeutung der Geschichte.

„Über das Ego hinauszugehen heißt, eins zu werden mit dem Universum. Ein Mensch wird so expansiv wie das Universum. Er taucht tief ein in seine geheimen Mysterien und erkennt die letzte Wirklichkeit, die höchste Wahrheit. Er wird der Meister des Universums.

„Amma fühlte sich niemals auf irgendeine Weise von ihrem wahren Selbst getrennt. Also ist es schwierig zu sagen, an welchem Punkt diese Wunder vollbringende Kraft zu arbeiten begann. Es gab niemals einen Augenblick, in dem Amma nicht ihr Einssein mit der höchsten Macht erfuhr. Schon von Geburt an wusste Amma, dass es nichts anderes gibt als Gott allein.‟

Während der zweiten Welttour besuchte Amma zusätzlich zu den Ländern, die sie im Vorjahr besucht hatte, England und Deutschland. Eines Tages machte ich in München während Ammas Morgen-*Darshan* einen langen Spaziergang. Ich stieß unerwartet auf einen alten Palast, der in ein Museum verwandelt worden war. Vor dem Palast befand sich ein Teich, in dem große Fische schwammen auf welchem sich eine Reihe großer weißer

Schwäne befanden. Ich dachte, Amma würde sie vielleicht gerne sehen und informierte sie nach dem *Darshan* darüber. Sie wurde wie ein kleines Kind in ihrem Eifer, die Schwäne zu sehen, denn in den indischen Schriften wird gesagt, dass es im Manasarovar-See in Tibet in der Nähe des Kailash Schwäne gibt. Der Kailash ist der legendäre Wohnsitz von *Shiva*. Den Schriften zufolge verfügen Schwäne über die einzigartige Fähigkeit, Milch von Wasser zu trennen. Sie können dies auf Grund der Säureabsonderung in ihrem Schnabel, welche die Milch gerinnen lässt. Das Wasser bleibt zurück. Sie stehen symbolisch für die Eigenschaft der Unterscheidung zwischen dem Wirklichen und dem Unwirklichen. Was ist wirklich und was ist unwirklich? Das, was sich niemals wandelt, was in Vergangenheit, Gegenwart und Zukunft immer gleich bleibt, ist wirklich und alles andere ist unwirklich. So lautet die Definition, die die alten Weisen für die Wirklichkeit gaben. Alles in der Schöpfung ist eine Mischung aus beidem.

Formen sind unwirklich, aber ihre Essenz ist wirklich und diese durchdringt alles, wie die Milch im Wasser. Wenn ein Mensch in seinem Innern das unterscheiden kann, was sich niemals ändert, findet er die Wahrheit.

Wir gingen auf dem Weg zum Abendprogramm zum Teich und Amma lief hinüber zu den Schwänen. Sie fütterte sie mit Brotstückchen, welche sie ihr aus der Hand fraßen. Amma kicherte und lachte wie ein kleines Mädchen.

Dann verbrachte Amma zehn Tage in den Schweizer Alpen, drei Autostunden von Zürich entfernt. Während ihres Aufenthalts dort sprach sie mit einem Devotee, der sehr starke Angst vor dem Tod hatte. „Gott hat dir eine richtige Aura gegeben. Sie verfügt über unbegrenzte, unendliche Energie. Sie kann in beliebigem Maße aufgeladen werden. Wir können in jeder Welt reisen, selbst in einer Welt ohne Luft. Der Mensch kann über den Tod hinausgehen. Du wirst niemals geboren. Du stirbst niemals. Wenn der

Ventilator oder Kühlschrank oder die Glühbirne kaputtgehen, wird der elektrische Strom nicht zerstört. In gleicher Weise existiert der Atman in dir ewig. Habe keine Angst vor dem Tod und mache dir keine Sorgen um die nächste Geburt."

Ein anderer Mensch fragte: „Amma, jeden Tag widme ich einige Zeit der Meditation, aber der gewünschte Nutzen stellt sich nicht ein."

Amma erwiderte: „Sohn, dein Geist ist mit so vielen Angelegenheiten beschäftigt. Regelmäßigkeit und Disziplin im Leben sind für einen spirituellen Sucher höchst notwendig. Wenn du ohne diese Qualitäten *Sadhana* verrichtest, wie sollst du dann einen Nutzen daraus ziehen? Wenn du etwas Öl in ein Gefäß gibst und es anschließend in ein anderes Gefäß gießt und in noch ein anderes und so weiter, dann bleibt schließlich kein Öl übrig. Wo ist es geblieben? Es blieb an den Seitenwänden all der Gefäße haften. In ähnlicher Weise geht die Kraft, die aus der Konzentration auf ein einziges Objekt gezogen wird, verloren, wenn du nach dem Meditieren mit vielen weltlichen Angelegenheiten zu tun hast. Wenn du die Einheit Gottes in den verschiedenen Objekten der Welt sehen kannst, wirst du die Kraft nicht verlieren, die du durch Meditation gewonnen hast."

Eines Tages nach Ammas Rückkehr nach Indien kam ein Telegramm aus Paris. Es stammte von dem französischen *Brahmachari*, der Ammas europäische Programme vorbereitet hatte. Er hatte seit etwa sechs Jahren im Ashram gelebt, als die Behörden beschlossen, sein Visum nicht mehr zu verlängern. Als er Amma fragte, was er tun solle, sagte sie ihm, er solle nach Frankreich gehen und Unterricht in Spiritualität geben. Er war natürlich sehr durcheinander, denn er wollte den Rest seines Lebens in Ammas Nähe verbringen, so wie alle von uns auch. Zu diesem Zeitpunkt gab es noch keinen Hinweis, dass Amma um die Welt reisen würde. Zumindest hatten wir keine Ahnung davon, obwohl

Amma sehr wohl wusste, dass sie nach Amerika und Europa gehen würde. Alle, einschließlich Amma verabschiedeten den *Brahmachari* mit einem tränenreichen Lebewohl am Bahnhof. Mit nur ein paar Dollar in der Tasche und keinen nennenswerten Freunden in Frankreich, kehrte er in einer niedergeschlagenen Stimmung nach Paris zurück. Dennoch hatte er den Glauben, dass sich alles gut gestalten würde, da es Ammas Wille war, dass er ging. Zuerst wohnte er in einer Kirche und verbrachte anschließend ein paar Tage in den Häusern einiger Personen, die er kennengelernt hatte, hielt hier und dort Vorträge über Amma und Vedanta, die Philosophie des Nichtdualismus. Schließlich bot ihm sein Vater, mit dem er vorher wenig Kontakt gehabt hatte, ein kleines, unbeheiztes Zimmer im obersten Stock eines Gebäudes an, dessen Eigentümer er war. Er begann, in verschiedene Teile Frankreichs, Englands, Österreichs, Deutschlands, der Schweiz, Belgiens und Italiens zu reisen und gab an jedem Ort Kurse. Er reiste jeden Monat fast achttausend Kilometer. Als Ammas Amerikatour geplant wurde, äußerten auch die Devotees in Europa ihren starken Wunsch, Amma möge sie auch besuchen. Also traf er alle Vorbereitungen dafür. Auf Grund seines hektischen Lebens und des exzessiven Reisens litt seine Gesundheit. Schließlich bekam er an beiden Augen grünen Star. In einem Telegramm an Amma schrieb er: „Die Ärzte sagen, dass ich auf Grund des grünen Stars mein Augenlicht verlieren kann. Ich habe kein Geld für eine Behandlung. Möge Ammas Wille geschehen." Als sie das Telegramm las, traten Amma Tränen in die Augen. Sie stand auf und bewegte sich abseits in eine Ecke des Ashrams, um allein zu sein. Dort saß sie eine Zeit lang in Meditation, rief dann einen der *Brahmacharis*, bat ihn, in die nächste Stadt zu fahren, in der es ein Telefon für Auslandsgespräche gab, dann den *Brahmachari* in Frankreich anzurufen und ihm zu sagen, er solle sich keine Sorgen machen und es würde Geld für ihn geschickt werden. Als er etwa sechs Stunden später zurückkehrte berichtete er Amma, dass der *Brahmachari* in Frankreich gerade vor seinem Anruf vom Arzt zurückgekommen sei und dass nicht nur einer, sondern drei Ärzte seine Augen untersucht und keinerlei Anzeichen von grünem Star mehr gefunden hätten. Sie betrachteten dies als ein Wunder, aber der französische *Brahmachari* kannte die Wahrheit: Amma hatte eingegriffen.

Ein wirklicher Guru wird einen Schüler schweren Glaubensprüfungen unterziehen, sobald in ihrer Beziehung eine bestimmte Phase erreicht wurde. Dies geschieht nicht aus Grausamkeit, sondern nur, um den Schüler schließlich mit einer Chance zu segnen. So kann er vollkommenen Glauben entwickeln, um all sein schlechtes *Karma* der Vergangenheit zu erschöpfen und schließlich vom Zyklus von Geburt und Tod befreit zu werden. Das spirituelle Leben ist kein Kinderspiel und nur Menschen, die bereit sind, für ihre Gottverwirklichung zu sterben, sollten sich ihm vollständig verschreiben. Je tiefer ein Mensch geht, desto mehr wird von ihm verlangt. Es gibt in der Weltliteratur viele Geschichten über die Prüfungen, denen die Schüler von ihren Gurus unterzogen wurden.

Es gibt eine Geschichte über einen Devotee, der ein wohlhabender Grundbesitzer war. Seine Form der Hingabe bestand darin, vor dem Grab eines heiligen Mannes zu beten. Eines Tages hörte er jedoch einen großen Guru während seines Satsangs. Dies machte einen derart tiefen Eindruck auf ihn, dass er beschloss, von diesem Guru die Einweihung zu ersuchen.

Der Guru war allwissend. Dennoch fragte er ihn, wem er gegenwärtig folge. Darauf nannte der Mann den Namen des verstorbenen Heiligen. „Ich werde dir die Einweihung gewähren, sobald du zu deinem Haus zurückgegangen bist und deinen Pujaraum niedergerissen hast", sagte der Guru. Der Devotee lief so schnell er konnte zu seinem Haus und riss alle Ziegel des

Zimmers ein. Eine Reihe von Menschen, die sich versammelt hatten, um ihm zuzuschauen, warnten ihn feierlich: „Bruder, du wirst für die Entweihung dieses heiligen Raums schwer bezahlen müssen. Wir möchten nicht in deinen Schuhen stecken."

Er erwiderte unerschrocken: „Ich habe es absichtlich getan und bin bereit, alle Folgen zu erleiden." Als er zum Guru zurückkehrte, gewährte der Meister ihm die Einweihung.

Es war ihm jedoch bestimmt, noch weiteren Prüfungen unterzogen zu werden. Bald starb sein Pferd, anschließend einige seiner Ochsen. Diebe stahlen seine Besitztümer. Dann begannen die Menschen, ihn zu verspotten. Sie sagten: „Dies ist das Ergebnis der Missachtung, die du dem verstorbenen Heiligen gezeigt hast. Du solltest den Tempel in deinem Haus wieder aufbauen." Nichts von alledem beunruhigte ihn jedoch. Er sagte: „Es ist mir egal, was geschieht. Mein Guru ist allwissend und er weiß, was am besten ist. Der Glaube daran kann durch nichts erschüttert werden."

Es folgte jedoch ein Unglück nach dem Anderen. Es dauerte nicht lange, da war er nicht nur völlig verarmt, sondern schuldete vielen Menschen Geld. Sie alle verlangten eine sofortige Rückzahlung und sagten: „Entweder du bezahlst uns oder du verlässt das Dorf umgehend." Viele seiner Freunde flehten ihn an: „Wenn du nur den Tempel wieder aufbauen würdest, würden die Dinge sich gewiss zum Besseren wenden." Der Devotee blieb jedoch eisern und zog es vor, das Dorf zu verlassen. Also packten er und seine Frau und Tochter die wenigen ihnen verbliebenen Habseligkeiten und fanden ein Obdach in einem anderen Dorf. Da er ein reicher Grundbesitzer gewesen war, hatte er niemals ein Handwerk erlernen müssen. Jetzt musste er jedoch Geld verdienen. Also begann er, sich seinen Lebensunterhalt zu verdienen, indem er Gras schnitt und es verkaufte.

So vergingen mehrere Monate, bis der Guru ihm eines Tages einen Brief sandte, der ihm von einem der Schüler des Gurus ausgehändigt wurde. Diesem Schüler hatte der Guru gesagt: „Vergiss nicht, zwanzig Rupien als Darbringung zu verlangen, bevor du ihm den Brief gibst. Wenn er dir das Geld nicht bezahlt, bring den Brief zurück." Der Devotee war hocherfreut, den Brief zu sehen, hatte jedoch kein Geld, um die Gebühr zu bezahlen. Er fragte seine Frau, was er tun solle und sie sagte: „Ich nehme meinen Schmuck und den unserer Tochter und verkaufe ihn dem Goldschmied." Der Goldschmied bot ihnen genau zwanzig Rupien an, welche dem Schüler gegeben wurden. Der Devotee nahm den Brief entgegen, küsste ihn und hielt ihn an sein Herz. In diesem Augenblick trat er in *Samadhi* ein.

Aber der Guru wollte ihn noch weiter prüfen. Er sagte also einem seiner Schüler: „Bitte ihn, zu meinem Ashram zu kommen." Der Devotee und seine Familie kamen zum Ashram des Gurus und ließen sich dort nieder. Sie arbeiteten in der Küche, reinigten die Gefäße und schnitten Brennholz. Nach ein paar Tagen fragte der Guru: „Woher nimmt dieser neue Devotee sein Essen?" Er isst mit uns allen und bekommt sein Essen aus der kostenlosen Küche", erwiderte einer der Schüler. „Mir scheint", sagte der Guru, „dass er keinen wirklichen Dienst verrichtet. Täte er dies, würde er nichts als Gegengabe für seine Arbeit erwarten. Er berechnet uns seinen Lohn, den er in der Form von Essen nimmt."

Als der Devotee dies von seiner Frau hörte, sagte er: „Ich möchte nichts als Gegengabe für meinen Dienst an meinem geliebten Guru haben, der mir das unschätzbare Juwel meines *Mantras* gegeben hat. Wir werden unsere Nahrung auf anderem Wege bekommen." Von diesem Tag an ging er jede Nacht in den Wald, um Holz zu sägen, verkaufte es auf dem Basar und verwendete den Erlös, um Nahrung zu kaufen. Tagsüber arbeiteten er und seine Frau in der Küche weiter.

Einige Zeit später, als er in den Wald gegangen war, um Holz zu sägen, gab es einen heftigen Sturm. Der Wind wehte so heftig, dass er ihn und sein Holzbündel in einen Brunnen blies. Der Guru wusste um all dies, rief einige seiner Schüler und sagte ihnen, sie sollten ein Brett und ein Seil holen und ihm in den Wald folgen. Als sie den Wald erreichten, sagte der Guru: „Er befindet sich auf dem Grund dieses Brunnens. Ruft hinunter zu ihm und sagt ihm, dass wir ein an ein Seil gebundenes Brett zu ihm herablassen werden. Sagt ihm, er solle sich am Brett festhalten, dann werden wir ihn herausziehen." Er fügte einem der Schüler noch einige Worte hinzu. Es handelte sich um denjenigen, der in den Brunnen rufen sollte.

Nachdem er in den Brunnen gerufen hatte, fügte der Schüler hinzu: „Bruder, sieh doch den jämmerlichen Zustand, in dem du dich befindest. All dies hast du der Art zu verdanken, wie der Guru dich behandelt hat. Warum vergisst du einen Guru nicht einfach, der solche Dinge tut?" „Was? Den geliebten Guru vergessen? Niemals!" rief der Devotee. „Und was dich anbelangt, du Undankbarer, sprich in meiner Gegenwart bitte nie wieder so respektlos von unserem Guru. Ich erleide unerträgliche Schmerzen, wenn ich solche schändlichen Worte höre."

Er wurde dann gebeten, das Brett festzuhalten, bestand jedoch darauf, dass das Holz zuerst aus dem Brunnen gezogen wurde. „Es ist für die Küche des Gurus und ich habe Angst, dass es feucht wird und nicht brennt", sagte er. Schließlich kam er aus dem Brunnen und stand dem Satguru von Angesicht zu Angesicht gegenüber. Dieser sagte zu ihm:

„Bruder, du bist durch viele Prüfungen gegangen und bist allen mit Mut, Glauben und Hingabe an den Satguru begegnet. Bitte mich nun um ein Geschenk oder eine Gunst. Du hast es verdient und es wird mich sehr glücklich machen, dir alles zu gewähren."

Daraufhin fiel der Devotee vor seinem geliebten Meister auf seine Knie und rief mit Tränen, die ihm die Wangen hinunterliefen: „Welche Gunst könnte ich mir wünschen als dich allein? Nichts sonst könnte jemals von Interesse für mich sein."

Als der Guru diese Worte hörte, die von Herzen gesprochen waren, umarmte er ihn und sagte:

Du bist der Schatz deines Gurus
Und der Guru ist deine einzige Liebe.
Jetzt bist du, wie der Guru,
Ein Schiff, das die Menschen sicher über
Den Ozean von Leben und Tod trägt."

Später in jenem Jahr beschloss mein Vetter Ron, dass er genug vom weltlichen Leben habe und verkaufte sein Unternehmen. Vom Zeitpunkt an, wo er Amma begegnet war, hatte er ein sexuell enthaltsames Leben geführt und immer mehr *Sadhana* praktiziert. Bei seinem letzten Besuch bei Amma war er dabei gewesen, einen Vertrag zur Internationalisierung seines Unternehmens zu unterschreiben. Als er Amma um ihre Meinung fragte, sagte sie, es wäre besser, wenn er wirkliches Interesse an spirituellem Fortschritt habe, nicht noch tiefer in sein Unternehmen eingebunden zu sein. Er hatte so großes Vertrauen in Amma, dass er den Vertrag nicht unterzeichnete und sich somit absichtlich eine Gelegenheit entgehen ließ, die jeder andere Geschäftsmann sofort ergriffen hätte. Schließlich verkaufte er sein Unternehmen und erwarb ein schönes Grundstück in den Bergen südöstlich von San Francisco, aus dem Ammas amerikanischer Ashram wurde, das Mata Amritanandamayi Center.

Ungefähr zu dieser Zeit kam eine Frau aus dem Dorf Parippally, das sich etwa zwei Stunden südlich des Ashrams befindet, um mit Amma über den Verkauf ihres Waisenhauses zu sprechen. Auf Grund ihrer beschränkten finanziellen Mittel konnte sie die Institution nicht mehr weiterführen. Den Kindern, die dort wohnten, mangelte es an allem. Amma reagierte nicht sofort auf diesen Vorschlag, denn sie wollte die Situation zuerst gründlich untersuchen. Es stellte sich tatsächlich heraus, dass das Waisenhaus tief verschuldet war. Es würde viel Geld nötig sein, um es aus der Verschuldung zu ziehen. Die Gebäude befanden sich in einem Zustand äußerster Vernachlässigung und Baufälligkeit. Es gab keine Toiletten oder Badezimmer für die mehr als vierhundert Kinder, die dort wohnten. Sie badeten neben dem Brunnen und das Abwasser floß zurück in den Brunnen. Dadurch erkrankten sie an Ruhr. Sie verwendeten jeden verfügbaren Platz als Toilette. Ihre Ernährung bestand aus Weizenmehl, das zu Kugeln gerollt und mit ein wenig beigegebenen Salz gekocht wurde. Alles in allem war der gesamte Anblick erbärmlich. Aus diesem Grund beschloss Amma schließlich, die Verantwortung für das Waisenhaus zu übernehmen.

Während Ammas nächster Welttour wurde das Waisenhaus mit Badezimmern und Toiletten ausgestattet und vollständig renoviert. Eine saubere und geregelte Wasserversorgung wurde eingerichtet. Es wurde für eine nahrhafte Ernährung für die Kinder gesorgt. Durch die Gegenwart einer Reihe von Ashrambewohnern, die dort wohnten und den Kindern ein grundlegendes Wissen über Gesundheit, yogische Körperhaltungen, Meditation und spirituelle Gesänge beibrachten, wurde den Kindern ein Sinn für Sauberkeit und Disziplin eingeprägt. Ein Teil des Waisenhauses bestand aus einer vernachlässigten Sanskrit-Schule, die ebenfalls erworben wurde und deren Schüler später erste Preise bei vielen staatlichen Wettbewerben gewannen. Im Laufe der Zeit kamen zusätzliche Lehrplanaktivitäten wie Sport, Musik, Kunst und Schauspiel hinzu, beaufsichtigt von den *Brahmacharis* und *Brahmacharinis*.

KAPITEL 11

Befreiung eines großen Devotees

Ottur Unni Nambudiripad ein Devotee Ammas, war ein berühmter Dichter und Sanskrit-Gelehrter. Er war eine Autorität auf dem Gebiet der *Srimad Bhagavatam*. Otturs Gedichte, in denen Krishna gepriesen wird, werden von den Anhängern Krishnas überall geliebt und geschätzt. Er hatte viele Titel und Auszeichnungen für seine begnadete Dichtkunst erhalten. Er begegnete Amma zum ersten Mal im Jahre 1983, als er an den Feierlichkeiten zu ihrem dreißigsten Geburtstag teilnahm, nachdem er von einem ihrer Devotees über sie gehört hatte. Ottur, der damals dreiundachtzig Jahre alt war, verhielt sich in Ammas Gegenwart wie ein zweijähriges Kind. Er betrachtete sie als eine Inkarnation seiner geliebten Gottheit, Krishna, sowie als die göttliche Mutter. Er beschloss, den Rest seines Lebens in Ammas Gegenwart zu verbringen und begann, Gedichte über sie zu verfassen.

Amma gab Ottur den Spitznamen ‚Unni Kanna' (Baby-Krishna) für seine kindliche Haltung ihr gegenüber. Manchmal hörte man ihn aus vollem Halse in seinem Zimmer „Amma!

Amma!" rufen, wann immer er sie zu sehen wünschte. Wenn Amma gerade in der Nähe war, ging sie zu ihm. Obwohl er auf Grund seines hohen Alters viel litt, ließen ihn die Augenblicke, die er mit Amma verbrachte, seine körperlichen Qualen vergessen.

Nachdem Ottur zu Amma gekommen war, schrieb er das folgende Lied:

O Amma,
Du bist die Verkörperung von Krishna und Kali.
O Amma
Du heiligst die Welten mit Deinem Lächeln, Deinem Gesang,
Deinem Blick, Deiner Berührung und Deinem Tanz,
Deiner entzückenden Rede,
durch das Berühren Deiner heiligen Füße
und dem Nektar Deiner Liebe.

O Amma
Du bist die Leiter zum Himmel.
Fröhlich und freigebig
schenkst du allen fühlenden
und nicht fühlenden Wesen
von Brahma bis hinab zum Grashalm
alle Purusharthas,
vom Dharma zur Moksha.

O Amma,
Du versetzt die drei Welten in Erstaunen,
überschüttest alle Menschen,
Bienen und Vögel, Würmer und Bäume
mit den stürmischen Wellen Deiner Liebe.

Ottur hatte nur einen Wunsch. Wann immer er Ammas *Darshan* erhielt, lautete sein einziges Gebet zu ihr: „Amma, wenn ich meinen letzten Atemzug tue, lass meinen Kopf auf deinem Schoss ruhen. Dies ist mein einziger Wunsch, mein einziges Gebet. O meine Amma, bitte lass mich sterben mit meinem Kopf auf deinem Schoss." Wann immer er Amma begegnete, wiederholte er diese Bitte.

Schon bald nachdem Ottur Amma kennen gelernt hatte, wurde der Ashram sein ständiger Wohnsitz. Er sagte: „Jetzt weiß ich, dass Gott mich nicht aufgegeben hat, weil ich in Seiner Gegenwart lebe und mich in Seiner göttlichen Liebe wärme. Früher war ich sehr enttäuscht, wenn ich daran dachte, dass ich nicht bei Krishna oder einem der großen Heiligen sein konnte. Aber jetzt empfinde ich nicht mehr so, weil ich glaube, dass Amma sie alle zusammen ist."

Kurz vor Ammas dritter Welttour im Jahre 1989 verschlechterte sich Otturs Gesundheit. Er wurde sehr schwach und verlor rasch seine Sehkraft. Sein wohl bekanntes Gebet, auf Ammas Schoss sterben zu dürfen, wurde zu einer permanenten Anrufung. Als seine Sehkraft sehr schwach wurde, sagte Ottur zu Amma: „Es ist in Ordnung, wenn Amma mir meine äußere Sicht wegnehmen will. Aber, o göttliche Mutter, bitte segne deinen Diener, indem du die innere Dunkelheit entfernst und das innere Auge öffnest. Bitte weise nicht das Gebet dieses Kindes zurück."

Darauf erwiderte Amma liebevoll: „Unni Kanna, mach dir keine Sorgen! Es wird gewiss geschehen. Wie kann Amma dein unschuldiges Gebet zurückweisen?"

Ottur hatte keine Angst vor dem Tod. Seine einzige Angst bestand darin, er würde sterben, während sich Amma im Ausland befände. Er äußerte Amma diese Furcht und sagte: „Amma, ich weiß, dass du überall bist und dass dein Schoss so groß ist wie das Universum. Dennoch bete ich zu dir, du mögest körperlich anwesend sein, wenn ich meinen Körper verlasse. Wenn ich sterbe, während du fort bist, wird mein Wunsch, in Deinem Schoss zu sterben, nicht erfüllt."

Amma streichelte ihn zärtlich und erwiderte mit großer Autorität: „Nein, mein Sohn, Unni Kanna, das wird nicht geschehen! Du kannst gewiss sein, dass du deinen Körper erst nach Ammas Rückkehr verlassen wirst." Dies war ein großer Trost für Ottur. Da diese Versicherung direkt von Ammas eigenen Lippen kam, glaubte Ottur fest, dass der Tod ihn nicht anrühren konnte, bevor Amma zurückkam.

Nach ihrer dreimonatigen Tour kam Amma im August zum Ashram zurück. Während ihrer Abwesenheit hatte Ottur sich einer Behandlung im Hause eines ayurvedischen Arztes unterzogen. Amma sagte ihm, er solle zum Ashram zurückkehren, da der Zeitpunkt näher rücke, an dem er seinen Körper verlassen würde.

Eines Nachts ging Amma nach dem *Devi Bhava* in Otturs Zimmer. Er war sehr schwach, aber glücklich, sie zu sehen. Er weinte wie ein Kind und betete zu Amma: „O Amma, Mutter des Universums, bitte rufe mich zurück! Bitte rufe mich zurück, schnell!" Amma streichelte seinen Kopf und rieb seinen Oberkörper und seine Stirn, um ihn zu trösten.

Jemand hatte Amma eine neue Matratze geschenkt. Sie wollte, dass Ottur sie benutzte. Nachdem Amma die Matratze in sein Zimmer hatte bringen lassen, hob sie Otturs zerbrechlichen Körper vom Bett auf und hielt ihn in ihren Armen wie eine Mutter, die ein Baby in den Armen trägt, während die neue Matratze auf dem Bettgestell ausbreitet wurde. Als Ottur diese Demonstration von Ammas Mitgefühl erfuhr, rief er aus: „O Amma, Mutter des Universums, warum gießt du so viel Liebe und Mitgefühl auf dieses unwürdige Kind? O Amma, Amma, Amma ..."

Amma legte ihn sanft auf seine Bettstelle und sagte: „Unni Kanna, mein Sohn, schlafe gut. Amma wird am Morgen kommen."

Amma mit Ottuur Unni Namboodiripad

„O Amma, versetze mich in ewigen Schlaf", erwiderte Ottur. Amma blickte noch einmal liebevoll auf Ottur, bevor sie das Zimmer verließ.

In jener Nacht diktierte der Poet ein letztes Lied:

Mich behandelnd und auf Heilung hoffend,
gestanden die Ärzte ihre Niederlage ein.
Alle meine Verwandten sind verzweifelt.
O Amma, leg mich mit zärtlicher Liebe auf Deinen Schoss.
Rette mich und verlass mich nie mehr.

O Saradamani, o Sudhamani, o heilige Mutter.
Lege mich liebevoll in Deinen zarten Schoss.
Enthülle den Mond Ambadis auf Deinem Gesicht.
Zaudere nicht, mich mit Unsterblichkeit zu segnen.

Enthülle Onkel Mond, den Sohn Nandas
auf Deinem süßen Gesicht
und lege diesen kleinen Kanna auf Deinen Schoss.
O Amma, lass ihn einschlafen.

Am nächsten Morgen um sieben Uhr ließ Amma Narayanan, Otturs Pfleger, zu sich kommen. Als er kam, sagte sie ihm, dass Ottur in wenigen Stunden seinen Körper verlassen würde. Amma trug Narayanan des Weiteren auf, von seinem Onkel in Erfahrung zu bringen, wo seine sterbliche Hülle begraben werden sollte: im Ashram oder an seinem Geburtsort. Narayanan ging zum Zimmer zurück und überbrachte seinem Onkel, was Amma gesagt hatte. Obwohl seine Stimme sehr schwach war, gab Ottur eine deutliche Antwort, da er nachdrücklich mit seiner Hand gestikulierte: „Ich werde hier begraben, in diesem heiligen Boden. Es gibt keinen anderen Ort."

Um zehn Uhr bat Ottur eine *Brahmacharini*, die an seiner Seite stand, Amma zu rufen. Sie verließ das Zimmer. In den folgenden Minuten war die Bewegung von Otturs Lippen zu sehen, wie er ständig „Amma, Amma, Amma ..." rezitierte. Während dieses Rezitierens trat Ottur in einen *samadhi*-ähnlichen Zustand. Zu diesem Zeitpunkt befand sich Amma in ihrem Zimmer. Als die *Brahmacharini* durch die Tür hereinkam, sagte Amma: „In wenigen Minuten wird mein Sohn Ottur seinen Körper verlassen. Aber es ist noch nicht an der Zeit für Amma, dort zu sein. Sein Geist ist vollständig auf Amma konzentriert. Dieser intensive Gedanke kulminiert jetzt in einen Zustand des *layana* (der Versenkung). Sobald dies geschieht, wird Amma zu ihm gehen. Die Intensität wäre verringert worden, wenn Amma früher zu ihm gegangen wäre." Wenige Sekunden später verließ Amma ihr Zimmer und ging hinüber zu Otturs Zimmer. Amma betrat den Raum mit einem Lächeln und setzte sich nahe Ottur auf das Bett. Mit einem glückseligen Leuchten auf dem Gesicht richtete sie ihren Blick unverwandt auf sein Gesicht, als wollte sie ihm sagen: „Komm mein Sohn! Mein Schatz Unni Kanna, komm und verschmilz mit Mir, deiner ewigen Mutter." Wie Amma vorher in ihrem Zimmer vorausgesagt hatte, lag Ottur in einem Zustand der Versenkung. Obwohl Ottur sich in einem *Samadhi*-Zustand befand, blieben seine Augen halb offen. Es gab keinerlei Anzeichen von Schmerz oder Anstrengung auf seinem Gesicht. Es war leicht zu sehen, wie versunken und glückselig er war. Amma näherte sich langsam seinem Kopf. Sie hob ihn sanft auf und legte ihn auf ihren Schoss. Als Amma den Kopf ihres geliebten Sohnes in ihrem Schoss hielt, legte sie ihre rechte Hand auf seine Brust und blickte unverwandt in sein Gesicht.

Als er auf ihrem Schoss lag, streichelte Amma sanft seine Augenlider. Sie schlossen sich für immer. Ottur verließ seinen Körper und seine Seele verschmolz mit Amma für alle Ewigkeit.

Amma beugte sich nieder und drückte einen liebevollen, zärtlichen Kuss auf seine Stirn.

Fünfundzwanzig Jahre vor Ammas Geburt hatte Ottur das folgende Gedicht geschrieben:

Wann werde ich
die glücklichen Namen Kannas
in meinen Ohren klingen hören?
Und nachdem ich sie gehört habe,
wann werden meine Haare zu Berge stehen
und ich in Tränen versunken sein?

Und wenn ich in Tränen versunken bin,
wann werde ich rein werden?
Und in diesem Zustand absoluter Reinheit,
wann werde ich spontan
Seine Namen singen?

Und wenn ich in Ekstase singe,
wann werde ich die Erde und den Himmel vergessen?
Und wenn ich alles vergesse,
wenn werde ich tanzen
in äußerster Hingabe?
Und wenn ich tanze, werden meine Schritte
den Schmutz von der Bühne des Lebens
hinwegfegen?

In diesem spielerischen Tanz,
in dem ich allen Schmutz hinwegfege,
werde ich laut ausrufen!
Und wird durch diesen Ruf
meine Reinheit
in die acht Himmelsrichtungen gesandt?

Und wenn das Schauspiel beendet ist,
wann werde ich schließlich
in meiner Mutter Schoss fallen?
Und wenn ich auf meiner Mutter Schoss liege,
wann werde ich glückselig schlafen?

Und dann im Schlaf,
wann werde ich träumen
von der schönen Form Sri Krishnas,
der in meinem Herzen wohnt?
Und dann im Aufwachen,
wann werde ich Sri Krishna sehen,
der die Welt entzückt?

Jetzt wurde diese Dichtung durch die allmitfühlende Mutter des Universums erfüllt.

Amma saß den ganzen Tag bei seinem Körper, während immer wieder die *Bhagavad Gita* rezitiert wurde. In der Nacht trugen die *Brahmacharis* seinen Körper zum hinteren Bereich des Ashrams und verbrannten ihn, während Amma die ganze Zeit anwesend war. Welche Gnade! Mögen wir alle ein derart gesegnetes Ende haben.

KAPITEL 12

Verzichtsgelübde

Im Oktober desselben Jahres wurde einer von Ammas Söhnen, Balu, der im Jahre 1979 zum ersten Mal zu Amma kam und später Brahmachari Amritatma Chaitanya wurde, zeremoniell in einer feierlichen Atmosphäre der Hingabe und Freude, begleitet vom Gesang vedischer *Mantren* und einer Puja in *Sannyasa* eingeweiht. Amma gab ihm den Namen Swami Amritaswarupananda Puri. Ein anderer *Sannyasi*, ein Devotee Ammas namens Swami Dhruvananda, führte die traditionelle Feuerzeremonie und anderen Rituale aus. Die Einweihungsrituale begannen in der Nacht davor. Amma war während der gesamten Zeremonie zugegen, goss ihren Segen aus und gab Ratschläge und Anweisungen. Die Zeremonie war bei Anbruch der Dämmerung am nächsten Tag beendet.

Amma sprach zu den versammelten Devotees und sagte: „Heute ist Amma glücklich, weil sie einen Sohn dem Wohlergehen der Welt weihen konnte. Vor elf Jahren kam Balu zum ersten Mal zum Ashram, nachdem er sein B.A. Examen abgelegt hatte. In jenen Tagen fand *Krishna Bhava* statt, gefolgt von *Devi Bhava*. Eines Nachts während des *Krishna Bhava* hörte Amma jemanden singen. Plötzlich fühlte Amma eine Anziehung in ihrem Inneren. Obwohl sie viele Menschen Lieder hatte singen hören, fühlte sie, als sie diese Stimme hörte: ‚Dies ist ausschließlich ein *loka putra* (Sohn für die ganze Welt), dies ist ausschließlich ein loka putra.‘

„Obwohl Amma denjenigen, der gesungen hatte, in ihrem Geist gesehen hatte, war sie veranlasst, nach ihm Ausschau zu halten und ihn mit ihren eigenen Augen zu sehen. Als dieser Sohn in den Tempel zum *Darshan* kam, fragte Amma: ‚Sohn, warum bist du gekommen? Ist es, weil du wissen willst, ob du deine Examen bestehen wirst? Sohn, Amma ist verrückt.‘ Das Erste, was dieser Sohn sagte, war: ‚Amma, gib mir auch etwas von dieser Verrücktheit.‘ Amma gibt keinem Menschen so leicht die Einweihung, aber Ammas Geist flüsterte, dass dieser Sohn noch am selben Tag die Einweihung erhalten sollte.

„Von da an kam er fast an jedem *Darshan*-Tag. Seine Familie protestierte. Da seine Mutter gestorben war, als er noch ein Kind war, protestierte hauptsächlich sein Vater. Seine Großmutter war diejenige, die ihn am meisten liebte. Jeden Monat gab sie ihm hundert Rupien. Als er eines Tages zu ihr ging, um das Geld zu holen, fragte seine Großmutter: ‚Wirst du dieses Mädchen in Vallickavu besuchen?‘ Ergriffen von einer Mischung aus Wut und Schmerz konnte er es nicht mehr dort aushalten. ‚Hatte sie meine Mutter nicht Mädchen genannt?‘ Er gab das Geld zurück und verließ sofort das Haus.

„Am selben Tag, als Amma eine Familie besuchte, um eine Puja durchzuführen, sah sie ihn dort sitzen und weinen. Als Amma fragte: ‚Sohn, warum weinst du?‘ sagte er: ‚Großmutter hat meine Mutter ein ‚Mädchen‘ genannt. Von jetzt an brauche ich ihr Geld oder ihre Liebe nicht.‘ Amma sagte ihm: ‚Sohn, deine Großmutter weiß nichts über Amma. Darum hat sie so gesprochen. Daher solltest du sie immer noch lieben und ihr vergeben.‘

„Nach einiger Zeit, als es nicht genug Geld im Ashram gab, verkaufte Balu seine Hosen und Hemden. Seine Familienangehörigen mochten das auch nicht. Zusätzlich zu den Schwierigkeiten,

Amma segnet Swami Amritaswarupananda
nach seiner Sannyasa-Einweihung

die dieser Sohn in seinem Elternhaus überwinden musste, hatte er auch noch den Widerstand und die Beschimpfungen von Sugunanandan Acchan (Ammas Vater) und den Dorfbewohnern zu ertragen.

„Eines Tages, während Balu aß, schlug ihm Sugunanandan den Teller aus den Händen und schimpfte ihn aus. An einem anderen Tag beschimpften und bedrohten die Dorfbewohner ihn und verstellten ihm den Weg. Selbst dann war nicht ein Jota Unterschied in seiner Haltung. Es gab nur einen Gedanken: ‚Amma, Amma.' Egal wie stark der Widerstand wurde, den seine Familie ihm leistete, er hörte nicht auf, zum Ashram zu kommen. Manchmal, nachdem er von hier fortgegangen war, um nach Hause zu gehen, kehrte er bald von einer auf halbem Wege liegenden Bushaltestelle mit dem nächsten Bus zum Ashram zurück, ohne überhaupt nach Hause gegangen zu sein.

„In den frühen Tagen wurde während des *Devi Bhava Darshans* in der Nähe eine Bettelschale aufgestellt. Die Schriften sagen: ‚Man sollte im Leben auf Gefühle wie Scham und Stolz verzichten.' Die Bettelschale konnte nur von einem Menschen gesehen werden, der sehr genau hinsah. Amma war entschlossen, nichts von irgendjemandem zu erbitten. Niemand sollte denken, dass Amma für Geld dort saß. Das Geld, das in die Bettelschale gelegt wurde, reichte nur für die Bedürfnisse des Tempels. Da Amma über kein weiteres Geld verfügte, um die Kinder zu versorgen, die zum Ashram kamen, ging sie zu den benachbarten Häusern und bettelte. Was immer sie erhielt, verwendete sie, um ihre Kinder und sich zu ernähren.

„Als Nealu sich hier ansiedelte, sagte er, er wolle herbringen, was immer für den Ashram benötigt würde, aber Amma war nicht einverstanden. Erneut ging Amma betteln. Amma akzeptierte sein Geld nicht, bis Nealu ihr sein Wort gab, dass er alle Menschen gleichermaßen lieben würde. Amma war erst einverstanden, als er den Ashram und die anderen Kinder als sein Eigen betrachtete.

„Die Kinder siedelten sich im Ashram an, als die Mittel noch nicht einmal für eine Mahlzeit am Tag ausreichten. Dennoch fühlten sie keine Schwierigkeit. Ohne einen Schlafplatz für die Nacht zu haben, schliefen sie bis zum Tagesanbruch in den Kokosnusspalmen. Diese Kinder wuchsen hier in einer Zeit auf, in der sie viel Leid auf sich nahmen.

„Amritatma hatte die Einstellung, Amma sei seine biologische Mutter. Er hatte niemals das Gefühl, es handle sich hier um einen Ashram oder Amma wäre sein Guru. Er fühlte vielmehr, dass dies sein Zuhause war. Er zeigte so viel Freiheit gegenüber Amma, wie er seiner biologischen Mutter gezeigt hätte. Egal wie schwer sie ihn ausschimpfte, es gab keinen Wandel in seiner Einstellung. Als diese Haltung eintrat, begannen auch Ammas Tests. Amma sandte mehrere Frauen zu ihm, um mit ihm zu plaudern. Dann beobachtete Amma seinen Geist. Sie hätte natürlich mitbekommen, wenn er in diesen Situationen fasziniert oder hingerissen worden wäre, nicht wahr? Aber er kam und erzählte Amma offen alles, was irgendjemand gesagt hatte, egal was. Es war keine Faszination in ihm zu sehen.

„Eines Tages schrieb er: ‚Ich bin Ammas Sklave.‘ Amma ging, ohne dies mitgeteilt bekommen zu haben, zu ihm und sagte: „Sohn, Amma hat einen Wunsch. Es ist Leid und Armut in unserem Ashram. Vier oder fünf Kinder wollen hier als *Brahmacharis* bleiben. Sie sind für das Wohl der Welt gekommen. Daher solltest du in den Persischen Golf gehen. Du solltest dieses Opfer für Amma bringen. Wenn du einen Job erhältst, bekämst du mindestens zwei- oder dreitausend Rupien. Dann kann Amma die *Brahmacharis* großziehen." Plötzlich änderte sich seine Stimmung und er dachte: ‚Bin ich zu diesem Zweck hierher gekommen und habe den Job aufgegeben, den ich hatte?

Ich bin gekommen, um *Sannyasi* zu werden. Hat Amma nicht selbst gesagt, dass Gott einen Menschen beschützt, wenn er alles hingegeben hat? Jetzt sagst du, ich soll nach Persien gehen?' In Wirklichkeit stellte Amma ihn nur auf die Probe. Amma sagte zu ihm: ,Sohn, was hast du vor wenigen Minuten geschrieben? Wenn du über so viel Hingabe verfügst, wirst du es dir kein zweites Mal überlegen, wenn Amma ein Wort sagt. Du hast dieses Stadium noch nicht erreicht, wo du sagen könntest, dass du über so viel Hingabe verfügst. Hättest du vollständige Hingabe, hättest du dich im selben Augenblick, in dem Amma dich bat zu gehen, bereitgemacht zu gehen. Das ist die Hingabe in einer Guru-Schüler-Beziehung. Was du gerade geschrieben hast, ist zu leeren Worten geworden, nicht wahr? Sohn, du solltest jedes Wort mit äußerster Aufmerksamkeit sagen und schreiben.'

„Eines Tages, nachdem Balu nach Abschluss seiner Philosophieexamen zurückgekehrt war, dachte er: ,Ist Gott nicht in uns? Warum sollten wir dann *Sadhana* verrichten?' Er saß allein und philosophierte. Amma verstand seine Denkweise und sandte ihm einen Brief, in dem stand: ,Mein lieber Sohn, am unteren Ende dieses Briefes hat Amma das Wort ,Zucker' geschrieben. Sohn, du solltest Amma informieren, ob du einen süßen Geschmack erhältst, wenn du an dem Wort auf dem Papier leckst.' Er fragte sich: ,Wie soll ich einen süßen Geschmack bekommen, wenn ich das Wort ,Zucker' ablecke? Warum schreibt Amma mir solch einen Brief?' Anschließend ging Amma zu ihm und sagte: ,Sohn, du sagst, du bist *Brahman* und Gott ist in deinem Innern. Wenn du dies in einen Kassettenrecorder sprichst und die Abspieltaste drückst, wird er ebenfalls sagen: ,Ich bin *Brahman*.' Welchen Unterschied gibt es zwischen dir und dem Kassettenrecorder? Es reicht nicht aus, nur auszusprechen, was du gelernt hast. Die Süße des Zuckers muss erfahren werden. Sie kann nicht in Worte gefasst werden. Gott ist Erfahrung. Gegenwärtig sind wir nur ein Samen, kein Baum.'

„Von dem Tag an, an dem er hierher kam, war jeder Tag für Amritatma ein Tag der Prüfung. Mit Gottes Gnade hat er sie erfolgreich bestanden. Er wurde sogar für dumme Dinge bestraft. Mehrere Male ließ Amma ihn mit verbundenen Augen um den Ashram gehen, damit er sich schämte. Egal wie viel eine Mutter ihr Kind ausschimpft, wird das Kind sich stets an der Mutter festhalten. Je mehr sie das Kind wegschubst, desto fester wird es sich an sie klammern. Wenn sie das sieht, wird die Mutter das Kind nehmen, ein Schlaflied singen und es auf ihre Arme nehmen. Das ist die Guru-Schüler-Beziehung.

„Amma schimpfte sehr streng mit Amritatma und warf ihm Fehler vor, die er nicht begangen hatte. Amma stieß ihn sogar ohne jeden Grund. Aber dieser Sohn saß schweigend, ohne auch nur ein Wort zu äußern. Er bewegte sich nicht einmal von der Stelle, an der er saß oder stand. Schließlich sagte Amma: ‚Sohn, warum sitzt du unbewegt da, ohne ein Wort zu sagen?‘ Dann sagte er: ‚Meine Mutter kann niemals wütend auf mich werden, noch wird sie aufhören, mich zu lieben. Du bist mein und ich bin dein. Dies ist ein Segen, deine Gnade, um mein Ego zu entfernen. Amma, bitte segne mich immer so.‘

„Amma weiß, dass es nicht gut ist, einen Menschen in seiner Gegenwart zu loben. Es bläst sein Ego auf. Aber Amma hat da in Amritatmas Fall keine Sorge. Wenn es geschieht, ist Amma stets in der Nähe, um das Ego zu zertreten. Er weiß das. Deswegen möchte Amma noch ein paar Dinge über ihn sagen.

„Häufig sagte er Amma bestimmte Dinge, die geschehen würden. Einmal, im Ashrambus auf unserem Rückweg von Madras, sagte Amritatma plötzlich zu Amma: ‚Amma, das Rad des Busses wird abfallen. Bitte Pai, den Bus anzuhalten.‘ Da wiederholte Amma laut seine Worte. Pai erwiderte, er würde den Bus an der nächsten schattigen Stelle anhalten. Den Bruchteil einer Sekunde später fiel ein Rad ab. Der Bus sprang ruckartig von der Straße, bevor Pai die Kontrolle wiedergewinnen konnte. Er wurde im Sand zum Stehen gebracht und gegen einen Kilometerstein gedrückt. Ohne den Sand und diesen Pfahl wäre der Bus bestimmt umgekippt und im Graben am Straßenrand gelandet. Zum Glück war nichts Schlimmes geschehen.

„Kinder, wie ihr alle wisst, hat Amritatma viele Melodien zu den Liedern komponiert, die hier gesungen werden, und hat einige Texte dazu geschrieben. Er hat auch niemals selbst die unbedeutendsten Dinge getan, ohne zuerst Amma zu fragen, wie z.b. seine Haare zu schneiden oder ein Paar neue Sandalen zu kaufen. Manchmal sagte Amma nichts, wenn er für etwas um Erlaubnis bat. Wenn Amritatma keine Antwort von Amma bekam, wartete er, bis er die Erlaubnis erhielt. Einmal verlor er seine Schuhe und, wann immer er um die Erlaubnis bat, ein anderes Paar zu kaufen, schwieg Amma. Sechs Monate vergingen und er lief immer noch barfuß. Dann gab Amma eines Tages ihre Erlaubnis. Der Guru behält den Schüler genau im Auge, wenn er ihn ausschimpft oder ihm Dinge vorwirft, die er vielleicht getan oder auch nicht getan hat. Im Lichte dieser Erfahrungen hat Amma die Überzeugung gewonnen, dass Amritatma erfolgreich sein wird.

„Jetzt, da ihm *Sannyasa* verliehen wurde, ist er zum Sohn der Welt geworden. Ab jetzt ist er nicht mehr mein Sohn. Heute hat der Herr mir das Glück geschenkt, einen Sohn der Welt zu weihen. In diesem Augenblick erinnert sich Amma an seinen Vater und seine Mutter und grüßt sie ebenfalls. Kinder, betet alle für diesen Sohn. Betet für ihn, an Stärke zu gewinnen. Von jetzt an ist er nicht mehr Amritatma Chaitanya, sondern Amritaswarupananda Puri. Amma (die selbst keine *Sannyasini* ist) verstößt nicht gegen die traditionellen Verbote der Schriften, indem sie ihm *Sannyasa* verleiht. Er hat *Sannyasa* im ‚Puri'-Orden erhalten (durch einen anderen *Sannyasi*). Viele haben Amma gefragt, ob es nicht ausgereicht hätte, wenn sie ihm *Sannyasa* verliehen hätte? Aber Amma würde niemals gegen die Tradition der alten Weisen handeln. Amma wünschte, dass ein bescheidener Devotee Amritatma das ockerrote Tuch übergibt. Sonst würde sich das Ego: „Ich bin *Brahman*, ich bin vollkommen", in ihm entwickeln. Solche Gedanken können nicht auftauchen, wenn es ein Devotee ist, der das Tuch überreicht, nicht wahr? Amma wollte, dass die *Sannyasa* durch einen Swami des Ramakrishna-Ordens verliehen wird. Amma hatte vor langer Zeit einmal gesagt, dass ein Swami dieses Ordens, der Devotee ist, herkommen werde, wenn es an der Zeit ist. Als es an der Zeit war, kam Swami Dhruvananda. Sein Guru war einer der direkten Schüler Sri Ramakrishnas. Er kam und führte die Feuerzeremonie durch.

„Gestern führte dieser Sohn alle Begräbnisrituale für sich und für seine Verwandten aus. Er verabschiedete sich von seinem Vater und seiner Mutter. Er verrichtete alle Rituale, die ausgeführt werden, wenn ein Mensch stirbt. Alle Formen oder Bindungen wurden aufgegeben. Ab jetzt ist er euer Sohn, der Sohn der Welt. Alle Pflichten, die ein Mensch gegenüber Bäumen, Kriechpflanzen, Pflanzen, Tieren, Vögeln und allen anderen Geschöpfen hat, wurden aufgehoben. Er führte die Feuerzeremonie aus und betete: ‚Richte mein Sehnen ganz nach innen, führe mich zu innerem Glanz, zu spiritueller Pracht, zum Leuchten, führe mich zum Licht' und akzeptierte das ockerrote Tuch als Symbol dafür, sogar seinen eigenen Körper dem Feuer zu opfern. Er hat auch den Namen Amritaswarupananda erhalten. Also ist heute ein guter Tag, Kinder. Betet alle: ‚Gib diesem Sohn die Stärke, allen Menschen in dieser Welt Frieden und Ruhe zu schenken. Mache ihn zu einem Wohltäter der Welt.'

„Selbst der Atem eines *Sannyasi* sollte dem Wohl anderer dienen. Es wird gesagt, dass nicht einmal sein Atem seinem eigenen

Wohlergehen dienen sollte. Der ganze Körper wird im Feuer des Wissens geopfert. Ockerrot ist die Farbe des Feuers. Jetzt ist seine Natur die des Selbst. Wir alle sind dieses ewige Selbst. Er sollte alle Menschen verehren und sie als *Devi* oder die Form Gottes sehen. Der Dienst an Gott sollte die Form des Dienstes am Menschen annehmen. Jetzt hat er keinen besonderen Gott mehr. Dieser Mensch sollte den Menschen dienen, indem er sie als Gott sieht. Der Rest seines Lebens gehört dem Dienst an ihnen. Das ist die Handlung, die er von jetzt an verrichten sollte: ein Leben zu führen, das denen gewidmet ist, die wahrhaftig die Formen Gottes sind. Dieser Sohn verfügt über keine Verwirklichung oder Buße, die höher ist als diese. All dies ist vorüber. Diene allen, indem du sie als Gott siehst. Die Pflicht gegenüber Gott besteht im Mitgefühl gegenüber den Armen und Bedürftigen. Davon abgesehen wirst du aus nichts anderem Nutzen ziehen, egal wie viel Buße zu tust. Die Vollkommenheit kann nur durch diese Taten gewonnen werden, die im Gedanken an Gott verrichtet werden.

„Die Erlaubnis, das Land zu verlassen, kann nicht ohne Ausweis erhalten werden. Dieser Ausweis der Verwirklichung sollte durch Dienst erworben werden. Nichts kann ohne Ausweis erworben werden. Jetzt legt Amma mehr Gewicht auf den Dienst. Bei jedem Atemzug habt ihr Kinder den Gedanken: ‚Amma, Amma.' Deswegen ist Amma überzeugt, dass ihr allen dienen könnt, indem ihr sie als Gott seht. Kinder, betet jetzt alle zwei Minuten für diesen Sohn. Jetzt ist er kein Sohn mehr, sondern Swami Amritaswarupananda. O Herr, lass ihn nicht zu einem Übeltäter an irgendeinen Menschen in dieser Welt werden. Lass ihn der großen *Sannyasa*-Tradition keine Beleidigung zufügen. Möge er über das geistige Gleichgewicht verfügen, alle Menschen als Gott zu sehen und ihnen selbstlos zu dienen."

KAPITEL 13

„Ich bin stets bei dir"

Als die Rede umging, Amma würde zum dritten Mal um die Welt reisen, wurde ich von zwei Gedanken bewegt. Einerseits mochte ich die Vorstellung nicht, Indien zu verlassen, und andererseits mochte ich die Vorstellung nicht, drei Monate am Stück von Amma weg zu sein. Ich fragte Amma, was ich tun sollte. Sie sagte mir, da ich die indische Staatsbürgerschaft beantragt hätte, wäre es besser, in Indien zu sein, falls Fragen von der indischen Verwaltung kämen. Also beschloss ich zu bleiben. Wie Amma angedeutet hatte, kam ein Brief von der Verwaltung, in dem ich um eine Klarstellung bezüglich meiner früheren Aktivitäten gebeten wurde. Während dieser Zeit ging ich mehrere Male zum Waisenhaus, um zu sehen, welche Fortschritte die Arbeit machte. Einer der *Brahmacharis* dort hielt den Kindern einen Vortrag und erzählte ihnen eine Geschichte über Gefängnisinsassen. Er erwähnte das Essen, das den Gefangenen gegeben wurde. Es bestünde aus einem halbrohen Mehlteig. Als einer der Jungen dies hörte, stand er auf und sagte: „Swami, das ich nicht bloß eine Geschichte. Bevor Amma dieses Waisenhaus übernahm, gaben sie uns viele Jahre lang ein solches Essen. Infolgedessen litten die meisten von uns ständig unter Bauchweh und Verdauungsstörungen. Jetzt haben wir zum ersten Mal in unserem Leben gutes Essen und einen anständigen Platz zum Leben." Ich war sehr bewegt, die Worte des Kindes zu hören und fühlte, dass dies Grund genug war, das Waisenhaus in Ammas Obhut zu nehmen.

Im nächsten Jahr beschloss ich, lieber mit Amma auf die Tour zu gehen als zurückzubleiben. Aber finanziell schien es nicht möglich zu sein. Ich wurde auf der Tour nicht mehr gebraucht und konnte nicht erwarten, dass der Ashram mein Flugticket bezahlen würde. Meine physische Mutter würde meine Reise wahrscheinlich nicht finanzieren, da ich keine Zeit mit ihr verbringen könnte. Etwa zwei Monate vor der Tour 1990 jedoch erlitt ich plötzlich einen Bruch in einer Bandscheibe meiner Wirbelsäule. Die Ärzte empfahlen mir absolute Ruhe. Als die Devotees im Ashram in Amerika von meinem Zustand erfuhren, schlugen sie vor, ich solle nach Amerika reisen, um mich behandeln zu lassen. Auch Amma war der Meinung, das wäre das Beste. Meine Mutter erbot sich, mein Flugticket zu kaufen. Also wurde ich nach einer Bettruhe von einem Monat nach San Francisco geschickt. Verschiedene Ärzte untersuchten mich und kamen zu dem Schluss, eine Operation könnte den Schmerz lindern. Ich wollte bis zu Ammas Ankunft warten, also ließ ich die Operation bis Anfang Juni nicht machen. Die Operation verhalf mir jedoch zu keiner großen Linderung. Dennoch begleitete ich Amma auf der ganzen Tour bis nach Boston. An diesem Punkt bat sie mich, für so lange wie möglich im amerikanischen Ashram zurückzubleiben, Unterricht in den indischen Schriften zu geben und Satsangs über Ammas Lehren zu halten. Sie war der Ansicht, die Bewohner dort bräuchten spirituelle Unterstützung. Als ich sie fragte, wie lange ich bleiben sollte, erwiderte sie: „Solange du kannst."

Amma reiste nach London ab und ich kehrte nach San Francisco zurück. Auf dem Rückweg begannen die Lichter im Flugzeug an- und auszugehen und die Luftventilation fing an, unkontrollierbar Luft zu blasen. Dies ging eine Stunde lang so. Anscheinend funktionierte die elektrische Anlage schlecht. „Nun, Amma", dachte ich, „wird dies nun das Ende der Show sein, fern von dir? Hast du mich deswegen hier zurückgelassen?" Dann schloss ich meine Augen und wiederholte mein *Mantra* in dem Versuch, mich dem Willen Gottes zu ergeben. Der Fehler behob sich jedoch von selbst, bevor wir San Francisco erreichten.

Ich blieb bis zu Ammas Rückkehr im Mai des nächsten Jahres im Ashram, gab Unterricht, hielt jeden Samstag Satsangs ab, arbeitete an der Quartalszeitschrift, der Tourvorbereitung und traf mich mit Devotees. Ich wurde ständig in Anspruch genommen, von morgens bis in die Nacht, und zwar so sehr, dass ich Ammas Abwesenheit nicht sehr verspürte, da ich damit beschäftigt war, ihr zu dienen. Im Laufe der Jahre habe ich stets gefunden, dass mir, obwohl Ammas physische Gegenwart eine enorme Hilfe zur Konzentration und Reinhaltung des Geistes ist, auch der Dienst an ihr auf die eine oder andere Art eine Menge Kraft und Glück beschert.

Viele von uns verrichten spirituelle Übungen, scheinen aber selbst nach langer Zeit keine großen Fortschritte zu machen. Vielleicht ist es nicht offensichtlich für uns, warum das so ist. Wir scheinen so aufrichtig zu sein. Eine Unterhaltung zwischen Amma und einem jungen Mann, der während Ammas fünfter Welttour den kalifornischen Ashram besuchte, ist sehr aufschlussreich in dieser Hinsicht.

Der junge Mann fragte: „Es wird gesagt, dass ein spiritueller Sucher streng gewisse Regeln und Bestimmungen befolgen sollte, die in den Schriften festgehalten sind. Sind sie wirklich zwingend?"

Amma erwiderte: „Gegenwärtig unterliegen wir den Gesetzen der Natur und daher müssen wir die Regeln befolgen, wenn wir spirituellen Fortschritt erzielen wollen. Dies ist unvermeidbar, bis wir ein bestimmtes Stadium in unserem *Sadhana* erreichen. Sobald wir einen Zustand erreichen, in dem die Natur zu unserem Diener geworden ist, benötigen wir keine Regeln mehr, denn dann wird es keinen Verlust spiritueller Energie geben, selbst wenn wir sie nicht beachten. Aber bis dahin sind sie notwendig.

„Nachdem wir Samen in die Erde gelegt haben, decken wir sie zum Schutz vor Vögeln mit einem Netz ab, sonst werden die Samen gefressen oder die Sprossen werden zerstört und nichts wird wachsen. Sobald der Samen zu einem großen Baum geworden ist, wird er Vögeln, Menschen und sogar Elefanten Schutz bieten können. In ähnlicher Weise werden wir keine Regeln zu unserem Schutz mehr benötigen, sobald wir die Stärke entdeckt haben, die in uns verborgen ist.

„Sind Regelmäßigkeit und Beständigkeit in der Übung erforderlich, damit dies geschieht?" fragte der Junge.

„Ja, wir sollten Regelmäßigkeit und Beständigkeit so sehr lieben wie wir Gott lieben. Ein Mensch der Gott liebt, wird auch die Disziplin lieben, aber von den beiden sollten wir zuerst die Disziplin und Regelmäßigkeit lieben", antwortete Amma.

„Jene Menschen, die gewohnt sind, zu einer festen Stunde Tee oder Kaffee zu trinken, werden unruhig oder bekommen Kopfschmerzen, wenn sie sie nicht zur gewohnten Zeit erhalten. Drogensüchtige Menschen erleiden große Qualen, wenn sie ihre gewohnte Dosis nicht bekommen. Ihre Gewohnheit erinnert sie jeden Tag zur selben Stunde, dieselbe Handlung zu wiederholen. Genauso wird es zur Gewohnheit, wenn wir eine Handlung mit Regelmäßigkeit praktizieren. Im Falle von *Sadhana* ist dies von Nutzen für uns, denn wir werden erinnert, zur rechten Zeit unser *Sadhana* zu verrichten."

Der junge Mann sagte: „Ich verrichte ein *Sadhana*, aber ich sehe nicht, dass es mir einen Nutzen einbringt."

Mata Amritanandamayi Zentrum in San Ramon, Kalifornien

Amma betrachtete ihn mit einem mitfühlenden Lächeln im Gesicht und fragte: „Sohn, du verlierst häufig die Geduld und gerätst in Wut, nicht wahr?"

„Ja", erwiderte er, „aber wieso fragst du? Was haben meine Wutanfälle mit meinem *Sadhana* zu tun?"

„Wenn ein Mensch *Sadhana* verrichtet, ohne Stolz und Wut aufzugeben", erwiderte Amma, „wird er keinen Nutzen daraus ziehen können. Sohn, du sammelst ein wenig Zucker auf einer Seite und lässt dann auf der anderen Seite Ameisen rangehen. Was du dir durch *Sadhana* verdienst, wird durch deine Wut verschwendet. Du bist dir dieses Verlustes jedoch nicht bewusst. Wenn wir den Knopf eines Blitzlichts zehn Mal drücken, lässt die Ladung in der Batterie nach. In ähnlicher Weise geht all unsere Energie durch Augen, Ohren, Nase, Mund und alle Poren der Haut verloren, wenn wir wütend werden. Auf Grund von Stolz und Wut zerstreut sich unsere Energie. Wenn wir jedoch unseren Geist unter Kontrolle behalten, wird das, was wir uns verdient haben, bei uns bleiben."

„Können Menschen, die wütend werden, nicht die Glückseligkeit erfahren, die durch *Sadhana* zu erlangen ist?" fragte der junge Mann.

Amma erwiderte: „Mein Kind, stell dir vor, wir ziehen mit Hilfe eines Eimers, der viele Löcher hat, Wasser aus einem Brunnen. Wenn der Eimer schließlich den Rand des Brunnens erreicht, ist kein Wasser mehr darin, denn das ganze Wasser ist durch die Löcher hinausgeflossen. Sohn, dein *Sadhana* ist wie solch ein Eimer. Wenn wir mit einem Geist voller Wünsche und Wut *Sadhana* verrichten, geht der ganze Gewinn immer wieder verloren. Daher können wir den Nutzen im *Sadhana* nicht erkennen, die Glückseligkeit darin nicht erfahren oder auch seine Größe nicht verstehen. Daher solltest du zuerst an einem einsamen Ort sitzen, um deinen Geist zu beruhigen und dann deine spirituelle Übung verrichten. Halte dich fern von Wut und Wünschen, dann kannst du gewiss die Quelle grenzenloser Energie und Glückseligkeit verwirklichen."

Kurz nach Ammas Rückkehr von ihrer achten Welttour im August 1994 beschloss sie, die Tradition fortzusetzen, ihren Schülern *Sannyasa* zu geben. Sechs Männer und zwei Frauen erhielten das ockerrote Tuch. Es handelte sich um Ramakrishna (Swami Ramakrishnananda), Pai (Swami Amritamayananda), Rao (Swami Amritatmananda), Sreekumar (Swami Purnamritananda), Venu (Swami Pranavamritananda), Satyatma (Swami Amritageetananda), Leela (Swamini Atmaprana) und Gayatri (Swamini Amritaprana). Die Atmosphäre im Ashram hatte sich im Vergleich zu den frühen Tagen natürlich verändert. Obwohl es sich immer noch um eine große Familie handelte, gab es jetzt viel mehr Ernsthaftigkeit bezüglich des spirituellen Lebens. Die Swamis wurden mit der Betreuung verschiedener Zweigashrams betraut. Von den Ashrambewohnern wurde die Einhaltung eines hohen Niveaus spiritueller Disziplin erwartet. Es wurde regelmäßiger Unterricht über die Vedanta-Philosophie durchgeführt und viele wurden in die Gelübde des *Brahmacharya* (eheloses Schülerleben) eingeweiht. Von den Dreien oder Vieren von uns, die mit Amma lebten, war der Ashram auf fast vierhundert ständige Bewohner angewachsen.

Wirkliche Ashrams entstehen so wie dieser. Sie werden nicht nach Plan gebaut. Sie „passieren einfach" um einen *Mahatma* herum. Sie stellen die wirklichen heiligen Plätze auf Erden dar. Die Schwingungen des Weisen, der im Zentrum des Ganzen lebt, durchdringen die Atmosphäre dort. Zusätzlich mit den guten Schwingungen all der Devotees und Schüler, die *Sadhana* verrichten, ergibt sich eine stark förderliche Umgebung, um ein spirituelles Leben zu führen. Selbst in Ammas physischer Abwesenheit ist der intensive Frieden in ihrem Ashram in Kerala spürbar. Diese Schwingungen werden sich niemals zerstreuen, solange es spirituelle Sucher gibt, die an diesem Ort nach Gott streben. Auf diese Weise entstehen heilige Orte.

Nachdem Amma diesen Schülern *Sannyasa* gegeben hatte, sprach sie mit mir und fragte mich, ob ich dasselbe ebenfalls akzeptieren würde. Wer war ich schon, um eine solche Sache zu entscheiden? Obwohl ich in den letzten sechsundzwanzig Jahren ein Leben des Verzichts geführt hatte, hatte ich nicht die Absicht, *Sannyasi* zu werden. Mein einziger Wunsch war, Gott zu verwirklichen. Vielleicht zum Wohl der Welt und um meine eigene Losgelöstheit zu stärken, wollte Amma dennoch, dass ich das ockerrote Tuch akzeptierte. Ihre Frage zeigte offensichtlich, dass sie wollte, dass ich es akzeptierte. Ich sagte ohne zu zögern: „Ja". Sie sagte, dass sie bei meinem nächsten Besuch in Indien die Zeremonie in die Wege leiten würde, da ich mich damals noch in Amerika befand.

Amma hatte mir gesagt, ich sollte alle zwei Jahre einmal nach Indien zurückkehren. Dies galt nicht bloß dem Vergnügen, im Ashram zu sein. Sie war der Ansicht, dass es für die Reinheit meines Geistes notwendig wäre, dann und wann „meine Batterien aufzuladen". Obwohl der Ashram in Amerika selbst ein heiliger Ort geworden und voll des Aromas der spirituellen Kultur Indiens war, fühlte ich auch, dass ich regelmäßig in der indischen Atmosphäre leben musste. Der Mangel einer allgemeinen Tradition in Amerika macht es sehr schwierig, ein spirituelles Lebens zu führen, denn die Ideale der westlichen Gesellschaft sind nicht auf Selbstkontrolle, rechtes Handeln und Hingabe an Gott gegründet, sondern vielmehr auf Behaglichkeit, Vergnügen und die Vorherrschaft des menschlichen Intellekts. Wenn ein Mensch mit weißen Kleidern in einen Raum geht, in dem Holzkohle gelagert wird, kann er nicht verhindern beschmutzt zu werden und sei es noch so geringfügig. Nachdem ich mehr als mein halbes Leben in der traditionellen Kultur Indiens verbracht hatte, fand ich sie förderlich für meinen spirituellen Fortschritt. Nachdem ich auf einer mehr oder weniger ständigen Grundlage in Amerika lebte, verstand ich auch die Weisheit darin, regelmäßig Indien zu besuchen und eine Weile dort zu bleiben.

Die *Sannyasa*-Zeremonie wurde Ende August 1995 durchgeführt. Am ersten Tag fand am Meeresstrand die Zeremonie der Kopfrasur und das Durchführen der Rituale für das eigene Begräbnis statt. Am nächsten Morgen gegen 3 Uhr begann die Feuerzeremonie. Sie wurde von Swami Amritaswarupananda geführt. Auf Grund anhaltender körperlicher Probleme mit meinem Rücken und Verdauungsapparat stand ich große Qualen aus. Ich war einfach nicht in der Lage, so viele Stunden zu sitzen. Dennoch beschloss ich, wie ich es viele Male zuvor in meinem Leben getan hatte, „meine Aufgabe zu erfüllen oder dabei zu sterben".

Amma kam um etwa sechs Uhr zu der Feuerzeremonie. Obwohl ich „keine Miene verzog", konnte sie sofort erraten, dass ich große Schmerzen ausstand. Sie wandte sich an mich und sagte: „Es geht nur noch eine Stunde." Wir waren zu fünft und so dauerte es eine ganze Weile. Schlußendlich dauerte es über zwei Stunden, bis die Zeremonie beendet war. Nachdem wir zum Ashram zurückgekehrt waren, erbettelten wir unser Essen von den Devotees und verbrachten dann wieder einige Zeit mit Amma. Sie sah mich an, lächelte und meinte: „Bist du gestorben? Armer Junge!" „Nein, Amma", erwiderte ich. „Aber ein großer Teil meines vergangenen schlechten *Karmas* wurde durch die heutige Tortur verbrannt." Als Amma dies hörte, lachte sie. Ich wünschte, ich hätte so glückselig wie die anderen dort sitzen können, aber wenigstens war ich durch den Schmerz, den ich hatte ertragen müssen, nicht aus dem Gleichgewicht geraten. Ich nahm es als eine weitere Gelegenheit, Losgelöstheit vom Körper zu praktizieren. Amma gab mir den Namen Swami Paramatmananda. Bei den anderen, die an jenem Tag *Sannyasa* erhielten, handelte es sich um Unnikrishnan (Swami Turiyamritananda), Damu (Swami Prajnanamritananda), Unnikrishnadas (Swami Jnanamritananda) und Saumya (Swamini Krishnamrita Prana).

Jeden Tag ging ich in der Nähe von Ammas Zimmer spazieren, da es sich um den friedlichsten Ort im Ashram handelte. Die meisten anderen Bereiche waren üblicherweise voller Menschen, aber der Bereich um Ammas Zimmer wurde normalerweise frei gehalten, um Amma nicht zu stören. Als ich in einer meditativen Stimmung hin- und herging, kam Amma auf ihrem Weg zu den Abend-*Bhajans* und dem *Devi Bhava Darshan* die Stufen herab. Ich befand mich in etwa dreißig Metern Entfernung von Amma, als ich sie erblickte. Normalerweise geht sie sehr schnell, wenn sie auf dem Weg zu einem Ort ist. Diesmal hielt sie an und blickte mich an. Obwohl ich nicht die Absicht hatte, zu ihr zu gehen, da ich wusste, dass sie in Eile war, fühlte ich eine intensive Sehnsucht, zu ihr zu eilen. Mein Herz war voller Liebe zu ihr. Sie stand einfach wartend dort. Ich rannte praktisch und fiel ihr zu Füßen. Sie lächelte und sagte: „Sohn, willst du heute Nacht während des *Darshan* nicht singen?" „In Ordnung, Amma", erwiderte ich. Tatsächlich hatte ich gerade über die Tatsache nachgedacht, dass ich noch nicht während des *Darshans* hatte singen können, weil es so viele andere gab, die das wollten. Ich fühlte, dass es egoistisch von mir wäre, ihnen ihre Chance wegzunehmen, vor Amma zu singen. Die Erfahrung von Ammas Allwissenheit und Macht, hinterließ einen tiefen Eindruck in meinem Geist.

Bald darauf begann Amma, mich zu fragen, wann ich nach Amerika zurückkehren würde. Ich war nur ein paar Wochen in Indien gewesen! Warum diese Eile? Ich machte Amma gegenüber eine entsprechende Andeutung, ohne respektlos zu ihr zu sein. Sie musste nicht viel sagen, um mich verstehen zu lassen, dass meine

Amma mit Swami Paramatmananda
nach seiner Sannyasa-Einweihung

Arbeit in Amerika lag. Anscheinend wollte Amma, dass ich mein eigenes Glück vollständig vergaß und ohne jeden Egoismus diente. Eines Morgens ging ich in ihr Zimmer, um ein wenig Zeit in ihrer Gegenwart zu verbringen. Sie begann, meine Rückkehr nach Amerika zu besprechen. An diesem Punkt sagte ich: „Amma, ich habe fast sechs Jahre fern von dir verbracht. Wie kommt es, dass ich zwanzigtausend Kilometer fern von dir, der göttlichen Mutter selbst, leben muss, während du dein göttliches Schauspiel hier aufführst? Und jetzt muss ich nach einem so kurzen Aufenthalt wieder gehen. Ist dies meine Zukunft?"

Amma sah mich entschlossen, aber mit einem Leuchten liebevoller Anmut in den Augen an und sagte: „Sohn, du bist zu mir gekommen, um Gott zu verwirklichen. Sollte ein Mensch seinen Geist nicht auf Gott gerichtet halten, egal wo in dieser Welt er sich befinden mag? Denke niemals, dass Ammas Gnade nicht auf dir ruht. Du bist niemals weg von Amma. Denke stets daran, wo auch immer du hingehst in diesem Universum, jetzt oder nach dem Tod, Amma wird für immer an deiner Seite sein."

Als ich Ammas Worte hörte, füllte sich mein Herz mit tiefer Rührung bei dem Gedanken an ihre ewige Liebe und Göttlichkeit. Ich konnte nichts weiter sagen. Ich verneigte mich und ging, traurig bei dem Gedanken an die bevorstehende physische Trennung, aber erfüllt vom Glauben, dass Amma immer bei mir sein würde und mich zur richtigen Zeit aus dem dunklen Alptraum von Geburt, Tod und Wiedergeburt hinein in den strahlenden Sonnenschein der Selbsterkenntnis erwecken würde.

Glossar

Achyuta: "Der Unvergängliche, der Ewige". Einer der Namen Vishnus.

Adharma: Unrecht, Sünde, der göttlichen Harmonie entgegengerichtet.

Advaita: Nicht-Dualismus. Die Philosophie, die lehrt, daß die höchste Realität nicht teilbare Einheit ist.

Ahimsa: Friedfertigkeit, Gewaltlosigkeit. Kein Lebewesen in Gedanken, Wort oder Tat zu verletzen.

Ambika: "Mutter." Die göttliche Mutter.

Anna prasana: Die erste feste Nahrung, die ein Baby erhält.

Annapurna: Die Göttin des Reichtums. Eine Form Durgas.

Arati: Ritual, beim dem ein Licht brennenden Kampfers dargeboten wird, sowie eine Glocke vor der Tempelgottheit oder einer heiligen Person als abschließender Höhepunkt der Puja (Verehrung) geläutet wird. Vom Kampfer bleiben keine Reste, was die völlige Vernichtung des Egos symbolisiert.

Archana: „Zur Verehrung darbringen." Eine Art des Gottesdienstes, bei dem die Namen einer Gottheit gesungen werden, gewöhnlich 108, 300 oder 1000 Namen bei einer Zusammenkunft.

Asana: Eine kleine Matte, auf der der Aspirant beim Meditieren sitzt. Yoga-Stellung.

Ashram: „Ort des Strebens". Ein Ort, an dem spirituelle Sucher und Aspiranten leben, bzw. den sie besuchen, um spirituelle Lebensführung und Übungen zu praktizieren. In der Regel gibt es dort einen spirituellen Meister, Heiligen oder Asketen, der die Suchenden anleitet.

Atman: Das wahre Selbst. Die essentielle Natur unseres wahren Seins. Einer der Grundsätze des Sanatana Dharma ist, daß wir nicht unser physischer Körper, Intellekt, Denken, unsere Gefühle oder Persönlichkeit sind, sondern unser ewiges, reines, makelloses Selbst.

AUM: Heilige Silbe. Urton bzw. Schwingung, die Brahman und die gesamte Schöpfung repräsentiert. Aum ist das Urmantra und befindet sich gewöhnlich am Anfang anderer Mantren.

Avadhut: Eine selbstverwirklichte Seele, die nur die Einheit von allem sieht und dadurch alle gesellschaftlichen Konventionen transzendiert hat.

Avatar: „Herabkunft". Eine göttliche Inkarnation. Das Ziel einer göttlichen Inkarnation besteht darin, das Gute zu beschützen, das Böse zu zerstören, Rechtschaffenheit in der Welt wieder herzustellen und die Menschheit zum spirituellen Ziel zu führen. Sehr selten handelt es sich bei einem Avatar um eine volle Herabkunft. (Purnavatar)

Ayitham: Der aus dem Malayalam stammende Begriff *ayitham* (abgeleitet vom Sanskrit-Wort *asuddham*) bezieht sich auf die Beachtung der Auffassung, daß eine Person aus einer hohen Kaste beschmutzt wird durch die Annäherung oder Berührung von jemandem aus bestimmten niederen Kasten.

Ayurveda: "Die Wissenschaft vom Leben" . Altindisches ganzheitliches Gesundheits- und Medizinsystem. Ayurvedische Arzneien werden gewöhnlich aus Heilkräutern und -pflanzen hergestellt.

Bhagavad Gita: "Lied Gottes". Bhagavad = des Herrn; Gita = Lied, mit besonderem Bezug zu Ratschlägen. Die Lehren, die Krishna Arjuna auf dem Schlachtfeld von Kurukshetra zu Beginn des Mahabharata-Krieges erteilte. Sie ist ein praktischer Leitfaden für das tägliche Leben des Menschen und enthält die Essenz Vedischer Weisheit.

Bhagavan: „Der segensreiche Herr, Gott". Gemäß der Vedanta, einem Zweig vedischer Literatur, ist Bhagavan derjenige, welcher die Seelenwanderung beendet und Vereinigung mit dem Höchsten Geist schenkt.

Bhagavata: Siehe Srimad Bhagavatam.

Bhajan: Hingebungsvoller Gesang.

Bhakti: Hingabe

Bhakti Yoga: „Einheit durch Hingabe." Pfad der Hingabe. Der Weg zur Selbstverwirklichung über Hingabe und völlige Gottergebenheit.

Bhasma: Heilige Asche.

Bhava: Göttliche Laune.

Bhava darshan: Zu diesem Anlaß empfängt Amma ihre Anhänger in einem erhobenen Zustand der göttlichen Mutter. In der Anfangszeit erschien Amma auch in Krishna-Bhava.

Bhiksha: Almosen, Essensgabe.

Bijakshara: Ein Saat-Buchstabe in einem Mantra.

Brahmachari(ni): In Zölibat lebende(r) Jünger(in), der spirituelle Disziplinen praktiziert und in der Regel von einem Guru unterwiesen wird.

Brahmacharya: „Gottestreue, Beständigkeit in Gott." Zölibat und diszipliniertes Gedanken- und Sinnesleben.

Brahman: Die absolute Wirklichkeit; das Ganze; das Höchste Wesen, das alles umfaßt und durchdringt, das eins und unteilbar ist.

Brahma Sutras: Aphorismen vom Weisen Badarayana (Veda Vyasa), die die Vedanta-Philosophie erläutern.

Brindavan: Der Ort, an dem der historische Krishna als junger Hirte lebte.

Chammandi: Kokosnuß-Chutney (Soße).

Chandala: Aussätziger.

Chechi: (Malayalam) "Ältere Schwester." Es ist eine liebevollere Anrede als mit dem Namen.

Dakshayani: Ein Name der göttlichen Mutter Parvati.

Darshan: Eine Audienz bei einer heiligen Person, bzw. deren Anblick oder eine göttliche Vision.

Devi: "Die Strahlende." Die Göttin.

Devi Bhava: "Der göttliche Zustand Devis." Der Zustand, in dem Amma ihre Einheit und Identität mit der göttlichen Mutter offenbart.

Dhara: Ein fortlaufender Flüssigkeitsstrom. Der Begriff wird häufig verwendet für eine medizinische Behandlungsform, bei der eine therapeutische Flüssigkeit kontinuierlich über den Patienten gegossen wird. Ferner ist Dhara eine Bezeichnung für eine Form des zeremoniellen Badens einer göttlichen Figur.

Dharma: „Das, was das Universum aufrecht erhält." Dharma hat zahlreiche Bedeutungen, dazu gehören: das göttliche Gesetz; Gesetz des Lebens in Einklang mit göttlicher Harmonie; Rechtschaffenheit, Religion, Pflicht, Verantwortung, rechtes Verhalten, Gerechtigkeit, Tugendhaftigkeit und Wahrhaftigkeit. Dharma steht für die inneren Prinzipien von Religion.

Dhyana: Meditation, Kontemplation.

Diksha: Initiation, Einweihung.

Dosha: Pfannkuchen aus Reismehl.

Durga: Ein Name Shaktis, der göttlichen Mutter. Sie wird oft mit einer Anzahl von Waffen in den Händen und auf einem Löwen reitend dargestellt. Sie zerstört Böses und schützt Gutes. Sie zerstört die Wünsche und negativen Tendenzen (Vasanas) ihrer Kinder und enthüllt das höchste Selbst.

Dwaraka: Die Inselstadt, in der Krishna lebte und seinen Pflichten als König nachkam.

Nachdem Krishna seinen Körper verlassen hatte, versank Dwaraka im Meer. Archäologen haben vor kurzem die Überreste einer Stadt im Meer in der Nähe Gujarats entdeckt. Man nimmt an, daß es Dwaraka ist.

Ekagrata: Volle Konzentration.

Gayatri: Das bedeutendste Mantra in den Veden; es steht in Verbindung mit der Göttin Savita. Nach Erhalten von Upanayana sollte man dieses Mantra singen. Ferner: die Göttin Gayatri.

Gita: „Lied". Siehe *Bhagavad Gita*

Gopala: "Kuhhirtenjunge." Einer der Namen Krishnas.

Gopi: Die Gopis waren Kuhhirten- und Milchmädchen, die in Brindavan lebten. Sie waren die engsten Anhänger Krishnas und waren für ihre erhabene Hingabe an den Herrn bekannt. Sie stehen für die intensivste Gottesliebe.

Grihasthashrami: Ein Grihasthasrami ist ein Haushälter, der sich dem spirituellen Leben widmet.

Guna: Die Ur-Natur (Prakriti) besteht aus drei Gunas, d.h. Grundeigenschaften, -tendenzen oder Hauptgewichtungen, die aller Manifestation zugrunde liegen: Sattva (Tugendhaftigkeit, Reinheit, heitere Gelassenheit), Rajas (Aktivität, Leidenschaft) und Tamas (Dunkelheit, Trägheit, Unwissenheit). Diese drei Gunas stehen in ständiger Wechselwirkung miteinander.

Guru: „Jemand, der die Dunkelheit der Unwissenheit beseitigt". Spiritueller Meister/Führer.

Gurukula: Ein Ashram mit einem lebenden Guru, der dort ansässige Jünger unterweist.

Guruvayoor: Ein Wallfahrtsort in Kerala, in der Nähe von Trissur, wo ein berühmter Krishna-Tempel steht.

Haimavati: Ein Name der göttlichen Mutter Parvati.

Hatha Yoga: Ein System physischer and mentaler Übungen, die in alten Zeiten entwickelt wurden, mit dem Ziel, den Körper und seine vitalen Funktionen zu vollendeten Instrumenten zu machen, um dadurch die Selbstverwirklichung zu unterstützen.

Homa: Opferfeuer.

Hridayasunya: Herzlos.

Hridayesha: Herr des Herzens.

Japa: Wiederholung eines Mantras, Gebets oder eines göttlichen Namens.

Jarasandha: Der mächtige König von Magadha, der mit Krishna 18 Schlachten schlug und von Bhima getötet wurde.

Jivatman: Die individuelle Seele.

Jnana: Spirituelle oder göttliche Weisheit. Wahres Wissen bedeutet direkte Erfahrung ohne irgendwelche Erkenntnisse des begrenzten Geistes, Intellekts und der Sinne. Es wird erreicht durch spirituelle Übungen und die Gnade Gottes oder des Gurus.

Kali: „Die Dunkle". Ein Aspekt der göttlichen Mutter. Aus der Perspektive des Egos kann sie furchterregend wirken, da sie es zerstört. Jedoch zerstört sie das Ego und transformiert uns nur aufgrund ihres unermesslichen Mitgefühls. Kali hat viele Formen. In ihrer wohlwollenden Gestalt ist sie bekannt als Bhadra-Kali. Der Anhänger weiß, daß sich hinter ihrer grimmigen Fassade die liebende Mutter befindet, die ihre Kinder beschützt und die Gnade der Befreiung schenkt.

Kamandalu: Ein Kessel mit Griff und gebogenem Ausgußstück, der von Mönchen benutzt wird, um Wasser und Nahrung zu holen.

Kamsa: Krishnas dämonischer Onkel, der von ihm getötet wurde.

Kanji: Reissuppe.

Kanna: „Der mit den schönen Augen". Ein Kosename von Krishna als Baby. Es gibt viele Geschichten über Krishnas Kindheit, und er wird manchmal in der Gestalt des göttlichen Kindes verehrt.

Kapha: Siehe "Vata, pitta, kapha."

Karma: Handlung, Tat.

Karma Yoga: „Einheit durch Handlung." Der spirituelle Pfad losgelösten, selbstlosen Dienens und auf dem die Früchte aller Handlungen Gott geweiht werden.

Karma yogi: Ein Karmayogi folgt dem Pfad selbstloser Handlung.

Kartyayani: Ein Name der göttlichen Mutter Parvati.

Kauravas: Die hundert Kinder Dhritharasthras and Gandharis. Die Kauravas waren die Feinde der Pandavas, die sie im Mahabharata-Krieg bekämpften.

Kindi: Ein traditionelles Gefäß aus Bronze oder Messing mit Tülle, das gewöhnlich bei Gottesdiensten verwendet wird.

Kirtan: Hymne. Geistige Lieder, deren Zeilen ein Sänger vorsingt und dann von allen anderen nachgesungen wird

Krishna: „Er, der uns zu sich zieht; der Dunkle." Die Hauptinkarnation Vishnus. Er wurde in einer Königsfamilie geboren, wuchs jedoch bei Pflegeeltern auf und lebte als junger Kuhhirte in Brindavan, wo er von seinen hingebungsvollen Gefährten, den Gopis und Gopas, geliebt und verehrt wurde. Später wurde Krishna der Herrscher Dwarakas. Seinen Cousins, den Pandavas, war er ein Freund und Berater, insbesondere für Arjuna, dem er seine Lehren in der Bhagavad Gita vermittelte.

Krishna bhava: Der Zustand, in dem Amma ihre Einheit und Identität mit Krishna zeigt.

Kumkum: Saffran.

Kshatriya: Krieger-Kaste.

Kshetra: Tempel; Feld; Körper.

Kundalini: „Die Schlangenkraft." Die geistige Energie, die wie eine eingerollte Schlange an der Basis der Wirbelsäule ruht. Durch geistige Übungen wird sie zum Aufsteigen durch den Sushumna-Kanal (einem feinstofflichen Nerv in der Wirbelsäule) und über die Chakras (Kraftzentren) gebracht. Wenn die Kundalinikraft von Chakra zu Chakra aufsteigt, beginnt der spirituelle Aspirant feinere Bewußtseinsebenen zu erfahren. Zum Schluß erreicht die Kundalini das höchste Chakra oben auf dem Kopf (Sahasrara-Lotus), was zur Erlösung führt.

Lakshya bodha: Ständig auf das höchste Ziel ausgerichtet sein, sich stets dessen bewußt sein. Damit einhergehende Weisheit und Erkenntnis.

Lalita Sahasranama: Die Tausend Namen der göttlichen Mutter in der Gestalt Lalitambikas.

Leela: „Spiel". Die göttlichen Bewegungen und Handlungen, die von ihrer Natur her frei sind und nicht unbedingt den Naturgesetzen unterliegen.

Mahatma: „Große Seele." Wenn Amma den Begriff „Mahatma" verwendet, meint sie eine selbstverwirklichte Seele.

Mahasamadhi: Wenn eine verwirklichte Seele stirbt, wird es als Mahasamadhi, „großes Samadhi", bezeichnet.

Mala: Rosenkranz - gewöhnlich aus Rudraksha-Samen, Tulasi- oder Sandelholzperlen gefertigt.

Mantra: Heilige Formel oder Gebet, das ständig wiederholt wird. Dadurch werden die in einem schlummernden spirituellen Kräfte geweckt und das Erreichen des Ziels findet Unterstützung. Es ist am wirkungsvollsten, wenn es von einem spirituellen Meister während einer Einweihung gegeben wurde.

Mantra diksha: Mantra-Initiation (Einweihung).

Mataji: "Mutter." Das Suffix "ji" bedeutet Respekt.

Maya: "Illusion." Die göttliche Kraft oder der Schleier, mit dem Gott in seinem göttlichen Schöpfungsspiel sich selbst verbirgt, den Eindruck der Vielfalt und damit die Illusion der Trennung hervorruft.

Wenn Maya die Wirklichkeit verschleiert, täuscht sie uns und erweckt in uns die Annahme, daß die Vollendung außerhalb von uns selbst liegt.

Mookambika: Die göttliche Mutter in dem Aspekt, in dem sie in dem berühmten Tempel in Kalloor in Südindien verehrt wird.

Mukti: Befreiung, Erlösung

Muladhara: Das unterste der sechs Chakren, das sich an der Basis der Wirbelsäule befindet.

Mudra: Heilige Handstellung oder -geste, die spirituelle Wahrheiten darstellt.

Nanda: Krishnas Pflegevater.

Narayana: Nara = Wissen, Erkenntnis, Wasser. „Der in höchster Erkenntnis Etablierte." „Der in den Urwassern (Ursprungswassern) Lebende." Name Vishnus.

Nasyam: Eine ayurvedische Reinigungsbehandlung, bei der ein spezielles medizinisches Öl in die Nase geleitet wird.

Ojas: Sexuelle Energie, die durch spirituelle Übungen in vitale Energie umgewandelt wird.

Om Namah Shivaya: Das Panchakshara Mantra (aus fünf Buchstaben bestehend). Bedeutung: „Gegrüßt sei der glücksverheißende Shiva."

Pada puja: Verehrung der Füße Gottes, des Gurus oder eines Heiligen. So wie die Füße den Körper tragen, trägt das Guru-Prinzip die höchste Wahrheit. Daher repräsentieren die Füße des Guru die höchste Wahrheit.

Pandavas: Die fünf Söhne König Pandus und Helden des Mahabharata-Epos.

Paramatman: Der höchste Geist, das höchste geistige Prinzip; Brahman.

Parvati: „Berges-Tochter." Shivas göttliche Gemahlin. Ein Name der göttlichen Mutter.

Payasam: Süßer Reispudding.

Peetham: Heiliger Sitz.

Pitta: Siehe "Vata, pitta, kapha."

Pradakshina: Eine Art der Verehrung, bei der man im Uhrzeigersinn einen heiligen Ort, einen Tempel oder eine heilige Person umrundet.

Prarabdha: Pflichten, Lasten. Die Frucht vergangener Handlungen aus diesem und vorher gehenden Leben, die in diesem Leben zur Manifestation kommt.

Prasad: Geweihte Gaben, die nach der Puja verteilt werden. Ferner wird jede Gabe eines Mahatmas, die er als Zeichen seines Segens gibt, als Prasad betrachtet.

Prema: Höchste Liebe.

Prema bhakti: Höchste Liebe und Hingabe.

Puja: Rituelle Verehrung/Gottesdienst.

Purnam: Voll, perfekt.

Radha: Eine von Krishnas Gopis. Sie stand Krishna von allen Gopis am nächsten und personifiziert die höchste und reinste Gottesliebe. In Goloka, der himmlischen Wohnstatt Krishnas, ist Radha Krishnas göttliche Gemahlin.

Rajas: Aktivität, Leidenschaft. Eine der drei Gunas oder grundlegenden Eigenschaften der Natur.

Rama: „Der Freude Gebende". Der göttliche Held in dem Epos „Ramayana". Er war eine Inkarnation Vishnus und gilt als Ideal/Vorbild der Tugendhaftigkeit.

Ramayana: „Das Leben Ramas." Eines der größten indischen epischen Gedichte, welches das Leben Ramas beschreibt. Der Verfasser ist Valmiki. Rama war eine Inkarnation Vishnus. Ein Hauptteil des Epos erzählt von der Entführung Sitas, der Gemahlin Ramas, nach Sri Lanka durch Ravana, dem Dämonenkönig, und von ihrer Rettung durch Rama und seine Anhänger.

Rasam: Eine Brühe aus Tamarinde, Salz, Chili, Zwiebeln usw.

Ravana: Der Dämonenkönig Sri Lankas, der Bösewicht im Ramayana.

Rudraksha: Die Samen des Rudraksha-Baumes, die über medizinische Wirkung, sowie spirituelle Kraft verfügen und in Bezug zu Shiva stehen.

Sadhak: Ein spiritueller Aspirant, der Sadhana mit dem Ziel der Selbstverwirklichung ausübt.

Sadhana: Spirituelle Disziplin und Übungen, wie Meditation, Gebet, Japa, Lesen heiliger Schriften, Fasten usw.

Sahasrara: „Mit tausend Speichen" = tausendblättrig (Lotus). Das höchste Chakra (oben am Scheitel). Die Kundalini (Shakti) vereinigt sich dort mit Shiva. Es ähnelt einer Lotusblüte mit tausend Blättern.

Samadhi: Sam = mit; adhi = der Herr. Vereinigung mit Gott. Ein Zustand tiefer Konzentration, in dem alle Gedanken aufhören; die mentale Ebene taucht in einen Zustand völliger Stille, in dem nur reines Bewußtsein übrig bleibt, während man in Gott (Atman, Selbst) weilt.

Sambar: Gemüsebrühe mit scharfen Gewürzen.

Samsara: Die Welt der Vielfalt. Der Zyklus von Geburt, Tod und Wiedergeburt.

Samskaras: Samskara hat zwei verschiedene Bedeutungen: Kultur und die Summe der im Menschen gespeicherten Erfahrungsinhalte (aus diesem und früheren Leben). Das durch diese Eindrücke entstandene „Programm" wirkt sich auf seinen Charakter, seine Handlungs- und Reaktionsweise, sein Fühlen und sein Denken (Einstellung) aus.

Sanatana Dharma: "Die ewige Religion." Die traditionelle Bezeichnung für den Hinduismus.

Sandhya: Sonnenaufgang, Mittag oder Sonnenuntergang - meistens ist der Sonnenuntergang gemeint.

Sankalpa: Ein schöpferischer, integraler Entschluß, der zur Verwirklichung kommt. Der Sankalpa-Beschluß eines gewöhnlichen Menschen zeigt nicht immer das gewünschte Ergebnis, der eines selbstverwirklichten Wesens jedoch führt zur unausweichlichen Manifestation des beabsichtigten Resultates.

Sannyasi: Ein Mönch oder eine Nonne mit offiziellen Gelübden der Entsagung. Ein Sannyasi trägt traditionsgemäß ein orangefarbenes Gewand, welches das Verbrennen aller Anhaftungen symbolisiert.

Satguru: Ein selbstverwirklichter, spiritueller Meister.

Satsang: Sat = Wahrheit, Sein; sanga = Zusammensein mit. Aufenthalt in der Gesellschaft weiser und tugendhafter Menschen. Auch: spiritueller Vortrag eines Weisen oder Gelehrten.

Shakti: Kraft. Shakti ist auch eine Bezeichnung der Weltenmutter, dem dynamischen Aspekt Brahmans.

Shastri: Religiöser Gelehrter.

Shiva: „Der Glückverheißende; der Gnädige, der Gute." Ein Aspekt des höchsten Seins. Das maskuline Prinzip; der statische Aspekt Brahmans. Auch der Aspekt der Trinität, der mit der Zerstörung des Universums verbunden ist und mit der Zerstörung des Unwirklichen.

Shraddha: Auf Sanskrit bedeutet Shraddha Glaube, der auf Weisheit und Erfahrung beruht; auf Malayalam hingegen Aufmerksamkeit bei jeder Handlung (Amma verwendet ihn oft in dieser Bedeutung) und hingebungsvoll ausgeführte Arbeit.

Sri or Shree: "Leuchtend, heilig." Ein Präfix, der Achtung und Verehrung ausdrückt.

Shridara: "Der, der Lakshmi hält." Ein Name Vishnus.

Srimad Bhagavata: Eine der 18 Schriften, die als Puranen bekannt sind und sich mit den Inkarnationen Vishnus befassen, besonders detailliert mit dem Leben Krishnas. Hierin wird der Pfad der Hingabe besonders betont.

Tamas: Dunkelheit, Trägheit, Apathie, Unwissenheit. Tamas ist eine der drei Gunas bzw. grundlegenden Eigenschaften der Natur.

Tandava: Shivas Tanz der Glückseligkeit, insbesondere in der Abenddämmerung.

Tapas: "Hitze." Selbstdisziplin, Askese, Genügsamkeit, Buße und Selbstaufopferung; spirituelle Übungen, durch die die Unreinheiten in unserem Bewußtsein verbrannt werden.

Tapasvi: Jemand, der sich mit Tapas, bzw. spiritueller Askese befaßt.

Tenga: Kokosnuß auf Malayalam.

Tirtham: Heiliges Wasser.

Tyaga: Entsagung, Askese.

Upanayana: Eine traditionelle Zeremonie, bei der ein Kind von Eltern einer höheren Kaste den heiligen Faden erhält und in die Studien der Heiligen Schriften eingeweiht wird.

The Upanishads: "Zu den Füßen des Meister sitzen." "Das, was Unwissenheit zerstört." Der vierte und abschließende Teil der Veden, der sich mit der Vedanta-Philosophie befaßt.

Vada: In Öl gebackener Imbiß, Appetithappen, Pastete aus Hülsenfrüchten.

Vairagya: Losgelöstheit, Abstand.

Vanaprastha: Lebensabschnitt der Zurückgezogenheit. In der altindischen Tradition gibt es vier Lebensabschnitte. Im ersten wird das Kind in ein Gurukula geschickt, um das Leben eines Brahmachari zu leben; im zweiten heiratet er und lebt als Haushälter, der ein spirituelles Leben führt (grihasthashrami). Das dritte Satadium: Wenn die Kinder alt genug sind und auf eigenen Beinen stehen können, ziehen sich die Eltern in eine Einsiedelei oder einen Ashram zurück, um sich einem rein spirituellen Leben mit geistigen Übungen zu widmen.

Im vierten Abschnitt entsagen sie der Welt völlig und werden Sannyasins.

Varna: Hauptkaste. Die vier Hauptkasten sind: Brahmane, Kshatriya, Vaishya und Sudra.

Vasana: Von "vas" = lebend, verbleibend. Vasanas sind die latenten Tendenzen oder subtilen Impulse/Wünsche in uns, mit der Tendenz in unsere Handlungen und Gewohnheiten einzugehen.. Vasanas resultieren aus Erfahrungseindrücken (Samskaras), die im Unterbewußtsein existieren.

Vata, pitta, kapha: Gemäß der alten Wissenschaft des Ayurveda gibt es drei Grundlebenskräfte oder biologische Typen, genannt Vata, Pitta, Kapha, die den Elementen Luft, Feuer und Wasser entsprechen. Diese drei Elemente bestimmen die Lebensprozesse von Wachstum und Verfall und spielen eine ursächliche Rolle im Krankheitsverlauf. Die Vorherrschaft von einem oder zwei dieser Elemente bestimmen die körperliche und psychologische Veranlagung eines Menschen.

Veda: "Wissen Weisheit." Die alten Heiligen Schriften des Hinduism. Eine Sammlung heiliger Texte auf Sanskrit, aus vier Teilen bestehend: Rig, Yajur, Sama and Atharva. Sie zählen zu den ältesten Schriften der Welt. Die Veden werden als direkte Offenbarung der höchsten Wahrheit betrachtet, die Gott den Rishis zukommen ließ.

Vedanta: "Veda-ende." Die Philosophie der Upanishaden, der abschließende Teil der Veden, der besagt, das die letzendliche Wahrheit „Eines, ohne ein Zweites" ist.

Veena: Ein indisches Saiteninstrument, das mit der göttlichen Mutter in Verbindung steht.

Vrindavan (Brindavan): Der Ort, an dem der historische Krishna als junger Hirte lebte.

Vyasa: Der Weise, der den einen Veda in vier Teile aufteilte. Er stellte auch die 18 Puranen zusammen (Epen), die Mahabharata und die Brahma Sutras.

Yaga: Komplizierter, langer vedischer Opferritus.

Yajna: Darbringung

Yama and niyama: Die Gebote und Verbote auf dem Yogapfad.

Yashoda: Krishnas Pflegemutter.

Yoga: "Zur Vereinigung." Eine Anzahl von Methoden, durch die die Einheit mit dem Göttlichen erreicht werden kann. Weg zur Selbstverwirklichung.

Yogi: Jemand, der Yoga praktiziert oder eins ist mit dem höchsten Sein.

www.ingramcontent.com/pod-product-compliance
Lightning Source LLC
LaVergne TN
LVHW051548080426
835510LV00020B/2903